Meryle Secrest

Il caso Olivetti

La IBM, la CIA, la Guerra Fredda e la misteriosa fine
del primo personal computer della storia

Rizzoli

Pubblicato per

Rizzoli

da Mondadori Libri S.p.A.
Proprietà letteraria riservata
© 2019 by Meryle Secrest
All rights reserved.
© 2020 Mondadori Libri S.p.A., Milano

ISBN 978-88-17-14883-2

Prima edizione: novembre 2020

Titolo originale dell'opera:
THE MYSTERIOUS AFFAIR AT OLIVETTI

Traduzione di Marta Rizzo

L'Editore ringrazia la Fondazione Adriano Olivetti e l'Associazione Archivio Storico
Olivetti per il generoso contributo in documentazione e competenza,
attestando che eventuali fraintendimenti ed errori contenuti
nella presente edizione non sono a loro ascrivibili.

L'Editore è a disposizione degli aventi diritto sul materiale iconografico
con i quali non è stato possibile comunicare.

Il caso Olivetti

*A Desire, David, Philip, Matteo, Lidia, le due
Anna, Annalisa, Elisa, Albertina, Francesca,
Beniamino, Franco, Gregorio, Domenico, Milton,
Roberto B. e tutti gli altri che mi hanno aiutato a
realizzare questo libro.*

In realtà non conosciamo nulla, perché la verità
sta nel profondo.

Democrito

Vespasiano da Bisticci chiese a Federico da
Montefeltro, primo duca di Urbino, cosa servisse
per governare un regno.
«Essere umani» rispose il duca.

Kenneth Clark, *Civilisation*

Prefazione

La storia di com'è nato questo libro è particolare. Al pari di molti autori, nel tempo ho messo insieme una discreta mole di scritti brevi, cui però non sono mai riuscita a trovare un editore. Uno mi sembrava particolarmente ben riuscito, così un giorno l'ho riletto con attenzione. Descriveva un fine settimana che avevo passato a Washington con Roberto, il figlio di Adriano Olivetti. Una mia cara amica, Caroline Scott Despard, si era innamorata di Roberto nel dopoguerra, quando viveva in Italia; alla fine però aveva rotto il fidanzamento ed era tornata negli Stati Uniti. Si stava preparando a sposare un altro uomo quando – la sera di Halloween del 1964, un sabato – Roberto l'aveva chiamata di punto in bianco. Caso voleva che si trovasse a New York, quindi aveva pensato di volare a Washington e invitarla fuori a cena. Lei, presa dal panico, mi aveva chiamata: senza dire nulla al suo ex, aveva deciso di portare con sé il nuovo amore, Sam, e mi aveva chiesto se volessi andare con loro. Li avevo raggiunti di malavoglia, e avevo passato il resto del weekend accompagnando Roberto in giro per la città. Non l'ho mai più rivisto.

In *Cena con Roberto* avevo tentato di abbozzare uno studio del suo carattere; si trattava di un ritratto personale, perché non gli avevo chiesto nulla della sua azienda, che all'epoca era ormai in crisi (cosa che avrei realizzato solo dopo). Rileggendo quello scritto, avvertii di colpo l'impulso di scoprire cosa gli fosse successo. Esaminai i necrologi a lui dedicati: era morto nel 1985, all'età di cinquantasette anni. Gli articoli non riportavano la causa del decesso, ma per ragioni che si chiariranno più avanti ero convinta fosse morto in un incidente d'auto. Anziché lasciar perdere, mi diedi da fare finché non riuscii a mettermi in contatto telefonico con sua figlia Desire, in Italia. Fu una conversazione illuminante, che mi portò a numerose scoperte. Non da ultimo, il fatto che fosse stata l'Olivetti a inventare il primo computer da scrivania, notizia che la maggior parte dei volumi sulla storia del pc non menziona nemmeno.

L'azienda, per com'era al tempo, ormai non esiste più, ma le mie domande mi hanno portata a gettare nuova luce su uno dei misteri della Guerra fredda: un'immane operazione di spionaggio industriale, con la famiglia Olivetti nella parte delle vittime.

Quella che segue è la descrizione di quanto ho scoperto.

1

Arance

Come in molte altre parti del mondo, a Ivrea il Carnevale è la celebrazione annuale di un momento di ribellione, una parentesi di esuberanti eccessi prima della sobrietà della Quaresima. Di norma la festa è chiamata appunto Storico Carnevale di Ivrea, ma talvolta si fa riferimento anche ad altri elementi, come i berretti frigi o la Battaglia delle arance; entrambi componenti rilevanti di un rito che risale ad almeno mille anni fa. Gli storici ritengono sia nato come celebrazione della fertilità, e al suo interno si possono ancora riconoscere le tracce di quell'antico passato. La festa termina, come sempre è stato, con l'Abbruciamento degli Scarli, nel quale si danno alle fiamme alcuni arbusti; un rituale che pare rinvii a un'antica credenza: se si voleva una primavera generosa, qualcuno o qualcosa doveva pagare per essa.

La tradizione di indossare berretti frigi, rossi e dalla tipica forma a calza, è nata durante la Rivoluzione francese, a simboleggiare vicinanza e solidarietà con quei moti. Ma nessuno sa davvero quando, o perché, le arance siano entrate a far parte delle celebrazioni. Il succulento frutto, così legato al sole, non cresce da quelle parti, dove gli inverni tendono a essere rigidi: il profilo di Ivrea si staglia proprio di fronte alle Alpi piemontesi. Eppure una battaglia di qualche tipo fa di certo parte del mito locale, una leggenda innestatasi nella festività nel corso del Novecento e che pian piano ne ha preso il controllo. A Ivrea il tempo scorre lento: ciò che altrove si misura in decenni, lì si calcola in secoli. Stando al racconto tramandato, nel Medioevo il tirannico barone del luogo alzò a tal punto i balzelli che i suoi sudditi stavano quasi per morire di fame. Una sera – in forza dello *ius primae noctis*, ovvero il presunto diritto del signore ad approfittare di ogni novella sposa – il barone si preparava a giacere con la figlia del mugnaio. Ma anche lei si era preparata all'occasione: al momento giusto, così si racconta, impugnò una lama e gli tagliò con perizia la gola. Poi scoppiò la battaglia, e i militari incaricati di punire gli abitanti furono sconfitti da un affascinante generale, a capo di un esercito più forte. Ivrea era salva, e la bella figlia del mugnaio sarebbe stata celebrata da generazioni di cittadini riconoscenti, per i quali le glorie del passato surclassavano le insidie di un futuro incerto.

Se si passa qualche settimana a Ivrea, si torna a casa carichi di vividi ricordi: l'acqua verde che gorgoglia e vortica nelle chiuse dei canali; la piazza, vuota e silenziosa sotto il sole di mezzogiorno; lo sbattere delle imposte; la nebbia che nasconde le cime dei monti. Una ragazza vestita di bianco che passa in bicicletta, il suo profilo stagliato contro le colline nere; i fiori di plastica al davanzale di una finestra; i graffiti che imbrattano i muri di un hotel abbandonato. Gli anziani che di giorno passeggiano lenti sul lungofiume; gli adolescenti che la notte si ritrovano a chiacchierare e fumare qualche sigaretta, per poi sgattaiolare via silenziosi. Le anatre che si radunano in formazioni libere agli argini del fiume. Le lanterne cigolano e gemono; i pipistrelli che volteggiano sopra i camini. La città sembra immobile, come «una barca ritratta su un oceano dipinto».

Una volta all'anno, però, tutto cambia. Le ringhiere in ferro battuto dei balconi affacciati sulla piazza principale vengono rivestite di protezioni. A colpi di martello, i commercianti sistemano delle assi a salvaguardia delle vetrine dei negozi. I residenti appendono stendardi e bandierine negli stretti vicoli. Arrivano i rifornimenti, le cui scatole si ammassano dappertutto, e l'intera città entra in fibrillazione, risvegliata dal torpore o dalla noia. Si ridipingono gli elaborati carri che trasporteranno chi impersonerà le truppe del barone, pronto a fronteggiare, ben protetto da imbottiture ed elmi in ferro, il consueto fuoco di fila di arance verso un finale ormai scontato. Quasi mille figuranti giungono dalle colline lì attorno e da luoghi ben più distanti, come la Sicilia (pare che i siciliani siano particolarmente richiesti, per via della loro mira infallibile), e presto centinaia di migliaia di spettatori si riverseranno in città. La scorta di munizioni – cassette di arance disposte lungo i vicoli e allineate sui muretti delle piazze – è quasi illimitata. A festa finita, l'acciottolato delle stradine sarà coperto da una poltiglia arancione che arriverà alle caviglie.

Quando partono i festeggiamenti i carri si avviano scampanellando con maestosa lentezza lungo i vicoli, il ritmo dettato dai tiri di cavalli splendidamente addobbati con coperte, nastri e fiori scarlatti. Le mura risuonano di grida confuse, nitriti e sbuffi, del rumore di passi in corsa, del suono dei pifferi, del rombo dei tamburi e dello squillare delle trombe. I frutti scagliati da ogni dove esplodono contro le finestre, imbrattandole. Per quanto riguarda i costumi, riprendono la stramba logica di quelli indossati dalle guardie svizzere del Vaticano: motivi a strisce e scacchi disegnano macchie di rosso intenso, viola, arancio, blu e verde. Ognuna delle numerose squadre – composte da uomini e alcune donne, con tanto di veterani che affrontano da decenni la pioggia di arance – indossa un'uniforme distintiva.

La vera star dell'evento è la Vezzosa Mugnaia, fasciata in un vestito di lana bianca che le arriva alle caviglie, con una cappa abbinata rifinita in ermellino. Ad accompagnarla c'è sempre il Generale, in tutto il suo splendore sartoriale: tricorno piumato, giacca nera ornata da fascia e nappe sulle spalline, calzamaglia bianca, stivali neri da equitazione e impeccabili guanti bianchi. Queste due benevole presenze danno valore alla rievocazione, la messa in scena di una vittoria farsesca sulla tirannia, che qualche volta si trasforma in una vera prova di resistenza. Pian piano, con il passare delle ore, i combattenti si ritirano esausti; li si può vedere appoggiati ai gelidi muri dei palazzi, intenti a pulirsi le guance su cui scorre succo d'arancia e, qualche volta, un rivolo di sangue. È un divertimento, un semplice gioco, ma di tanto in tanto qualcuno rimedia una ferita. Di solito, ha raccontato uno spettatore d'eccezione, un «soldato» può considerare salvo il proprio onore se si presenta a colazione il giorno successivo con un occhio nero.[1]

I berretti frigi, per quanto anomali possano sembrare, sono un dettaglio immancabile; simbolo di sfida e solidarietà al tempo stesso, ricordano un cappello simile che rappresenta un'altra componente importante della tradizione piemontese. Se un cittadino dovesse presentarsi per strada a capo scoperto, la sua foto finirebbe pubblicata a testa in giù sull'annuario di commemorazione. Quel passo falso gli costerebbe una vera e propria mozione di sfiducia.

Gli eporediesi non hanno dimenticato che la loro città è stata un tempo prospera, simbolo della superiorità e dell'innovatività del design e della manifattura italiani. Certo, da allora sono passati decenni; adesso si limitano a mettere in scena questa rievocazione storica per il piacere degli spettatori di passaggio. D'altra parte bisogna fare i conti con la realtà. Così, presto o tardi, chi si aggira in macchina per la città si trova di fronte la scultura di una mano gigantesca, che pare fatta in cartapesta e brandisce una palla arancione di proporzioni mostruose. Non c'è bisogno di spiegazioni: tutti sanno cosa significhi.

L'Olivetti è l'azienda che ha garantito a Ivrea prosperità e fama internazionale, e non è un caso che abbia finanziato la rievocazione sin da quando il suo fondatore, Camillo, vi prese parte per la prima volta nel 1880. La sua figura, snella e curata, era fasciata da un abito di velluto bianco, con grandi maniche a sbuffo e un bel cappellino con la piuma.

Lui, proprietario di una piccola ma redditizia compagnia attiva nel campo dell'ingegneria elettrica, era una specie di artista del settore: sfornava macchinari di sua invenzione uno dietro l'altro, e si era presto reso conto che la penna d'oca stava per essere soppiantata da un nuovo strumento pensato per l'ufficio moderno. Aveva costruito una rudimentale macchina da scrivere, poi si era messo a proporla andando di città in città su un carretto trainato da un cavallo, promuovendo le caratteristiche superiori del suo prodotto. Presto ne aveva vendute abbastanza da assumere dei piazzisti. Così è nata la prima azienda italiana di macchine da scrivere, che da allora ha attraversato diverse trasformazioni.

E, mentre la compagnia prosperava, lo stesso fece il Carnevale. Oltre alla rievocazione, con tutto l'armamentario richiesto, i festeggiamenti comprendevano anche un banchetto cui partecipava l'intera città; c'erano balli, montagne di cioccolato e dolcetti, e mazzolini di mimosa che la Vezzosa Mugnaia lanciava alla folla. La moglie di uno degli Olivetti – Gertrud Kiefer Olivetti, che aveva sposato Massimo, figlio di Camillo – fu la prima Mugnaia del dopoguerra; ben infagottata per proteggersi dal freddo, avanzò lungo un percorso illuminato con le torce, perché nel 1947 a Ivrea non c'era ancora l'energia elettrica. Un nipote di Camillo – David, figlio del suo ultimogenito Dino – incarnò nel 1981 il Generale più affascinante di sempre, avanzando sorridente tra la folla in sella al suo cavallo pezzato. Grazia, che nel 1949 aveva sposato Adriano, il più grande dei tre figli maschi di Camillo, era diventata Mugnaia sei anni dopo il matrimonio, esibendosi nei saluti di rito mentre lanciava caramelle agli spettatori. A tempo debito anche sua figlia Laura, da sempre chiamata Lalla, ne ha seguito le orme.

Ma dietro al chiasso, all'incanto e a tutto ciò che accompagnava la rievocazione della vittoria annuale di una città sulla tirannia – combattimenti, parate, sfarzi – si percepisce in particolare la presenza discreta di un membro della famiglia Olivetti: Adriano. Assieme ai fratelli (tre femmine e due maschi), era cresciuto nei verdeggianti sobborghi della cittadina e aveva studiato a lungo in casa prima di continuare il proprio percorso

Il complesso principale della Olivetti, con le Alpi sullo sfondo

nella scuola pubblica e iscriversi a Ingegneria. Camillo si era convinto che fosse pronto a guidare la società quando il giovane aveva solo trent'anni.

Egli costruì nuovi successi sui traguardi raggiunti dal padre. Nel 1960 la società che Camillo aveva avviato grazie a una sola, rudimentale macchina da scrivere si era ormai espansa: fabbriche, uffici ed edifici satellite occupavano oltre cinquantaquattro ettari di terreno. La Olivetti commercializzava cinque modelli di macchine da scrivere, oltre ad addizionatrici specializzate, calcolatrici, telescriventi e altra strumentazione da ufficio. Gli impianti spaziavano da Barcellona a Bogotà.

Con una mossa ancor più audace, nel 1959 l'azienda aveva aperto la strada al primo elaboratore centrale tutto a transistor, gareggiando testa a testa con la IBM, che nello stesso anno – ma con più tempo a disposizione per lo sviluppo e risorse praticamente illimitate – aveva presentato il proprio modello al mercato. I prodotti della Olivetti, ben progettati e ancor meglio costruiti, venivano venduti in 117 Paesi. La compagnia si era fatta un nome non solo per la capacità di reggere la concorrenza, ma per qualcosa di più difficile da raggiungere: l'unicità. Gli showroom a Parigi e New York riflettevano quell'eleganza nel design che sarebbe poi stata definita «tocco Olivetti».[2] La pubblicità tipo consisteva spesso «in poche, abili pennellate di un pittore astrattista o in un intrigante motivo geometrico, con la parola "Olivetti" stampata dove la si possa notare senza che disturbi l'immagine» scrisse «Fortune».[3] E a volte nemmeno quello: uno dei primi poster pubblicitari mostrava solo una rosa che spuntava da un calamaio.

Ma l'influenza dell'azienda non era solo questione di mercato: nasceva anche da un atteggiamento illuminato verso i lavoratori. La Olivetti pagava salari migliori rispetto alle concorrenti, le giornate erano più corte e lo stesso valeva per l'orario settimanale. La sede era dotata di una biblioteca, un cinema, un centro ricreativo, un'infermeria, mense e bus dedicati. C'erano persino un programma di conferenze e appartamenti a basso costo destinati ai dipendenti. La regola di Camillo era che nessun lavoratore andasse licenziato, al limite lo si poteva assegnare a nuove mansioni. La produttività degli stabilimenti era invidiabile, così come la lealtà degli operai: l'azienda era l'orgoglio di Ivrea. E nell'autunno del 1959 la Olivetti si era inserita anche nel mercato americano: Adriano aveva comprato la Underwood, fondata nel 1874 e da molti considerata una compagnia modello nel settore delle moderne macchine da scrivere. Al tempo, quella fu la più grande acquisizione di sempre di un'azienda statunitense da parte di un acquirente straniero; per Adriano significò coronare l'ambizione di una vita.

Adriano Olivetti è spesso descritto come un idealista, un visionario con un profondo senso etico e la sorprendente capacità di trasformare i propri sogni in realtà. Era considerato da molti una leggenda, circondato da un'«aura di superiorità e mistero».[4] In realtà, di persona non risultava granché attraente: anche se aveva ereditato i lineamenti fini e le forme armoniose del padre, attorno ai cinquant'anni era ingrassato; i radi capelli che gli erano rimasti apparivano ormai grigi e, a completare il quadro, aveva le guance cadenti. Vestiva spesso in modo formale, il che lo faceva assomigliare a un becchino. O, tutt'al più, a qualcuno che stesse andando a un garden party a Buckingham Palace (gli mancava solo il cilindro). In realtà, tutto ciò era surclassato dal fascino della sua personalità. Ogni volta che incontrava un futuro dipendente gli scoccava uno sguardo luminoso, diretto e intenso. Era leggermente strabico, l'occhio destro che puntava un po' verso il naso, come affrontasse la vita coniugando due punti di vista diversi: uno teso al mondo esteriore e uno all'universo interiore. Eppure quello sguardo strano, quasi inquietante, risultava gentile, persino tenero.

Tutti ne parlavano. Le persone ne erano affascinate senza sapere il perché, come ipnotizzate. Quando – anziché menzionare risultati, bilanci e margini di profitto – Adriano descriveva il suo sogno di una società migliore e magnificava le virtù della comunità, l'ascoltatore restava catturato dal suo fervore idealistico. Un uomo che aveva affrontato un colloquio con lui disse: «Mi assunse, eppure non avevo idea di cosa diavolo dovessi fare. Non sembrava importante».[5]

Di norma, Adriano partecipava attivamente ai tre giorni del Carnevale, che culminavano il sabato nella

Battaglia delle arance. Sabato 27 febbraio 1960 l'alba annunciò una giornata luminosa, fredda e pressoché priva di vento: il clima perfetto per i combattimenti di rito.[6] Ma Adriano non poté prender parte alla festa: scortato dal suo fedele chauffeur, Luigi Perotti, aveva raggiunto Milano per partecipare a una riunione importante, seguita da un pranzo e da un fine settimana in Svizzera. Stava mettendo a punto gli ultimi dettagli per il lancio delle azioni Olivetti-Underwood, che sarebbero state quotate sulla Borsa di Milano il lunedì successivo. Era ossessionato dai piani per il futuro della Underwood. Di lì a una settimana sarebbe partito per ispezionare di persona il frutto della sua conquista, trasformata in un impianto di assemblaggio per i nuovi computer della Olivetti da commercializzare in tutto il mondo. Al solito, il mese precedente si era fermato nella sua spa preferita, a Ischia: a cinquantotto anni era pieno di energie e in perfetta salute, come ha poi sottolineato il fratello Dino.

Franco Ferrarotti – professore, sociologo, scrittore, politico e vecchio amico di Adriano – ha affermato che nel tardo pomeriggio di quello stesso giorno si trovava a Roma, e aveva ricevuto una sua telefonata interurbana: stava per salire sull'espresso Milano-Losanna.

«Sono l'ultima persona che ha parlato con lui» ha raccontato. «Mi ha detto: "Franco, come stai? Io tutto bene, ma sono di fretta. Sto andando in Svizzera per il fine settimana. Preparati: lunedì 7 marzo si parte per Hartford, in Connecticut".» Ferrarotti, stupito, chiese il perché.

«Perché ora abbiamo il pieno controllo della Underwood» aveva annunciato Adriano, trionfante. «L'azienda ha diciotto linee di prodotti, ma ne terremo solo tre. Ci serviremo della loro distribuzione, che è eccellente. Prenderemo i dieci migliori ingegneri di Ivrea e li porteremo a Hartford. E voglio che tu venga con noi. Tieniti pronto!»[7]

Quel fatidico giorno l'aveva visto anche Posy, la moglie di suo fratello minore, Dino. «Stavo camminando lungo la strada vicino all'hotel Principe di Savoia, a Milano, e ho incrociato la macchina di Adriano con Perrotti alla guida. L'autista suonò il clacson e Adriano salutò dal finestrino, tutto sorrisi. Non l'avevo mai visto così felice.»[8]

In realtà, non fu Ferrarotti l'ultima persona a parlare con Adriano prima della partenza per quel fatidico viaggio. Qualcuno lo accompagnò infatti alla stazione: Ottorino Beltrami, detto il Comandante (perché un tempo era stato al comando di un sommergibile), che per dieci anni aveva fatto parte dei vertici aziendali della Olivetti. Solo, non si sa come mai quel giorno il Comandante avrebbe dovuto incontrare Olivetti. Ciò che sappiamo è che Adriano prese posto in fondo a un vagone di seconda classe, anziché in prima come ci si sarebbe aspettato. E sappiamo che il suo umore, trionfale e ottimista fino a poco prima, era cambiato. Si sedette in uno scompartimento vuoto. Poco dopo un ragazzo, la cui identità è sconosciuta, aprì la porta e si accomodò di fronte a lui. Il «giovane» – così è stato poi chiamato – avrebbe in seguito riferito alla polizia svizzera che lo scompartimento era occupato da un «signore di mezza età, robusto, molto stempiato, con una corona di capelli biondi»: Adriano, con la sua tipica tenuta da ricevimento in giardino. I due scambiarono qualche convenevole (il treno partì in ritardo di dieci minuti), poi l'altro aprì una rivista. Secondo lo sconosciuto, l'uomo pareva «nervoso, agitato». Dopo un po' smise di leggere e spostò lo sguardo, perso, fuori dal finestrino. «Mi colpì un fatto» avrebbe poi raccontato il ragazzo: il viso di Adriano si faceva a tratti paonazzo, mentre in altri momenti appariva pallido. «Più volte fui tentato di domandargli se non si sentisse bene, se avesse bisogno di aiuto, ma non osai: mi sconsigliava il suo contegno estremamente riservato.»[9]

Il treno si fermò a Domodossola, sul confine con la Svizzera, per la verifica dei passaporti. Tutti i bagagli vennero scaricati sul binario per passare i controlli doganali, poi furono caricati di nuovo sul treno; l'intero procedimento richiese un bel po' di tempo. Mentre aspettava, Adriano scoprì che un gruppo di suoi dipendenti – inclusa la segretaria di redazione di Edizioni di Comunità – stava partendo per la settimana bianca e aveva in programma di cenare nel vagone di prima classe, in testa al treno.

Quando il treno si fermò a Martigny – un importante raccordo per i passeggeri diretti a Chamonix e sul monte Bianco – Adriano aiutò gli sciatori a smontare dalle carrozze. Allora, proprio come oggi, la strada ferrata tra Martigny e Aigle è piuttosto tortuosa: spesso i passeggeri che avanzano lungo i vagoni rischiano di finire a terra, specie se il conducente sta cercando di recuperare il ritardo accumulato (ovvero pressoché sempre). E, proprio come quel tratto di binari, anche le testimonianze sugli ultimi dieci minuti di vita di Adriano Olivetti sono a dir poco «accidentate». Pare abbia provato a spostarsi, barcollando in modo scomposto, dalla carrozza in testa al treno al suo scompartimento in coda. Doveva essere quasi arrivato al proprio posto quando si accorse di aver lasciato il cappotto nel vagone ristorante: sembra l'unica conclusione possibile, dato che diversi passeggeri hanno poi affermato di averlo visto avanzare di nuovo lungo il corridoio in quegli ultimi dieci minuti. Si stava preparando a scendere dal treno a Montreux, è chiaro, ma non ci arrivò mai.

Tra quanti lo videro in corridoio c'era anche Guy Metraux, uno studente che si identificò lasciando un recapito parigino. Disse che l'uomo camminava malfermo, tenendosi al corrimano sul lato dei finestrini. Aveva gli occhi vitrei. Rischiò di inciampare e, sul punto di cadere, tentò di aprire la porta dello scompartimento di Metraux, ma svenne. Cadde battendo la testa. Metraux e altri passeggeri lo aiutarono a rialzarsi e mettersi a sedere. Semicosciente, Adriano borbottò qualcosa che lo studente non riuscì a capire. Pochi minuti dopo il treno si fermò ad Aigle e un dottore salì a bordo. Il suo giudizio fu che Olivetti aveva avuto un infarto.

Quando la notizia giunse a Ivrea, il programma per la conclusione del Carnevale venne subito cancellato. Il funerale, tenutosi due o tre giorni dopo, fu un evento grandioso: vi parteciparono migliaia di persone, e la famiglia lasciò le ville in collina per prendere il proprio posto tra la cittadinanza a lutto. Nel frattempo, qualcuno fece irruzione nelle abitazioni di Adriano e Grazia e di Dino e Posy. Non venne sottratto alcun oggetto di valore, ma gli studi delle due case furono messi sottosopra, le carte sparse ovunque. Poi trapelò la notizia che erano spariti alcuni importanti documenti.[10] Quali? Nessuno disse nulla a riguardo.

2

«La mente lucida e il piè veloce»

Ci si potrebbe aspettare che una città resa famosa da un oggetto particolare lo celebri in ogni occasione possibile, ad esempio concedendogli un posto d'onore nel suo stemma, sul suo materiale promozionale o persino sui moduli delle tasse. Eppure, quando l'amministrazione di Ivrea decise di commemorare il padre di Adriano, Camillo Olivetti, non optò per una macchina da scrivere, ma per una cascata. Le ragioni di tale scelta sono ormai dimenticate, ma quel simbolo è comunque potente. Una lama d'acqua scende da un precipizio, per poi scorrere accanto a una curatissima aiuola fiorita in una lapide commemorativa piuttosto grande, posta alle porte della cittadina. Paradossalmente, sebbene sia ben visibile, è però facile che passi inosservata. Il flusso d'acqua è in realtà appena un filo; la rupe, di un marrone indefinito, non spicca particolarmente; persino il nome di Camillo, inciso su una piccola placca di bronzo che sporge dalla cascata, si perde sullo sfondo. Un monumento – che mostra «le acque mobili nel loro sacro dovere», per citare Keats[1] – tanto modesto quanto duratura è l'influenza del benefattore che celebra, sempre rimasto umile. Lui non avrebbe voluto altrimenti.

Olivetti era stato battezzato Samuel David, ma non usò mai quei nomi, preferendo l'ultimo che gli era stato dato: Camillo, in onore di Camillo Benso conte di Cavour, uno dei principali architetti dell'unificazione della penisola e primo presidente del Consiglio del Regno d'Italia. Il politico era morto nel 1861, a nemmeno tre mesi dalla nomina; Camillo Olivetti nacque sette anni dopo, il 13 agosto, secondogenito – e primo figlio maschio – di Salvador Benedetto Olivetti e della moglie Elvira (la primogenita, Rosa Emma, era nata nel 1860). Come gli altri Olivetti, ebrei spagnoli arrivati a Ivrea alla fine del XVII secolo, Salvador ed Elvira vivevano in una delle magnifiche ville sulle colline di Monte Navale, con le Prealpi ben visibili dai loro giardini ben curati con aiuole ricche di fiori.

Possiamo ancora ammirare i genitori di Camillo in alcune vecchie fotografie. Il padre – stempiato, una curata barba sottogola – è ritratto con espressione accigliata su una sedia imbottita, nel suo completo migliore; un cilindro e un libro spiccano sul tavolino di fianco a lui. Il vestito della madre, sobrio ma alla moda, con la vita stretta e l'ampia *tournure*, quasi ne sovrasta l'esile figura. Salvador era un celebre agronomo, e i capitali della famiglia Olivetti erano frutto di avanzate tecniche di coltura e della vendita di diverse proprietà, alcune delle quali probabilmente situate alla periferia di Torino, dove sarebbe sorta una piccola azienda automobilistica chiamata FIAT.

Salvador morì nel 1869, quando Camillo aveva appena compiuto un anno: troppo presto per poter lasciare una qualsiasi impronta sul figlio. Il bimbo crebbe prendendo a modello il nonno Marco. Elvira – i grandi occhi sempre spalancati, lo sguardo perso – era cresciuta a Modena, dove il padre faceva il banchiere e due degli zii erano impegnati nella lunga lotta per l'unità d'Italia al fianco di Cavour (vent'anni prima erano stati persino costretti a fuggire, per salvarsi la vita). È significativo che la donna abbia voluto dare al figlio il nome di Camillo, sebbene sia improbabile che abbia giocato un ruolo attivo negli eventi del Risorgimento. Dopo la morte di Salvador, Elvira si trasferì di nuovo a Modena, dove trascorse quasi per intero il resto della vita. Viene descritta come timida, diffidente e problematica «perennemente confusa e insicura».[2] «La mia povera madre» avrebbe scritto Camillo nel 1908. «Non credo abbia mai capito qualcosa.»[3]

Un biografo della famiglia Olivetti ha osservato, in tono di rimprovero, che senza un'autorità paterna capace di tenere a bada il suo temperamento caparbio Camillo era libero di fare il matto.[4] Ma ciò che una generazione trova riprovevole viene talvolta lodato dalla successiva: forse, per chi ha uno spirito d'artista, la miglior educazione possibile consiste nel non riceverne alcuna. Camillo disegnò e realizzò schizzi per tutta la vita, e i macchinari furono sempre il suo soggetto preferito. Già da bambino aveva l'istinto dell'inventore, e mostrava una sicurezza insolita per la sua età. Possiamo ammirarlo, a sei o sette anni, in un ritratto fotografico realizzato in studio: sistemato su delle rocce finte, indossa un vestito da marinaio con una fusciacca coordinata e un cappello di paglia appoggiato sulla nuca, a disegnargli una specie di aureola dietro la testa. I suoi tratti classici, simmetrici, lo sguardo deciso e l'aria sicura incarnarono da quel momento l'ideale di bellezza familiare: negli anni a venire, il complimento migliore che si potesse fare a un neonato era sostenere che fosse identico a lui.

Camillo crebbe in una casa piena di servitori, e con tutta probabilità realizzò in fretta quale enorme divario separasse la sua vita privilegiata da quella di un contadino medio del Canavese, nel Piemonte dell'epoca. Persone che da secoli conducevano un'esistenza fatta di duro e incessante lavoro, ripagato da ben misere soddisfazioni. Un libro uscito nel 1960 ha delineato con sorprendente lucidità la situazione di quelle terre: gli zoccoli, prodotti e venduti al mercato settimanale, erano ancora la calzatura immancabile di chi lavorava nei campi; le donne scendevano a far compere dalle colline portando ampi cesti di vimini sulla testa... Insomma, non era poi cambiato molto dai tempi di Camillo. I contadini tanto fortunati da possedere degli appezzamenti di terra dovevano ancora coltivarla a mano, senza l'ausilio di macchinari, lungo giornate lavorative che duravano finché la luce lo permetteva: uomini, donne e bambini si dedicavano a zappare, dissodare, seminare, mietere e raccogliere. E una sorte anche peggiore toccava ai braccianti occasionali, condannati a guadagnarsi il pane ovunque fosse possibile. Una donna ha raccontato che nel 1920 esistevano veri e propri mercati dei lavoranti: si tenevano una volta a settimana assieme a quelli del bestiame, ad esempio nella piazza di Saluzzo, in provincia di Cuneo. Al pari degli animali, anche quelle persone venivano sottoposte a un accurato esame dei denti, per controllare se fossero malate: in quel caso, come lavoranti, avrebbero mangiato meno.[5] Così, in tanti abbandonavano la campagna per la città. Nel corso della sua vita, il destino della povera gente delle aree rurali divenne una delle preoccupazioni costanti di Camillo.

Intanto, mentre la curiosità del giovane si destava, i suoi voti scolastici miglioravano sempre più. Quando nel dicembre del 1981 si laureò come primo del proprio corso, con l'ottimo punteggio di 90 su 100, era già stato accettato da un istituto di meccanica di precisione di Londra per due anni di formazione avanzata. Lì impiegò parte del proprio tempo a visitare diverse fabbriche, così da poter vedere in prima persona le applicazioni pratiche dei più recenti progressi teorici. Ciò lo aiutò anche ad affinare la propria comprensione dell'inglese, già ottima, e tale padronanza gli offrì l'occasione di accettare un incarico di prestigio. Il professor Galileo Ferraris era stato invitato a partecipare a una conferenza sull'energia elettrica che si sarebbe tenuta all'Esposizione universale di Chicago del 1893, ma l'accademico conosceva poco la lingua, al contrario di Camillo. Il suo adorato pupillo si sarebbe mostrato così gentile da accompagnarlo negli Stati Uniti? Olivetti accettò, e rimase là un anno.

La manifestazione di Chicago era stata organizzata nell'anniversario dei quattrocento anni dalla scoperta dell'America da parte di Cristoforo Colombo, tanto da essere anche ribattezzata Fiera mondiale colombiana. Circa duecento edifici – progettati da Burnham, Root e dall'architetto del paesaggio Frederick Law Olmsted – erano stati eretti su seicento ettari di terreno, impreziositi da laghi, stagni e canali. Da lontano, tra cupole, archi e pilastri, le costruzioni della White City – così era stata ribattezzata l'area – sembravano incorporee quanto uno scorcio uscito dall'immaginazione di Turner. E in effetti si trattava in buona sostanza di una scenografia, realizzata con gesso e iuta così da poter essere rimossa alla fine della manifestazione, che sarebbe durata dal maggio all'ottobre del 1893. L'intera installazione avrebbe poi goduto di un moderno impianto di illuminazione elettrica. Ma realizzato da chi? Per aggiudicarsi l'appalto, l'Edison General Electric aveva realizzato un progetto che sfruttava la corrente continua, mentre i rivali della Westinghouse avevano suggerito un sistema a corrente alternata. Chi l'avrebbe spuntata? La «guerra della corrente» andò avanti per un bel po', con la Westinghouse che continuò a rilanciare fino ad aggiudicarsi il contratto. Il costo per l'azienda fu rovinoso, ma ebbe comunque la meglio e si aggiudicò anche la star dello show, ovvero proprio Galileo Ferraris. Ebbe così inizio l'esperienza di Olivetti con l'Eccezionalismo americano.

Le lettere inviate da Camillo durante il suo soggiorno oltreoceano, e giunte fino a noi, mostrano che tipo di viaggiatore fosse: uno che nota ogni cosa, ha un'opinione da esprimere su quasi tutto e ama scrivere missive. Cominciò a spedirle subito dopo essere arrivato a New York con Ferraris, nell'agosto del 1893: non riusciva a capacitarsi di come ogni cosa, nella Grande Mela, sembrasse semplice. La pianta cittadina era organizzata su uno schema a griglia, con le Avenue che correvano da nord a sud intersecando le Street, che si sviluppavano invece da est a ovest. Impossibile perdersi. Amava la concretezza e l'inventiva degli americani tanto quanto l'efficienza e la grandiosità di ciò che vedeva attorno a sé. Rimase incantato dagli uffici della Western Union, la cui fornitura elettrica era sufficiente ad alimentare cinquantamila batterie per telegrafi, e dalla fabbrica Edison, capace di produrre ventisettemila lampadine al giorno.

Poco dopo essere tornato a Ivrea, Camillo incontrò tre persone che avrebbero influenzato profondamente il corso della sua vita. La prima fu un pugnace politico di nome Filippo Turati. Turati è generalmente considerato la forza trainante del movimento riformista che si stava sviluppando in Italia e che denunciava le storture in politica estera e interna, lottando per i diritti civili e appoggiando le rivendicazioni dei lavoratori su questioni fondamentali quali la giornata di otto ore.

Era stato tra i fondatori del Partito dei lavoratori italiani, che l'anno precedente (dunque nel 1893) si era unito a movimenti affini per dar vita alla prima forza politica socialista del Paese. Il che permetteva di accusarlo, insieme a molti altri, di cospirare contro lo Stato. Così, sorvegliato dalla polizia e minacciato di morte, Turati era sempre in viaggio.

Si era formato come avvocato, ma la sua passione per la legge passava in secondo piano rispetto a interessi che riteneva più pressanti, e che spaziavano dalla politica al giornalismo, dalla poesia alla criminologia. L'aria trascurata e persino aggressiva – barba incolta, capelli scarmigliati, farfallini vistosi al posto della cravatta – gli conferiva il fascino quasi ultraterreno dell'uomo in missione che non ha un minuto da perdere. Dal palco, durante i comizi, elargiva consigli, esortazioni e riprimende al pubblico che si proponeva di difendere. Chi lo ascoltava ne restava rapito, e Camillo Olivetti non fece eccezione. Martin Clark ha scritto: «I radicali erano in prima linea nella lotta per la libertà. Gli anni Novanta dell'Ottocento furono il loro periodo d'oro, e la loro arma principale fu la moralità».[6] Lo scandalo legato alle relazioni extraconiugali del re, lo sfruttamento imperialista, il crimine del lavoro minorile e la tremenda piaga della povertà erano tutti argomenti che alimentavano il suo sdegno.

Non è chiaro in che occasione Olivetti abbia ascoltato Turati per la prima volta, né come i due si siano incontrati; d'altro canto Camillo era bravissimo a riconoscere e ammaliare le personalità di primo piano, quindi è probabile che per lui avvicinarlo sia stato un gioco da ragazzi. Gli interessi di entrambi spaziavano su vari campi e Camillo non era mai a corto di argomenti, poco importava che si trattasse di sequoie giganti, della produzione annuale di macchine da scrivere della Underwood, dei punti deboli di *Guerra e pace* o delle follie dei tifosi dell'Unione sportiva milanese. In ogni caso, l'influenza di Turati fu immediata e decisiva: Camillo fu presto eletto al consiglio comunale di Ivrea come primo rappresentante del Partito socialista.[7] La polizia, che non lo vedeva di buon occhio, decise di arrestarlo in quanto «individuo sovversivo con convinzioni socialiste».[8] Non che la cosa l'abbia fermato; scrisse infatti: «Mi ero unito al Partito socialista gettandomi a capofitto nella lotta». E ancora: «Mi ero lasciato prendere, al tempo; tanto che, se solo avessi trovato duecento uomini ben armati...».[9]

Al contempo, stava pensando seriamente di fondare una sua azienda. Il clima imprenditoriale era favorevole, e lui aveva un sacco di ottime idee. Il problema era che la maggior parte dei potenziali lavoratori di Ivrea e delle zone circostanti sapeva a malapena cosa fosse l'elettricità, e di certo non era preparata a utilizzarla.

Avendo studiato con Ferraris, Camillo sapeva bene che esisteva un apparecchio per misurare il voltaggio della corrente continua e alternata. Quel contatore a mercurio di facile lettura era, però, solo l'inizio: sarebbero serviti molti altri strumenti del genere, e con tutta probabilità lui era l'unico nel raggio di centinaia di chilometri a conoscerne il funzionamento e poterli progettare da zero. La soluzione che immaginò era la quintessenza della semplicità: avrebbe avviato un corso di formazione, tenendo le lezioni nella sua villa di Monte Novale. Fin da subito si alzò un coro di voci critiche, secondo le quali i contadini non avrebbero imparato nulla perché non possedevano l'intelligenza necessaria a padroneggiare la nuova professione. Il che era probabilmente vero, almeno in certi casi, ma Camillo non l'avrebbe mai ammesso; certo che potevano imparare, ribatté. Per sua fortuna, uno dei primi a bussare alla sua porta fu un omone corpulento che faceva il fabbro. Domenico Burzio si rivelò un collaboratore preziosissimo, innanzitutto perché era l'unico con competenze specifiche sulla fusione dei metalli.

Assunto come fuochista e assegnato a una caldaia, fu presto promosso al ruolo di caporeparto, incaricato di trasformare in realtà i progetti che Olivetti disegnava su carta. Seguì un periodo di «sperimentazione», durante il quale si fece via via più chiaro il talento del dipendente nell'intuire i pensieri del suo principale, o comunque nel visualizzare e comprendere forme e misure delle parti necessarie ad assemblare un certo dispositivo. Forse entrambe le cose. Quella di Burzio era una visione complementare alla sua, l'altra metà dell'equazione, cosa che Camillo apprezzò da subito. Senza quell'uomo la sua storia sarebbe stata diversa. Olivetti ha sempre riconosciuto il ruolo essenziale giocato da quell'improbabile fabbro, tanto da insistere affinché sedesse in prima fila per la foto di rito in ogni occasione ufficiale. Si era

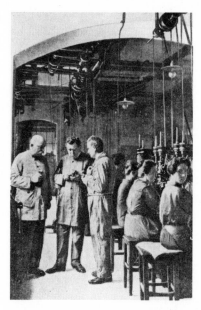

Burzio alle prese con un problema da risolvere,
poco dopo la nascita dell'azienda

ormai convinto che i contributi più preziosi potevano
giungere anche da fonti inaspettate: doveva considerare
la possibilità che quanti lavoravano materialmente alla
realizzazione dei progetti ne sapessero più di lui. Ecco
perché non mancò mai di visitare ogni sera le linee di
produzione, chiedendo suggerimenti per migliorare.

Pronto a lanciare il proprio business, Olivetti aprì
un'azienda chiamata CGS, dalle iniziali delle parole «cen-
timetro», «grammo» e «secondo». Cinque anni più tardi
l'impresa dava lavoro a cinquecento operai, e lui si era
ormai affermato quale astro nascente dell'imprenditoria
italiana.

A quel tempo Camillo aveva quasi raggiunto la trentina. All'estero aveva frequentato, tra cene e calici di vino, diverse ragazze attraenti, come suggerito dalle pur schive lettere. Ora, a qualche anno di distanza, era però travolto dai rimorsi. «Povero me: quel periodo fu il peggiore della mia vita, da un punto di vista morale [...]. Possa Dio perdonarmi per i peccati compiuti a quell'epoca!»[10] Ma da cosa nasceva la sensazione di essere caduto in un abisso di depravazione? Possibile che quello stesso uomo avesse un tempo scritto: «Non spreco il mio tempo ad ascoltare sermoni»?[11]

Luisa Ravel, sua futura moglie, giocò il ruolo più importante in questo senso. Anche lei proveniva da una minoranza perseguitata: quella dei valdesi. Come evidenzia John Hooper nel suo libro *The Italians*, a quel tempo l'unica alternativa alla fede cattolica che si aveva nella penisola era seguire gli insegnamenti di Valdo il Benedetto. Pietro Valdo era nato nel XII secolo da una famiglia agiata di Lione, in Francia, e al pari di san Francesco d'Assisi aveva donato tutte le sue ricchezze ai poveri. Il suo esempio aveva ispirato molti, ma per predicare avrebbe dovuto guadagnarsi l'approvazione della Chiesa. E, a differenza di san Francesco, non lo fece. I valdesi furono bollati come eretici, un'etichetta che si portarono addosso per secoli. Hooper osserva che i valdesi «svilupparono posizioni antiecclesiastiche che anticipavano alcuni dei successivi insegnamenti di Lutero e Calvino».[12] Ed erano in anticipo sulla propria epoca anche per la volontà di ordinare sacerdoti donne.

Nel corso dei secoli quella comunità fu soggetta a violente persecuzioni da parte della Chiesa cattolica, e nel Seicento venne quasi annientata. Il loro pieno riconoscimento politico e civile arrivò solo nel 1848, e nel frattempo gruppi di fedeli in fuga si erano rifugiati sulle Alpi Cozie, al confine tra Italia e Francia. Lì era nata Luisa, una dei quattordici figli di Daniel Ravel, pastore valdese, e di sua moglie Maria.

La famiglia Ravel sosteneva che il proprio lignaggio risalisse al XIII secolo. Una foto ancora esistente ritrae Daniel già vecchio, seduto a tavola mentre sfoglia le pagine di un libro; ha la barba bianca e indossa un curioso cappello di panno e una giacca di velluto scuro decorata da alamari intrecciati e da due medaglie appuntate sul petto. Un'altra foto, all'incirca dello stesso periodo, ritrae la sua minuta consorte: anche lei è seduta e porta il cappello, l'espressione esausta di una donna che è sopravvissuta alla nascita di quattordici figli. (Al tempo, molti morivano durante l'infanzia.)

Luisa era cresciuta a casa di una ricca zia, la cui fede posava su un'intransigente interpretazione letterale del Vangelo. In quell'abitazione il rigoroso rispetto delle Scritture era la regola, e lei aveva seguito quei precetti senza protestare, diplomandosi come maestra al Piccolo istituto della Divina provvidenza di Ivrea. Era una ragazza tranquilla e malinconica, dal fisico esile, che portava i capelli non acconciati e semplici vestiti di cotone senza fronzoli, mentre le sue coetanee sognavano di essere sommerse da fiocchi e merletti, immobilizzate da ampie sottogonne imbottite e soffocate da cappelli giganteschi.

Non è chiaro come lei e Camillo si siano conosciuti. Una delle versioni in merito sostiene che Olivetti fosse ormai famoso tra le ragazze del posto per la sua «curiosa» abitudine di andare ovunque in bicicletta, anziché con il piccolo ed elegante tiro a due che ci si sarebbe aspettati da un giovanotto benestante come lui. Secondo tale vulgata Luisa lo incontrò a casa della zia, il giorno in cui lui andò a chiamare uno dei suoi segretari che aveva affittato lì una stanza. Un'altra ricostruzione vuole che si siano conosciuti per strada: incrociandola per caso, e colpito dalla sua bellezza, lui era sceso dalla bici, si era levato il cappello e le aveva chiesto di sposarlo.

Come che siano andate le cose, lei accettò di diventare sua moglie e i due convolarono a nozze l'8 aprile 1899, a Ivrea. Lui era un tipo estroverso, impulsivo, che non la smetteva mai di parlare; lei era discreta, tranquilla e ben contenta di lasciargli le luci della ribalta mentre restava in disparte a guardarlo, sorridente. Sapeva persuaderlo senza arrivare allo scontro, era capace di consolarlo e rassicurarlo... Insomma, era perfetta per lui; e lui era perfetto per lei. Qualche anno dopo, in viaggio durante le vacanze di Natale, Camillo le inviò una lettera: «Sono le undici di sera e presto inizierà il nuovo anno. Voglio finirlo scrivendoti e pensando a te».[13]

Una delle caratteristiche più evidenti di Camillo era la grande attenzione che prestava a come spendeva i propri soldi: dai francobolli ai biglietti degli autobus, ogni uscita veniva annotata con cura. Durante i suoi viaggi in America trovare una stanza a cinquanta centesimi anziché a un dollaro, non importava dove fosse, era sufficiente a fargli scrivere a casa una lettera dai toni trionfali, condita da qualche vaga rassicurazione sul fatto che fosse anche pulita. In base ai suoi calcoli, mettere in piedi la CGS sarebbe costato il doppio di quanto era riuscito a racimolare, ovvero 325.000 lire dell'epoca, quindi raggiungere quel traguardo avrebbe richiesto immani sacrifici. A ciò si aggiungeva la sua incessante tensione al miglioramento, che faceva il paio con quella di Frank Lloyd Wright. Come ebbe ad affermare il celebre architetto: «Non ripetiamo oggi quel che abbiamo fatto ieri, e non ripeteremo domani quel che facciamo oggi». Camillo non era solo creativo e dotato di una ricca vena artistica: per citare le parole di un suo amico americano, scritte dopo aver ricevuto notizia del suo matrimonio con Luisa, egli era anche un cocciuto uomo d'affari. Dunque era destinato al successo.[14]

Non sappiamo come concepì l'idea di realizzare una macchina da scrivere; di certo doveva essere conscio che uno strumento simile, composto da seimila pezzi diversi, faceva sembrare i suoi piccoli misuratori elettrici di precisione dei giocattoli per bambini. Oltretutto non si trattava di un territorio vergine, tutto da esplorare e sfruttare: prima di morire, nel 1885, ne aveva costruita una già il prolifico e vivace inventore Giuseppe Ravizza. Una creazione – Olivetti lo sapeva bene – ignorata dalla società del suo tempo, che nutriva forti pregiudizi nei confronti degli ultimi ritrovati tecnologici; un atteggiamento che Camillo definiva «mancanza di mentalità industriale». Ebbe infatti a dire: «Noi siamo ancora i figli dei latini, che lasciarono ai servi e ai liberti i lavori industriali e che in ben poco conto li ritennero, tanto che ci tramandarono le storie dei più mediocri proconsoli, e dei poetucoli e degli istrioni che dilettarono la decadenza romana, ma non ci ricordarono neppure i nomi di quei sommi ingegneri che costruirono le strade, gli acquedotti e i grandi monumenti dell'impero romano».[15]

Al contrario, le aziende americane avevano accolto con entusiasmo l'idea di Ravizza: nel 1868 la versione prodotta dalla Remington, basata sul medesimo progetto ma con diverse migliorie, aveva riscosso un enorme successo. Il modello statunitense, che aveva adottato la disposizione QWERTY per i tasti della prima riga, era ormai diffuso ovunque, ma non in Italia. Sebbene frutto dell'ingegno di un italiano, nessuno dei suoi connazionali sembrava interessato a quello che Ravizza aveva ironicamente battezzato «cembalo scrivano».[16]

I prototipi di Olivetti avevano già la forma ormai nota a tutti, ma con due sole file di tasti. Quei modelli impolverati, vecchi ormai di oltre un secolo, ricordano le prime dentiere abbozzate per George Washington, vero martire degli albori dell'ortodonzia. Quando il loro funzionamento si fece più affidabile iniziò la corsa a migliorare la rapidità d'esecuzione: in effetti i primi esemplari erano così lenti che chi li usava avrebbe potuto benissimo vergare a mano ogni carattere. Poi apparvero altre migliorie, come la possibilità di imprimere lettere maiuscole, impostare rientri e decidere l'ampiezza dei margini, ma le macchine in sé rimanevano pesanti e ingombranti. L'obiettivo finale era costruire un apparecchio che permettesse a un dattilografo esperto di battere sui tasti senza causare l'equivalente in miniatura di un disastro meccanico, con un groviglio di martelletti sovrapposti e incastrati. La costante ricerca di velocità avrebbe portato nel tempo alla creazione delle macchine da scrivere elettriche, già molto più rapide delle precedenti, e poi alle tastiere dei computer, così sensibili da far apparire come per magia le parole sul monitor nell'istante stesso in cui le dita sfiorano i tasti. Quanto a Camillo, il suo problema era se fosse possibile creare una macchina che rispondesse a un tocco più leggero e rapido.

Incalzato dal bisogno di spazio, Olivetti si trasferì nell'edificio di mattoni rossi nei sobborghi di Ivrea che aveva progettato e fatto costruire originariamente per la sua CGS. Portò con sé uno staff ridotto all'osso e, assieme all'indispensabile Burzio, cominciò a formare un gruppo dedicato al progetto. Comprò anche nuovi macchinari: alcuni torni automatici della Brown and Sharpe e le sue prime fresatrici. Le fotografie di quel periodo mostrano interni senza fronzoli, ma dotati di soffitti alti e inondati di luce naturale; vi sono ritratte diverse giovani operaie al lavoro, con indosso le salopette lunghe fino alle caviglie che iniziavano a diffondersi all'epoca. In altre immagini si possono vedere pile di scatoloni con la scritta OLIVETTI caricati su carretti trainati da cavalli (furgoni e camion sarebbero arrivati solo in seguito): le prime macchine da scrivere pronte per la distribuzione. Assieme ai propri rappresentanti, lo stesso Camillo faceva il giro degli uffici che avrebbero potuto comprare quella stravagante invenzione. E non si fermava alla vendita: tornava dal cliente a una settimana dall'acquisto, per conoscerne il parere e raccogliere eventuali suggerimenti, così da apportare migliorie. Non importava quanto fossero soddisfatti gli acquirenti: lui non lo era mai.

Il suo primo vero successo, la M1, era finalmente pronta per il grande pubblico. «La M1 venne presentata come una macchina "più veloce", grazie ad alcune soluzioni innovative che permettevano la pressione rapida dei tasti» hanno osservano Patrizia Bonifazio e Paolo Scrivano in *Olivetti costruisce*. «Per riuscire nell'intento, gli ingeneri lavorarono sulla cinematica della macchina e impiegarono materiali più sofisticati per le parti mobili, come l'acciaio forgiato, più elastico e resistente rispetto

Due modelli delle prime macchine da scrivere:
la M1 (realizzata nel 1911) e la M40 (del 1931)

al ferro fuso.»[17] Trovare la perfetta risposta al tocco: questo delicato problema tormentò gli Olivetti per anni. Era questione di valutazioni precise e fini intuizioni, come trovare la chiusa perfetta per una poesia. Arrivare all'obiettivo e stupire il pubblico: quello era il «tocco Olivetti» all'opera nella produzione.

3

Il Convento

Poco dopo il matrimonio, Luisa e Camillo divennero genitori. Crescere una famiglia numerosa non spaventava certo Luisa: in fondo aveva lei stessa tredici fratelli. Se la cosa non le aveva causato traumi era, con tutta probabilità, perché i suoi l'avevano mandata a vivere dalla zia, ritenendola – chissà come mai – bisognosa di maggiori attenzioni rispetto agli altri. Difficile dire se mettere al mondo dei figli propri l'abbia fatta sentire più desiderata, persino necessaria, o se invece fosse quel tipo di donna che si cura solo del marito anche una volta divenuta madre. In ogni caso, è fuor di dubbio che sia stato Camillo a prendere tutte le decisioni importanti, fin nei più minimi dettagli.

Lui sentiva, a ragione, il bisogno di quella vicinanza e intimità che non aveva conosciuto da bambino: aveva passato fin troppo tempo in un collegio che detestava e non aveva mai avuto un legame stretto con la madre; in effetti di rado si trovavano nella stessa città. Quel bambino cresciuto senza il padre ora doveva fare il genitore.

La primogenita, Elena, nacque nel gennaio del 1900; Adriano venne alla luce nell'aprile del 1901 e Massimo alla fine di febbraio del 1902. La loro famiglia era benestante,

quindi non mancarono mai cameriere e balie; come non
mancò la disponibilità finanziaria per le frequenti fotografie in studio del nucleo familiare in rapida crescita. Un
ingegnoso ritratto doppio mostra, da un lato, Luisa seduta
in un giardino con il piccolo Massimo, vestito di bianco,
sulle ginocchia ed Elena in piedi alle sue spalle; dall'altro
lato, sulla destra della composizione, la mamma tiene in
braccio Adriano, abbigliato in modo simile al fratello.

Due anni più tardi, nel febbraio del 1904, arrivò Silvia
e nel giugno del 1907 fece la sua comparsa Laura. L'ultimogenito, Dino, sarebbe nato nel 1912, quando Luisa era
trentaseienne. La serrata cronologia dell'album di famiglia
ci permette di seguire Adriano dai vestitini per neonato dei
suoi primi mesi al momento in cui fu abbastanza grande da
mostrarsi con i calzoncini corti. Lui e Massimo potevano
passare per gemelli, con le bocche a bocciolo di rosa, i
nasini fini e le fronti alte. Anche alle ragazze era riservata
la stessa attenzione fotografica: Laura con in mano una
racchetta da tennis, Silvia che indossa un completo alla
marinara, Elena che tiene in braccio la sua bambola… In
una foto Dino, che non assomigliava a nessuno dei fratelli,
sta su una sedia al centro del gruppo anziché in grembo
alla madre. Ma qual era la personalità di quei giovani che
vediamo crescere tra uno scatto e l'altro? Le immagini ci
dicono molto poco a riguardo: a quel tempo i fotografi
chiedevano ai propri soggetti di restare immobili, e loro
se ne stanno lì come soldatini, i volti solenni, ansiosi,
persino tristi.

L'azienda di Camillo aveva sede a Milano e anche
la famiglia viveva lì, al numero 33 di via Donizetti, ma
l'avventura con le macchine da scrivere imponeva un
ritorno a Ivrea. Inoltre sarebbero potuti arrivare altri figli

Rigidi «come soldatini» in uno scatto che probabilmente risale al
1909. Da sinistra: Silvia, Massimo, Laura in braccio alla madre,
Elena e Adriano. In piedi dietro di loro ci sono due bambinaie

(a quel tempo, in effetti, Dino non era ancora nato). Dove
stabilirsi, dunque? Come sempre, a decidere fu Camillo,
e scelse un convento. Un'idea romantica, al limite del
donchisciottesco.

Quando Camillo comprò il convento di San Bernardino, nel 1908, la struttura si riduceva a un ampio
e dissestato edificio abbandonato nel bel mezzo di un
campo, collegato a una vecchia chiesa. Nessuno aveva mai pensato di andare ad abitarci, ma tutti a Ivrea
sapevano dove si trovasse. La struttura, risalente al XV
secolo, era dedicata alla figura di un santo senese molto
virtuoso, ma dall'appeal discutibile. Diversi artisti italiani
del Rinascimento hanno raffigurato gli episodi salienti

della sua vita: una figura minuta e ascetica che, nei suoi sermoni, condannava la stregoneria, il gioco d'azzardo e altre attività simili, punite con l'eterna sofferenza tra le fiamme dell'inferno. Prediche semplici e dirette che il popolo adorava, specie quando nel novero dei peccati era inclusa l'usura. E siccome a prestare denaro erano spesso gli ebrei, san Bernardo divenne celebre per il suo antisemitismo. Il che contribuiva a rendere quantomeno curiosa – al pari di molti tratti della sua personalità – la scelta abitativa di Camillo.

All'apice del suo splendore il complesso del convento di San Bernardino comprendeva una chiesa a una sola navata con volta a crociera, collegata agli edifici che delimitavano il cortile interno suddiviso in due chiostri. A rendere quella chiesa degna di nota sono gli affreschi che decorano le pareti di un tramezzo, i cui tre archi collegano la parte destinata ai fedeli a quella riservata ai monaci; furono eseguiti da un artista piemontese non molto conosciuto, Giovanni Martino Spanzotti (1455-1528), che dopo aver studiato a Milano aveva fatto fortuna sposando una nobildonna della famiglia Lavariano di Chiavasso, paese non troppo distante da Ivrea. Nel corso della sua vita Spanzotti si aggiudicò numerose commissioni importanti, tra le quali spicca giustamente una Madonna con il Bambino su sfondo dorato.

Non è chiaro come e quando gli fu dato l'incarico di dipingere quella serie di affreschi sulla vita di Gesù, ma è fuor di dubbio che costituiscano un'opera notevole. Le sue raffigurazioni della Madonna con il Bambino si discostano da quelle rigide e formalizzate diffuse in precedenza nell'arte religiosa italiana. Alla classica Vergine priva di espressione, intenta a fissare il vuoto, con un Gesù bambino dal volto solenne e già adulto, lui sostituì la figura ben riconoscibile di una ragazza adolescente che tiene in braccio un bimbo paffuto e pieno di vita, incapace di restare fermo. Lo sguardo di Spanzotti è semplice e diretto, come stesse dipingendo una scena che aveva davanti agli occhi in quel momento. Tutt'attorno, la folla osserva e bisbiglia, stupefatta; persino un asino sembra sorpreso. La crocifissione – con il suo cielo scuro e vorticoso, le figure agonizzanti e gli spettatori inorriditi – prefigura l'intensità delle opere di El Greco. Quale sia stato il capriccio che condusse gli Olivetti in quel convento, al loro trasferimento si deve la riscoperta e la salvaguardia di un tesoro nazionale che rischiava di scomparire.

Tra i vantaggi di un convento c'è l'abbondanza di camere da letto, anche se si tratta di celle fredde e umide. Fu dunque installata una caldaia a carbone che fornisse il riscaldamento, vennero montati nuovi pavimenti in parquet, le finestre furono riparate e la struttura fu dotata di un impianto per l'acqua calda. La famiglia cenava a lume di candela. Intanto Camillo stava progettando una versione migliorata, se non più grande, della M1, e finalmente i suoi prodotti ottenevano attenzione a livello nazionale. Nel 1911, anno in cui la sua creazione fu presentata all'Esposizione universale di Torino, l'azienda ricevette dall'allora ministero della Marina un ordine per cento macchine da scrivere. Due anni dopo il servizio postale italiano ne comprò cinquanta. Quando l'esemplare numero mille uscì dalla fabbrica, nel 1913, ogni impiegato ricevette una medaglia e a Luisa fu donata una spilla d'oro. Il futuro si annunciava radioso. «In quel momento», avrebbe scritto Camillo in seguito, «iniziò il progresso strepitoso della nostra azienda.»[1]

Il nuovo modo di pubblicizzare le macchine da scrivere
agli albori, 1912

Nel suo memoir ormai divenuto un classico, *Lessico famigliare*, Natalia Ginzburg ci ha lasciato molti vividi ritratti
di Camillo e della sua nidiata: Paola, sorella della scrittrice, avrebbe infatti sposato Adriano. Le due ragazze
provenivano da una famiglia di alta cultura e molto unita,
i Levi, che avevano fatto amicizia con gli Olivetti, i quali
spesso li invitavano a casa loro.

Scrive Natalia: «Adriano aveva molti fratelli e sorelle,
tutti lentigginosi, e rossi di capelli: e mio padre, che era
anche lui rosso di capelli e lentigginoso, forse anche per
questo li aveva in simpatia. [...] Finimmo col conoscere

47

poi anche il loro padre, che era piccolo, grasso e con una grande barba bianca: e aveva, nella barba, un viso bello, delicato e nobile, illuminato dagli occhi celesti. Usava, parlando, trastullarsi con la sua barba, e coi bottoni del suo gilè: e aveva una piccola voce in falsetto, acidula e infantile. Mio padre, forse per via di quella barba bianca, lo chiamava sempre "il vecchio Olivetti"; ma avevano, lui e mio padre, all'incirca la stessa età. Avevano in comune il socialismo, e l'amicizia con Turati; e si accordarono reciproco rispetto e stima. Tuttavia, quando s'incontravano, volevano sempre parlare tutt'e due nello stesso momento; e gridavano, uno alto e uno piccolo, uno con voce in falsetto e l'altro con voce di tuono. Nei discorsi del vecchio Olivetti si mescolavano la Bibbia, la psicanalisi e i discorsi dei profeti».[2] Suo padre riteneva che Olivetti avesse «molto ingegno, ma una gran confusione nelle idee».[3]

Forse i Ginzburg avevano saputo della particolare educazione impartita ai figli degli Olivetti. Innanzitutto, nessuno dei tre maschi era circonciso, e al contempo né loro né le sorelle erano stati battezzati. Inoltre studiavano a casa; una scelta sensata, visto che non c'erano asili nella zona e Luisa era comunque una maestra. Ai piccoli veniva lasciato molto tempo per giocare all'aria aperta e fare esercizio fisico, ma tutti andavano a letto alle nove. E le punizioni corporali non erano contemplate: il peggio che poteva capitare a chi combinava una marachella era non ricevere il dessert.

Natalia Ginzburg ricorda che al Convento, come chiamavano la tenuta, «avevano boschi e vigne, mucche, e una stalla. Avendo quelle mucche facevano, ogni giorno, dolci con la panna: e a noi la voglia della panna era rimasta fin dal tempo che mio padre, in montagna, ci proibiva di fermarci a mangiarla negli châlet»[4] per paura della brucellosi, all'epoca un pericolo costante. Ma gli Olivetti possedevano le proprie mucche, e il loro latte era sicuro: i giovani Ginzburg imploravano spesso i genitori di essere portati al Convento per potersi godere quelle alla crema. Almeno finché il padre non disse loro di smetterla di «scroccare».[5]

Camillo voleva davvero per i suoi figli un'infanzia più felice della propria, eppure sembra che le cose siano andate altrimenti. Secondo Valerio Ochetto, biografo di Adriano, Silvia definì la loro vita «non gioiosissima». Quasi tutti soffrivano di frequenti dolori allo stomaco; forse era per via della dieta, o di qualche allergia, ma Ochetto ritiene che si trattasse di disturbi psicosomatici. Adriano ne era particolarmente colpito: piangeva spesso e correva a rifugiarsi in grembo alla madre; era un bimbo «dalla grande emotività», scrisse il biografo.[6]

Tutti in famiglia capivano il dialetto piemontese usato da operai e personale di casa, ma Silvia era l'unica a saperlo parlare; in famiglia si ricorreva infatti all'italiano, che però Camillo non giudicava sufficiente: decise che i figli imparassero anche un perfetto inglese, competenza che si era rivelata estremamente utile nel suo caso. Fu dunque assunta una ragazza – Miss Ruth Philipson, del Dorset – che si trasferì a vivere al Convento per tenere lezioni di conversazione in quella lingua a quattro dei giovani Olivetti. Trattata come parte integrante della famiglia, la Philipson ebbe a dichiarare: «I pasti sono molto semplici, ma abbondanti. Ognuno ha la propria stanza, che è senza riscaldamento tranne in caso di malattia. In ogni caso, il corridoio di sera è riscaldato [...]. La nostra è una vita molto semplice, senza stravaganze o lussi».[7]

Un'affermazione senz'altro vera. Olivetti continuava a usare la sua bici, ma talvolta si spostava anche «in motocicletta», indossando «un berretto a visiera, e con molti giornali sul petto» per ripararsi dal vento, come ha scritto Natalia Ginzburg.[8] A quei tempi in pochissimi possedevano un'auto, ma gli Olivetti ne avevano più d'una. Camillo e Luisa, consci di essere dei privilegiati, si fermavano spesso lungo la strada per offrire un passaggio a chi andava a piedi, come volessero fare ammenda. Non avevano quasi mai ospiti, vestivano in modo sobrio, quando andavano in montagna usavano vecchi sci al pari di tutti gli altri e leggevano la Bibbia ogni giorno. «Mia madre non faceva che dire com'eran buoni e gentili» ha scritto ancora la Ginzburg.[9]

Altre informazioni su come fosse la vita al Convento ci vengono dalla figlia di Laura: Maria Luisa Marxer, detta Mimmina. La madre morì di parto nel 1934, all'età di ventisette anni, e i nonni la accolsero con loro. Da adulta avrebbe poi ricordato: «Camillo era un nonno molto coscienzioso, e considerava un proprio dovere trasmettere ciò che sapeva».[10] Di pomeriggio convocava i bambini – compresi eventuali cugini o ospiti – per una chiacchierata cui ciascuno era chiamato a partecipare in modo attivo; gli argomenti spaziavano dalle notizie di politica e attualità ai benefici del leggere poesie, dalla teoria della rotazione in agricoltura a questioni meno tecniche come le regole di etichetta nel fare regali. In effetti, ogni volta che partiva per un viaggio tornava sempre con un sacco di doni. Mimmina ha ricordato un'occasione in particolare; Camillo era tornato con un'enorme zucca per la moglie, e la bimba chiese il perché di quella scelta: a lei la zucca non piaceva. «A tua nonna sì, però» rispose lui. «Quando facciamo un regalo non dobbiamo scegliere quel che piace a *noi*, ma ciò che piace a chi lo riceverà.»[11]

Suo nonno amava le lunghe camminate e passava ore a suonare il pianoforte verticale che avevano in casa, almeno finché l'artrite alle mani non glielo impedì. Nel tempo aveva sostituito gli sgualciti completi in tweed della gioventù con abiti di un bianco immacolato – e che garantivano il giusto spazio a un girovita sempre più imponente – cui abbinava il tocco sbarazzino di un cappello di paglia portato inclinato. Diceva di non aver tempo per i dottori e preferiva curarsi da sé, con le erbe, approfittando delle passeggiate in montagna per raccogliere fiori d'arnica. Come ovvio, aveva idee ben precise sulla gestione dei suoi dipendenti, uomini e donne il cui numero era in rapida crescita. Pare fosse un datore di lavoro decisamente pignolo, che non tollerava cali di qualità. Al contempo, però, era conscio che licenziare qualcuno poteva significare condannarlo in fretta a una vita di ristrettezze economiche, o persino di miseria; quindi trovava sempre un'altra mansione cui assegnare la persona in questione. Il suo benevolo paternalismo si estendeva anche ai dipendenti: la sua porta era sempre aperta, conosceva tutti per nome e non mancava mai di trovare il tempo per scambiare due parole. E riservava le stesse attenzioni anche al personale di casa. Non tollerava la vista delle domestiche inginocchiate a strofinare i pavimenti: trovava che quell'attività le umiliasse come esseri umani. Come ovvio, il parquet che aveva fatto installare nel Convento finì presto col rovinarsi. Anche Mimmina ha confermato che sapeva essere autoritario, persino oppressivo, ma ha aggiunto che quei difetti erano mitigati dalla sua empatia. «Era una persona molto altruista.»[12]

Nel suo ottimo saggio *The Italians*, John Hooper affronta – tra gli altri – il tema dell'infedeltà dei mariti, sostenendo che in Italia sia vista con occhio più benevolo rispetto a quanto succede in altri Paesi europei. Capitava, ad esempio, che i necrologi di un uomo di una certa fama contenessero anche una frase di cordoglio dell'amante, oltre a quelle della moglie. «Un altro fenomeno piuttosto diffuso è quello dei mariti della classe media che abbandonano la famiglia dopo la nascita dei figli e si lanciano in una serie di relazioni extraconiugali, per poi tornare dalla moglie e passare con lei gli anni del declino.»[13] Nulla di tutto ciò sembra vero nel caso di Camillo e Luisa, che anche in età avanzata si mostrarono sempre uniti e innamorati.

La miniserie televisiva *Adriano Olivetti – La forza di un sogno*, trasmessa per la prima volta su RAI1 nel 2013, ha messo in scena un episodio piuttosto celebre della vita del giovane Adriano: il momento in cui il padre, quando lui era tredicenne, gli disse che avrebbe dovuto lavorare alla catena di montaggio. In seguito, il diretto interessato avrebbe detto: «Imparai così ben presto a conoscere e a odiare il lavoro in serie: una tortura per lo spirito che stava imprigionato per delle ore che non finivano mai, nel nero e nel buio di una vecchia officina».[14] Per i giovani di quella generazione l'età adulta arrivava in fretta: in Inghilterra i ragazzini erano mandati a imparare un mestiere già a dodici anni, dunque non stupisce la scelta di Camillo per il figlio maggiore. Meno chiare sono invece le ragioni di tale scelta. A ogni modo, Adriano fu di certo segnato da quell'esperienza: ci mise anni a costringersi anche solo ad aprire di nuovo la porta di una fabbrica.

Per sua fortuna, non fu obbligato a continuare su quella strada; un lusso che molti altri non poterono permettersi. Il destino di un lavoro ripetitivo, estenuante, poco gratificante e scarsamente retribuito travolse e segnò migliaia di giovani vite. L'architetto e designer Charles Robert Ashbee fu tra i più convinti detrattori della nuova schiavitù imposta dalle macchine. Per citare le sue parole: «La meccanizzazione selvaggia [...] ecco la barbarie che dobbiamo combattere [...]: le terribili condizioni in cui viviamo, imposte dalla macchina industriale».[15] Nel XIX secolo erano frequenti simili moti di ribellione, che alcuni fanno risalire addirittura al periodo della Rivoluzione francese. In ogni caso, i teorici francesi e britannici furono tra i primi a evidenziare gli aspetti disumanizzanti della Rivoluzione industriale e reclamare una più

La prima fabbrica di macchine da scrivere di Camillo Olivetti, 1899

equa distribuzione delle ricchezze, un miglior accesso all'istruzione e la necessità di organizzare la società in piccole comunità autonome.

Altri – ad esempio lo scrittore e filosofo statunitense Elbert Hubbard, che aveva fondato un'associazione di artigiani e artisti a East Aurora, nello Stato di New York – credevano che alla progettazione e creazione di oggetti ben realizzati si accompagnasse una vera e propria trasformazione mentale. In molti – come Ashbee, William Morris, Frank Lloyd Wright – sostenevano la necessità di un ritorno all'artigianato, sottolineando l'importanza dei materiali e il legame tra bello e trascendente. Basti pensare ai *sermons in stones* citati da Wright. I socialisti italiani, in origine un amalgama di gruppi isolati, unirono le forze per chiedere migliori condizioni lavorative, incluse le giornate di otto ore che Robert Owen – altro socialista riformista – aveva reclamato senza successo. C'era nell'aria un profondo bisogno di cambiamento. E se, facendogli sperimentare in prima persona la noia istupidente della catena di montaggio, Camillo aveva puntato a condurre il figlio sulla strada del socialismo, allora non poteva sperare in un esito migliore.

Adriano crebbe come un adolescente timido, sensibile, con un gran senso del dovere e una spiccata moralità, degno figlio di suo padre. Nelle foto lo vediamo di solito sullo sfondo, in piedi di fianco alla sorella Elena, che divenne la sua più stretta confidente. I giovani Olivetti continuavano ad andare a letto alle nove, il che lasciava loro molto tempo per la lettura. Elena prediligeva i classici, e aveva da poco scoperto una nuova traduzione italiana dei *Fratelli Karamazov*; amava inoltre le opere di Freud e i libri di astrologia. Anche Adriano, che in un primo tempo aveva manifestato una profonda avversione per la letteratura, preferendo ai romanzi il banco da carpentiere, alla fine cedette: presto scoprì Rudolf Steiner, filosofo e architetto austriaco fautore della cosiddetta «scienza dello spirito». I suoi scritti sulla riforma della società – e in particolare il modello della Triarticolazione dell'organismo sociale – lo affascinarono così tanto da spingerlo a comprare tutti i suoi libri.

Adriano era molto legato anche a Massimo, forse perché si passavano un solo anno di differenza. Il fratello aveva la risata facile, amava la letteratura e il teatro, andava ai concerti e stava imparando a suonare il violino. Entrambi si erano lanciati nella lettura del volume *La fisiologia dell'amore*, di Paolo Mantegazza, pensatore originale che riteneva importante approfondire i concetti collegati alla sessualità. Ma, giunti nel vivo di quel best seller d'introduzione al sesso, la madre scoprì il libro e lo gettò nel fuoco. Quanto alle altre sorelle, Laura era affascinata come Elena dalla storia russa e dall'ascesa del comunismo; al punto che, per solidarietà, rifiutava di viaggiare se non in treno, e su un vagone di terza classe. Silvia era la più riservata, e di rado condivideva le proprie aspirazioni o i suoi pensieri più profondi; sebbene non fosse la maggiore, si impegnava per diventare la leader del gruppo: aveva sempre voluto primeggiare.[16]

Nella primavera del 1918, anno in cui festeggiava il diciassettesimo compleanno, Adriano scrisse una lettera al suo «carissimo padre». Aveva deciso di partire volontario per la guerra, arruolandosi nel 4° reggimento degli alpini. A spingerlo non era il desiderio di diventare un eroe, né si

La famiglia cresce, in una foto senza data che risale al 1920 circa.
Adriano, Silvia e Massimo stanno in piedi; Dino siede tra la madre
e il padre; Lalla ed Elena sono in ginocchio sul pavimento

trattava di una decisione infantile; al contrario, l'aveva
soppesata a lungo: intendeva fare il suo dovere, come
lavoratore e come soldato. «Ritengo di fare più il mio
dovere come soldato che come operaio perché è certo che
di operai come me ne puoi trovare quanti ne vuoi, mentre
credo che purtroppo di soldati veramente volenterosi non
se ne trovano in egual numero».[17]

Natalia Ginzburg ricorda la prima visita di Adriano a casa loro, dopo che il giovane si era unito agli alpini. «Adriano aveva allora la barba, una barba incolta e ricciuta, di un colore fulvo; aveva lunghi capelli biondo-fulvi, che s'arricciolavano sulla nuca.»[18] Era pallido e grassoccio (per tutta la vita avrebbe combattuto contro la sua passione per i dolci, cosa su cui in famiglia scherzavano spesso). «La divisa militare gli cadeva male sulle spalle, che erano grasse e tonde; e non ho mai visto una persona, in panni grigio-verdi e con pistola alla cintola, più goffa e meno marziale di lui. Aveva un'aria molto malinconica, forse perché non gli piaceva niente fare il soldato; era timido e silenzioso; ma quando parlava, parlava allora a lungo e a voce bassissima, e diceva cose confuse ed oscure, fissando il vuoto coi piccoli occhi celesti, che erano insieme freddi e sognanti.»[19] In caserma lui e Gino, il fratello della scrittrice, erano stati assegnati alla stessa camerata. Anche Gino era un ragazzo serio e posato, il cocco del padre; se ne stava sempre seduto a leggere, e se veniva interpellato rispondeva a monosillabi, senza alzare lo sguardo.

Natalia aveva quattro fratelli; oltre a Paola e Gino c'erano altri due maschi: Alberto e Mario. Il padre – Giuseppe Levi, rinomato anatomista e istologo – insegnava all'Università di Torino ed era stato ordinario anche a Sassari e Palermo. Portava avanti importanti studi sulla coltura *in vitro* e sul sistema nervoso, e tre suoi allievi di Torino si sarebbero in seguito aggiudicati il premio Nobel. Di famiglia ebrea, era in realtà ateo, mentre sua moglie – Lidia Tanzi – era cattolica. Lidia era considerata una splendida padrona di casa, e la loro abitazione si era presto trasformata in un vivace ritrovo per intellettuali e attivisti, con la visita occasionale di qualche industriale come Olivetti. Le foto giunte fino a noi ci mostrano un Giuseppe Levi sempre sorridente, il viso sottile e il naso pronunciato; eppure in *Lessico famigliare* ci sono frequenti riferimenti al suo carattere irascibile, ai suoi rifiuti incomprensibili e agli sforzi quasi tirannici per tenere i figli sotto il suo controllo.

Adriano era innamorato di Paola, ma in un primo momento lei lo rifiutò; a quel tempo sembrava legare solo con suo fratello Mario: entrambi nutrivano un profondo risentimento nei confronti del padre. Ogni volta che era nei paraggi sfoggiavano «grandi musi e lune, sguardi spenti e facce impenetrabili», con tanto di «rabbiosi sbatter di porte che facevano tremare la casa»; si comportavano, insomma, come fossero «in esilio» dalla vita.[20] Crescendo, Paola si era fatta davvero bella, il che potrebbe spiegare l'attenzione gelosa del padre, mascherata da sollecitudine. Desiderava tagliarsi i capelli, ma lui non le avrebbe mai dato il permesso; sognava di andare alle feste delle amiche, ballare, indossare scarpe femminili e giocare a tennis, ma non poteva. Era invece costretta ad andare a sciare ogni fine settimana, cosa che odiava. «Skiava tuttavia molto bene, senza stile, dicevano, ma con grande resistenza alla fatica e con grande coraggio, e si buttava giù per le discese con l'impeto d'una leonessa.»[21] Anche Adriano sciava magnificamente, ed è possibile che la guardasse sulle piste mentre lei, furiosa, gli sfrecciava vicino, piena di sdegno e d'audacia.

Per sua fortuna, Adriano non andò mai al fronte: l'armistizio fu firmato appena lui finì l'addestramento militare.[22] Ciò sollevava, però, un altro problema, ovvero capire quale fosse la sua vocazione. Bisogna dare atto a Camillo di una cosa: credeva fermamente che i suoi figli – almeno i maschi – dovessero seguire i propri interessi; sappiamo che chiese loro più volte cosa volessero fare, incitandoli a impegnarsi in quella direzione. Una scelta che nel caso di Adriano non era affatto semplice; il giovane era infatti diviso fra il desiderio di seguire le orme paterne e quello di prendere una direzione diversa. Alla fine optò per una scelta di compromesso: avrebbe frequentato il Politecnico di Torino, ma non si sarebbe iscritto a Ingegneria industriale come voleva Camillo. Avrebbe invece optato per Ingegneria chimica.

La fine della Prima guerra mondiale – con il suo costo esorbitante in termini di vite strappate, mutilate o rovinate – venne salutata con fervore tanto a Ivrea quanto nel resto d'Europa. Da quella crisi in apparenza conclusa, però, ne nacquero altre, persino più nefaste per il futuro del Paese. Le esigenze della produzione bellica avevano trattenuto i lavoratori nelle fabbriche, ma il sopraggiungere della pace, unito alla liberazione dei leader socialisti e anarchici dalle prigioni, portò all'esplosione di rancori repressi. Non c'era abbastanza lavoro per tutti i soldati rientrati dal fronte, e nel novembre del 1919 si raggiunse il picco di due milioni di disoccupati. La borsa era in caduta libera, così come la lira, il cui valore rispetto al dollaro si attestò nel 1920 a un terzo di quello precedente il conflitto. Mentre i proprietari di aziende come la FIAT, arricchitisi grazie agli ordini di munizioni, prosperavano (la società stava costruendo una nuova, gigantesca fabbrica alla periferia di Torino), molti dei loro operai facevano la fame. Alcuni alimenti, come il pane, erano ormai introvabili; nell'agosto del 1917 la carestia portò a una vera e propria rivolta, e a Torino morirono ventiquattro persone.

Con la fine del conflitto i sindacati iniziarono ad avanzare le loro richieste: aumenti salariali, riduzione dell'orario, maggior attenzione alla sicurezza sul lavoro. La FIAT, che nel frattempo era diventata la terza più grande azienda del Paese, da tredicesima che era, si dimostrò pronta a sedare le agitazioni con la forza: quando i manifestanti fecero irruzione nella fabbrica e ne presero il controllo, Gianni Agnelli invocò l'intervento dell'esercito, ma il governo rifiutò di inviarlo.

Tra le poche aziende che non furono colpite dagli scioperi c'era anche l'unico produttore italiano di macchine da scrivere. Come rilevato da uno studio della Harvard Business School pubblicato nel 1967, ciò fu dovuto in larga misura alla personalità di Camillo Olivetti. Una mattina di settembre del 1920 Camillo incontrò i sindacalisti della Camera del lavoro di Torino davanti alle porte della sua fabbrica di mattoni rossi. Li invitò dentro per una visita, mostrò loro i registri che documentavano il trattamento riservato ai suoi operai, poi li introdusse egli stesso all'assemblea dei lavoratori appositamente convocata, con un discorso che illustrava la sua filosofia imprenditoriale. A suo giudizio, lo sforzo comune per raggiungere un obiettivo condiviso doveva essere ricompensato a livello collettivo: non doveva trarne guadagno solo l'azienda che ci aveva messo il capitale, ma tutte le persone che avevano reso possibile la conquista di quel traguardo. Se i dipendenti condividevano con l'azienda la responsabilità per il successo dell'impresa, allora di quel successo dovevano condividere anche i frutti. I discorsi di Camillo, con i loro riferimenti a un comportamento eticamente giusto e impreziositi da citazioni bibliche scelte con cura, non mancavano mai di persuadere il pubblico. Don Camillo sapeva cosa fosse meglio. Fu l'ennesima battaglia vinta: nessuno scioperò.

E, come per altri imprenditori prima di lui, le convinzioni di Camillo non si arrestavano sulla soglia della fabbrica. Negli anni aveva pubblicato regolarmente degli articoli sul settimanale socialista di Torino, «Il grido del popolo», e su giornali simili della propria cittadina; era persino arrivato a considerare l'ipotesi di comprare il foglio torinese, ma alla fine optò per una soluzione più economica, ovvero fondare il proprio: «L'Azione riformista» di Ivrea. La pubblicazione, che proseguì per poco più di un anno,[23] gli diede modo di esprimere il suo punto di vista: era necessario approfittare di quel momento e lavorare per un futuro migliore, anziché tornare ad atteggiamenti sorpassati e vecchie istituzioni. Da quelle pagine Camillo si scagliò contro finanzieri, burocrati e politici disonesti, battendosi per un nuovo ordine di fraternità e giustizia assieme a Adriano (che si firmava Diogene), altrettanto appassionato e impaziente. Il giovane arrivò a valutare una carriera da giornalista.

La biografia di Adriano scritta da Valerio Ochetto pone una domanda interessante: il figlio di Camillo era un industriale o un rivoluzionario? Entrambe le cose, proprio come suo padre prima di lui. È esattamente questo che, ancora oggi, rende difficile inquadrarli. Ci si potrebbe chiedere – ora che le rivendicazioni socialiste sono uscite sconfitte dalla storia e il mercato globale ha esasperato il problema dell'occupazione fino a giungere alla sua più cruda soluzione, ovvero il lavoro meno qualificato al più basso costo possibile – se da allora sia cambiato qualcosa. La via allo sfruttamento costante era ormai segnata, o era ancora possibile arrivare a un socialismo dal volto imparziale e umano? No, quella strada era impraticabile dopo la Prima guerra mondiale, quando le grandi masse erano costrette giocoforza ad accettare lavori mal retribuiti. E allora perché mai si agitavano tanto, gli Olivetti? Di certo quella lotta non andava a loro vantaggio. Non era ragionevole né sensata. Le autorità avrebbero dovuto spedirli in carcere.

Fra le recenti amicizie di Adriano c'era anche un ingegnere dell'azienda, Giacinto Prandi, che aveva affiancato Camillo fin dall'inizio della sua avventura e nel 1912 era persino diventato azionista della società. Adriano l'avrebbe descritto come «un uomo dall'animo nobile, di grande intelligenza, con una cultura vasta ed eclettica». Per molti anni i due si concessero lunghe camminate assieme ogni sera. Infine Adriano aveva trovato una figura maschile da prendere a modello, nella quale confidare e capace di consigli politici che si sarebbero dimostrati lungimiranti. Nonostante il peso crescente dei comunisti, le manifestazioni, le proteste e gli scioperi, il Partito fascista stava guadagnando consensi. Le incarcerazioni, gli omicidi, le scorribande delle squadracce nelle cittadine di provincia, l'esclusione dei politici di sinistra dal governo, la proclamazione della legge marziale: tutto ciò non fece che acuire l'inquietudine provata da Camillo – e da chi la pensava come lui – quando Mussolini prese il potere, nel 1922. Adriano era pronto a salire sulle barricate, ma le possibilità di vittoria erano scarse. Quando scrisse un trafiletto in lode di Gaetano Salvemini, politico, storico e voce tra le più critiche nei confronti del duce, Prandi lo prese da parte. Era troppo giovane, gli disse, per imboccare quella strada: rischiava serie conseguenze. Adriano ascoltò l'avvertimento. Quando si laureò, nell'estate del

1924, rinunciò all'ambizione di fare il giornalista; in agosto andò invece a lavorare in fabbrica, percependo una paga da operaio (una lira e ottanta centesimi l'ora). Lì fu raggiunto da Gino Levi.

Perché tutti pensavano che fosse felice e serena, aveva chiesto Paola Levi in una lettera spedita ad Adriano, prima che partisse per il militare. In realtà non lo era affatto; anzi, non poteva essere più triste. Le sembrava di camminare lungo un corridoio buio da cui non c'era via d'uscita, nessuna luce a segnalarne la fine. Di certo era gravemente depressa, forse anche a causa dell'atteggiamento possessivo del padre. Se anche avesse sposato Adriano, cosa sarebbe cambiato? Lui sarebbe stato in una caserma chissà dove, mentre lei avrebbe dovuto comunque restare a casa. Era la rappresentazione perfetta del carattere evasivo di Paola e della sua capacità di calarsi in un ruolo: anziché spiegare perché si sentisse in trappola, si limitava a esprimere i propri sentimenti in termini vaghi e altisonanti. Era nel pieno di una crisi «esistenziale e sentimentale»; la sua anima era «turbata e tormentata», il dolore le «riempie la vita». Scriveva dell'insostenibile monotonia della sua esistenza, aggiungendo – quasi a mo' di chiosa – che le dispiaceva di non poterlo sposare.[24]

A quel tempo Paola andava all'università, ma non studiava; il padre, però, non pensava che fosse un problema: in ogni caso si sarebbe sposata. Ciò che invece lo angustiava era che fosse innamorata, cosa di cui lei non aveva accennato ad Adriano. All'università si era fatta amico Giacomo Debenedetti, un giovane che sua sorella Natalia descrive come «piccolo, delicato, gentile, con la voce suadente».[25] Giacomo non sapeva nulla di patologia dei tessuti e non sciava. Insieme andavano a passeggio sul lungofiume o al Parco del Valentino. Giuseppe Levi andò su tutte le furie: «Per lui un letterato, un critico, uno scrittore, rappresentava qualcosa di spregevole, di frivolo, e anche di equivoco». Urlava alla moglie: «Non lasciarla uscire! proibiscile di uscire!». La svegliava nel cuore della notte, gridando: «Non hai autorità!». In effetti, stando a quanto riporta Natalia, la madre era del tutto incapace di «proibire qualcosa a qualcuno».[26] Quindi Paola continuava a vedere Giacomo, e suo padre continuava a infuriarsi all'idea che lo facesse.

I due giovani erano uniti dall'ammirazione per Proust, all'epoca quasi sconosciuto; e in effetti, divenuto critico letterario, Giacomo sarebbe stato il primo italiano a scrivere di lui. Quello della letteratura era un mondo misterioso per i Levi, quindi nessuno dei due genitori apprezzava la prospettiva che Paola uscisse con quel giovanotto, chiacchierando e passeggiando, per di più a braccetto. Nella mente della ragazza, il nome di Proust si caricò di nuovi significati: non solo perché il padre e la madre non apprezzavano la letteratura, ma perché rappresentava il suo futuro negato. Appese nella propria stanza un suo ritratto, dal quale non si separò mai. Forse – anzi, Paola ne era convinta – anche lo scrittore francese era un martire del suo stesso genio; e, al pari del suo eroe, lei era destinata a sprecare la propria esistenza, brillante ma segnata dal fato, nella casa dei genitori, da sola, nel chiuso di un'ovattata camera da letto.

4

Adriano entra in scena

Nel 1920 l'azienda fece uscire un nuovo modello di macchina da scrivere: la M20, su cui Camillo aveva lavorato a lungo. Nel realizzarla, non solo erano state introdotte diverse migliorie tecniche, ma ne era stata curata anche l'estetica, con finiture ebano e una scritta dorata; erano stati compiuti, sotto tutti i punti di vista, enormi passi avanti rispetto alla M1, creando un prodotto più reattivo e praticamente indistruttibile. A Camillo piaceva vantarsi sostenendo che la si potesse lanciare fuori da una finestra al secondo piano e non si sarebbe nemmeno ammaccata. La commercializzazione fu accompagnata da annunci pubblicitari che mostravano graziose ragazze con i capelli a caschetto e vestite in pieno stile anni Venti, intente a guardare la M20 con le mani giunte in segno di ammirazione.

Appena uscita, la macchina da scrivere venne presentata alla Fiera internazionale di Bruxelles, mossa che ne decretò il successo. In dieci anni, l'azienda ne avrebbe venduti quasi novecentomila esemplari. La società, intanto, cresceva in fretta: nel giro di quattro anni si passò da quattromila a ottomila vendite annuali; un'impennata che portò a incrementare il numero di operai e macchinari, a espandere gli spazi di lavorazione e ad assumere nuovi quadri intermedi. In generale, la struttura si fece più efficiente e specializzata. Nel 1922 venne fondata una nuova società, la Olivetti Foundry, e nel 1924 nacque l'Officina meccanica Olivetti (OMO). La Olivetti aveva faticato a mantenere la propria posizione in uno scenario dominato dalle importazioni straniere (basti pensare, per fare un esempio, che nel 1925 la Underwood produceva 850 macchine da scrivere al giorno); in Italia i competitor principali erano i prodotti tedeschi, ma la qualità superiore della M20 si sarebbe presto imposta sul mercato nazionale.

Eppure, Camillo e Adriano erano preoccupati. L'ascesa di Mussolini aveva portato a una nuova ventata di autoritarismo, con le forze di polizia incaricate di scovare ed eliminare i nemici del regime fascista. Come molti altri, Salvemini non colse in tempo i segnali di pericolo: seguitò a pubblicare, tenere lezioni e promuovere un programma antifascista, almeno finché il suo avvocato non fu ucciso a bastonate da alcuni sostenitori del partito; in seguito scoprì che il suo nome era il successivo sulla lista degli squadristi. Scappò appena in tempo, nell'estate del 1925, dirigendosi prima in Francia e poi in Inghilterra e Stati Uniti. La Harvard University creò una cattedra apposta per lui, e lì Salvemini tenne le sue lezioni fino al 1948.

Un anno prima, nell'estate del 1924, Giacomo Matteotti aveva subito un destino ben peggiore. Avvocato milanese diventato figura di spicco del Partito socialista italiano, era stato eletto alla Camera dei deputati nel 1919 e in quello stesso 1924 era diventato segretario generale della sua nuova formazione, il Partito socialista unitario. Intanto, Mussolini stava spingendo alle estreme conseguenze la pratica degli attacchi fisici tesi a far piazza pulita degli avversari politici. In un discorso pronunciato alla Camera il 30 maggio 1924, Matteotti – personaggio dall'ampio seguito e dall'indiscusso coraggio – aveva denunciato i brogli nelle elezioni precedenti, quelle che avevano portato Mussolini al potere. Due settimane più tardi era stato rapito da alcuni squadristi, che l'avevano caricato su una macchina e pugnalato, probabilmente con una lima. Il corpo era stato ritrovato qualche mese dopo, dentro una fossa poco profonda a circa venticinque chilometri da Roma.

Poi ci fu la vicenda di Filippo Turati, che coinvolse tanto i Levi a Torino quanto gli Olivetti a Ivrea. Turati, personaggio ammirevole che si era impegnato in modo indefesso per migliorare le condizioni lavorative delle classi meno abbienti, nel 1926 aveva ormai quasi settant'anni e versava in condizioni di salute critiche (sarebbe morto nel 1932); inoltre la sua casa di Milano era tenuta costantemente sotto sorveglianza dalla polizia. Il rischio era che facesse la fine di Matteotti, quindi chi gli era vicino decise di intervenire. Natalia Ginzburg scrive: «Di notte sentii tossire, nella stanza accanto a me. Era la stanza di Mario [...]; ma non poteva essere Mario [...]; e sembrava una tosse di uomo vecchio, grasso».[1]

Il mattino dopo, la scrittrice trovò in sala da pranzo un nuovo ospite, intento a sorseggiare il tè: «Era vecchio, grande come un orso, e con la barba grigia, tagliata in tondo. Aveva il collo della camicia molto largo, e la cravatta legata come una corda. Aveva mani piccole e bianche; e sfogliava una raccolta delle poesie di Carducci».[2] Riconobbe subito Turati, ma i genitori le dissero che quell'uomo si chiamava Paolo Ferrari, e lei fece del proprio meglio per credere a quella versione. Lo sconosciuto rimase con loro per otto o dieci giorni; ogni volta che qualcuno bussava alla loro porta, anche se si trattava solo del lattaio, lui correva a rifugiarsi nella stanza che gli avevano assegnato. Avanzava in tutta fretta, tentando al contempo di muoversi «in punta di piedi: grande ombra di orso lungo i muri del corridoio».[3]

Turati era stato prelevato dalla propria abitazione – distraendo una delle guardie giusto il tempo necessario a farlo sgattaiolare fuori da una porta di servizio e caricarlo su un'auto – con l'intenzione di farlo espatriare in Francia. Solo che l'inverno stava avanzando: i valichi alpini in alta quota erano tutti bloccati dalla neve, mentre quelli ancora aperti venivano controllati con scrupolo. Si decise dunque di portarlo a Savona, farlo salire su un motoscafo e traghettarlo verso la Corsica e la libertà. La notte prestabilita diversi uomini in impermeabile si presentarono a casa dei Levi; Adriano era l'unico che Natalia conosceva. «Cominciava a perdere i capelli, e aveva ora una testa quasi calva e quadrata, cinta di riccioli cresputi e biondi. Quella sera, la sua faccia e i suoi pochi capelli erano come frustati da un colpo di vento. Aveva occhi spaventati, risoluti e allegri; gli vidi, due o tre volte nella vita, quegli occhi. Erano gli occhi che aveva quando aiutava una persona a scappare, quando c'era un pericolo e qualcuno da portare in salvo».[4]

Infine, Turati giunse a Parigi sano e salvo, anche se si era quasi sfiorato il disastro; solo che il piano fu scoperto e scattarono gli arresti tra chi l'aveva aiutato nella fuga. Adriano, chissà come, non fu coinvolto: si nascose dai Levi per diversi mesi, dormendo nella stanza in cui aveva trovato rifugio Turati.[5] Intanto, però, le idee radicali degli Olivetti stavano attirando sospetti anche su di loro. La redazione di «Tempi nuovi», rivista di cui Camillo era stato direttore a più riprese, fu assaltata e vandalizzata, e la pubblicazione cessò. A quel punto anche Adriano fu costretto a sparire per un po'. Raggiunse l'Inghilterra, dove era stato già l'anno precedente, ma per motivi del tutto diversi: nell'estate del 1925 si era infatti imbarcato a Liverpool con destinazione Stati Uniti, per un viaggio di formazione.

Quando era giunto a New York a bordo dell'RMS *Caronia* (l'unica nave dell'ampia flotta Cunard che avesse preso il nome da un americano), gli anni Venti ruggivano a fauci spalancate. Interi quartieri composti da piccole proprietà venivano acquistati per fare spazio a nuovi investimenti e costruire su vasta scala, spingendosi nell'unica direzione possibile: verso l'alto. Lo spirito di quell'epoca è tutto contenuto nella celebre fotografia che ritrae alcuni operai seduti a pranzare su un'enorme putrella metallica protesa nel vuoto; sotto di loro le strade sono a malapena visibili. I grattacieli incarnavano l'ardimento, l'eccitazione palpabile e l'accoglienza di quella nuova cultura: in tutto il continente si demoliva il vecchio per far spazio a speranza e vigore, fino ad arrivare al cielo. Gli echi di tale rinnovamento avevano toccato la coscienza degli europei attraverso le strade più inaspettate: la moda, balli come il fox trot, i film di Hollywood, persino la capacità tutta americana di far proprie innovazioni stilistiche straniere – ad esempio l'art déco francese – e trasformarle in qualcosa di diverso. Secondo Elwyn Brooks White, celebre scrittore statunitense, i grattacieli «più di qualsiasi altra cosa sono responsabili della maestosità [di New York]. Rappresentano per la nazione ciò che il campanile è per i villaggi: un simbolo tangibile di aspirazione e di fede, il bianco pennacchio che indica dove punti la strada da percorrere. Verso l'alto».[6] Adriano ne era rimasto visibilmente impressionato: i grattacieli, aveva scritto a casa, erano davvero grandiosi.[7]

Anche di fronte a un tale sfarzo, però, lui si era imposto di risparmiare il più possibile, pur mantenendo sempre il giusto decoro. Aveva lasciato un piccolo hotel, in cui pagava due dollari e mezzo a notte più l'uso del bagno, perché troppo costoso, trasferendosi in una struttura della Young Men's Christian Association (la celebre YMCA) nel Lower East Side, all'angolo tra la 23rd Est e la Fourth Avenue: lì pagava solo otto dollari la settimana, tutto incluso. Al pari di Camillo teneva da conto anche gli spiccioli; e proprio come il padre aveva attraversato l'oceano per scoprire nuove soluzioni da applicare nel loro stabilimento e più in generale nell'azienda, così da migliorarne l'organizzazione. L'aumento di ordinativi rendeva infatti necessario accelerare la produzione. Quindi si era dedicato a visitare le compagnie collegate, in modo diretto o indiretto, alla realizzazione di macchine da scrivere e di forniture per l'ufficio. Nel giro di cinque mesi aveva fatto visita a un centinaio di impianti. In alcune lettere si scusava di non aver scritto a casa per diversi giorni, ma i ritmi che teneva erano davvero frenetici.

Rispetto a quelle di un normale turista, le osservazioni lasciateci da Adriano hanno un focus particolare: i suoi interessi lo portavano infatti a concentrarsi su dati statistici quali l'efficienza degli impianti, la produzione oraria degli operai, il costo della vita, i salari, le abitudini dei consumatori... Eppure non mancano, nelle sue lettere, le critiche alla condizione generale di New York:

la scarsità di poliziotti per le strade; la farsa del proibizionismo («Ovunque si vedono persone ubriache»); la calca di passanti maleducati che si spintonavano lungo i marciapiedi; l'andamento imprevedibile del mercato, con prezzi che potevano variare anche del 50 per cento in una settimana. Era arrivato a stigmatizzare persino le attività di svago: a Coney Island aveva notato «centinaia e centinaia di persone arrivare a bordo di vistose auto e divertirsi come matte con i giochi più idioti». Non aveva apprezzato granché nemmeno i film.

In effetti, ciò che più lo interessava era la Underwood, con sede a Hartford: la principale produttrice di macchine da scrivere al mondo. La compagnia aveva fatto uscire nel 1900 la sua Model no. 5, che aveva anticipato di anni la concorrenza e venduto milioni di esemplari. Con quell'azienda, però, le cose non erano andate come sperava; la Underwood – al pari della Royal – aveva infatti negato ai signori Olivetti e Burzio (che nel frattempo aveva raggiunto Adriano negli Stati Uniti) l'autorizzazione a visitare i suoi impianti. Un conoscente aveva preso bonariamente in giro i due italiani, sostenendo che erano stati troppo onesti: se solo non avessero specificato che venivano da Ivrea…! Adriano aveva attraversato l'oceano solo per vedersi chiudere la porta in faccia; per lui era come se gli avessero rifiutato l'ingresso al Louvre. In quel momento, nel suo animo si era radicato un proposito che avrebbe avuto importanti conseguenze trent'anni più tardi.

Al contrario, alla Ford Motor Company di Highland Park, nel Michigan, i due avevano ricevuto un'accoglienza quasi imbarazzante tanto era stata calorosa. Di fronte a una tale disponibilità, Adriano si era persino spinto a domandare se fosse possibile incontrare il signor Ford.

No, non era stato possibile, ma in ogni caso li avevano accompagnati a visitare l'intero stabilimento, che dava lavoro a circa mille operai e sfornava ogni giorno ottomila veicoli. E non era nemmeno tra i più grandi della compagnia. La produzione, organizzata su tre turni da otto ore, andava avanti a ciclo continuo, e gli operai ricevevano l'invidiabile paga di sei dollari e quaranta l'ora. Adriano aveva anche incontrato, nei suoi spostamenti, un ex dipendente dell'impianto; nonostante l'ottimo salario, quell'uomo si era licenziato: i ritmi di lavoro erano infatti estenuanti. La catena di montaggio era un miracolo di organizzazione, e ogni singolo secondo veniva sfruttato appieno. «I macchinari non si fermano mai […]. Con ciò, però, non intendo dire che questo sistema abbia solo vantaggi. Abbiamo assistito a un'interruzione di cinque minuti nel processo, perché una macchina non era stata assemblata correttamente: quella breve pausa ha causato una perdita di produttività pari a cinque veicoli.»

Mentre l'influenza di Burzio alla Olivetti andava scemando, Adriano si sentiva sempre più libero di avanzare proposte per riorganizzarne la struttura e rendere la produzione più efficiente. La Smith Corona aveva da poco lanciato una macchina da scrivere portatile di grande successo, e lui riteneva che l'operazione avesse decisamente senso: la loro azienda avrebbe dovuto seguirne l'esempio. Intanto era arrivato il Natale del 1925, e lui si trovava ancora a New York. Lì aveva scovato ciò di cui in Italia sentiva la mancanza, e in effetti gli Stati Uniti erano un vero e proprio paradiso per le nuove generazioni: un Paese vivace, intraprendente, ricco di idee e tecnologicamente all'avanguardia. Eppure Adriano era convinto che Ivrea potesse recuperare in fretta da quel punto di vista. Al contempo, non aveva dubbi su quale delle due società preferisse in termini di cultura, civiltà e cortesia. Aveva attraversato l'oceano convinto di trovare un atteggiamento progressista nutrito di nobili ideali, invece aveva scoperto il regno dell'ambizione e del desiderio di arricchirsi. Era pronto a tornare a casa, lasciandosi alle spalle «quest'America infantile».

Intanto, mentre si trovava lontano da casa, Adriano era «uscito» con diverse ragazze; tra queste anche Ruth Philipson, la giovane venuta dal Dorset per insegnare l'inglese a lui e ai fratelli. Nel caso specifico, l'uscita si era concretizzata in un giro in auto: il rampollo di casa Olivetti aveva molto apprezzato la compagnia di Ruth; e le cose non dovevano essersi fermate lì, visto che la ragazza è menzionata in una lettera di Camillo. Come l'avrebbe presa, lei? Adriano assicurò al padre di non aver fatto promesse insincere: sperava ancora che Paola cambiasse idea. E alla fine fu proprio così, probabilmente anche grazie ai mesi passati a nascondersi in casa dei Levi. Alcuni sostengono che la sorella di Natalia Ginzburg avesse visto Adriano sotto una nuova luce la notte in cui lui aveva scortato Turati verso la salvezza; forse, però, a farla tornare sui propri passi contribuì anche un piccolo incidente. Durante una dello loro uscite sugli sci, Paola – con il suo tipico atteggiamento spericolato – aveva smosso una massa di neve sfrecciando giù per una collina, e si era ritrovata sepolta. Adriano era subito accorso in suo aiuto, e possiamo immaginare con quale sollievo i due si fossero abbracciati una volta scampato il pericolo. Il giovane Olivetti era al contempo un visionario uomo d'azione e una persona dall'animo sensibile, ma faticava a mostrare questo lato del proprio carattere. Quando provava a esprimere i suoi sentimenti si sentiva impacciato e stupido;[8] esitava, lo sguardo sognante perso nel vuoto. In quei momenti era lei a prendere l'iniziativa, con il tempismo quasi teatrale che possiamo ancora ammirare negli scatti che la immortalano. Di fronte alla macchina fotografica Paola non si tirava certo indietro: voltava leggermente il capo e rivolgeva all'obiettivo il suo sorriso più accattivante. Non era mai sazia di stimoli intellettuali, esperienze nuove e incontri inaspettati, e affrontava la vita con una spontaneità che compensava le titubanze di lui. Adriano amava la sensazione di sfida continua che provava quando erano insieme: l'impressione di non sapere mai cosa lo aspettasse. E, per quanto strano possa sembrare, anche Camillo era affascinato da quella ragazza: gioiosa, tranquilla – almeno in apparenza – e di una bellezza mozzafiato, con i capelli rosso Tiziano, la pelle di alabastro e la figura magra e sottile.

Prima di parlare di matrimonio, comunque, Adriano sembrava convinto di dover ottenere l'approvazione del proprio padre, anche se si trattava solo di una formalità. Allontanatosi dall'Italia dopo la fuga di Turati, nel gennaio del 1927 si trovava a Londra, intento a visitare le principali aziende inglesi. Scrisse dunque una lettera, che comprendeva una lista di argomenti a favore di quell'unione: menzionò la lealtà e la serietà di Paola, e precisò di confidare che la futura moglie avrebbe rimesso a lui tutte le decisioni importanti, cosa che Camillo doveva ritenere importante. Aggiunse inoltre un commento sulla salute di Paola, «all'apparenza migliore della mia», come se la cosa chiudesse ogni questione.[9]

Come è facile immaginare, il professor Levi accolse la notizia con le solite sfuriate. Inutile menzionare le prospettive future di Adriano come industriale: tutti sapevano che un'azienda poteva fallire da un giorno all'altro, quindi perché mai avrebbe dovuto esporre la figlia ai rischi di un futuro tanto precario? Per non parlare, poi, del carattere scontroso e ribelle che Paola aveva mostrato da ragazza: Adriano era davvero sicuro di voler passare la vita con una persona tanto difficile? Il giovane Olivetti respinse al mittente ogni obiezione. Il suo futuro si annunciava roseo (e su questo aveva ragione); quanto al carattere, quello di sua sorella Elena era ben peggiore, eppure i due non avevano mai litigato. Ignorò le accese discussioni sorte tra i Levi, preoccupato solo che il buon professore potesse non presentarsi il giorno del matrimonio. La soluzione migliore era organizzare una cerimonia semplice e veloce.[10] Si sposarono a Torino nel maggio del 1927, con rito civile, e festeggiarono con un tranquillo pranzo alla presenza delle due famiglie. Con il suo nuovo passaporto, Paola poteva andare a Londra insieme al marito: per il viaggio di nozze affittarono dunque un'abitazione in una zona esclusiva di Kensington, su De Vere Gardens, e da lì iniziarono un tour di sei mesi in tutta Europa.

David, figlio di Dino e nipote di Adriano, ha messo insieme uno splendido album di famiglia: parte con le foto dei genitori di Camillo e comprende parecchie immagini di matrimoni festosi. A immortalare quello di Adriano e Paola ce n'è solo una, ma dal potente valore simbolico. Tanto per cominciare, i due stanno per partire in luna di miele. Lei ha appena aperto lo sportello posteriore della macchina, ma si è voltata per mettersi in posa. Al posto dello spettacolare vestito da sposa che ci si aspetterebbe, indossa un tailleur estivo dal taglio semplice e di colore chiaro, con una curiosa cloche in abbinato a coprirle i capelli. Adriano, in piedi dietro di lei, tiene una mano nella tasca del completo scuro, cravatta al collo e berretto sbarazzino. Sono vicini ma non si abbracciano, quasi si trattasse di una dimostrazione plastica della distanza emotiva che caratterizzerà il loro rapporto.

Dopo la tappa in Gran Bretagna, il lungo viaggio di nozze li portò in giro per l'Europa; in particolare a Berlino, dove rimasero qualche tempo mentre Adriano tentava senza successo di imparare un po' di tedesco. Per Paola fu una vera liberazione: poteva finalmente tagliarsi i capelli, comprare splendidi e costosi vestiti, frequentare librerie e musei o vedere gli ultimi film usciti al cinema. Lui, intanto, andava a caccia di aziende innovative e studiava statistiche sulla produttività oraria dei loro operai, sull'appeal dei materiali usati e sulle abitudini di consumo dei clienti. Uno dei pochi argomenti a interessare entrambi era la teoria della personalità. A Ginevra fecero visita a Charles Baudoun (1893-1963), celebre psicanalista che era giunto a una felice sintesi delle idee di Freud, Jung e Adler. Grazie a quell'incontro Adriano avrebbe sviluppato un interesse per la psicanalisi – anche se non per l'autoanalisi – durato tutta la vita, e la convinzione che la firma rivelasse quanto c'era da sapere sul carattere di una persona.

Tornati a Ivrea i due si trasferirono in una graziosa abitazione su via Castellamonte, vicino alla fabbrica. Paola stava imparando a guidare; non solo per godersi la sua nuova libertà, ma anche in risposta a un'esigenza di autoconservazione: al volante Adriano era a dir poco inaffidabile. Talvolta, dopo aver ingranato la marcia ed essere partito, si immergeva in una discussione e scordava di cambiare per tutto il tragitto.

Stando a quanto scrive Natalia Ginzburg, dell'atteggiamento di Paola «mio padre non disse niente, perché ormai non poteva più dirle niente, non poteva più proibirle né comandarle nessuna cosa. Tuttavia ricominciò a sgridarla, dopo qualche tempo; e anzi adesso sgridava anche Adriano. Trovava che spendevano troppi soldi, e che andavano troppo in automobile fra Ivrea e Torino».[11] Di tanto in tanto simili obiezioni colpivano nel segno. Durante un attacco di sciatica particolarmente intenso, Adriano – che non nutriva particolare fiducia per la medicina convenzionale – decise di consultare un bulgaro per una pratica chiamata «massaggi aerei». Il buon professore montò di nuovo su tutte le furie: «Sarà un ciarlatano! uno stregone!».[12]

Per Giuseppe Levi i motivi di inquietudine non fecero che aumentare con l'arrivo del primo figlio di Paola. Roberto nacque il 15 marzo 1928, e il professore ne rimase estasiato: «Lo trovava molto bello, e rideva guardandolo, perché lo trovava identico al vecchio Olivetti. "Sembra di vedere il vecchio Olivetti!" diceva anche mia madre. "È preciso al vecchio ingegnere!"».[13] Il nonno, però, si rivelò estremamente suscettibile a ogni questione che riguardasse la salute del bambino, compresa una semplice febbre. «Non lo porteranno mica da qualche stregone?»[14] domandava quando il nipote si ammalava. Secondo lui, quegli ignoranti dei genitori non avrebbero mai fatto la cosa giusta. E il piccolo aveva bisogno di più sole, altrimenti sarebbe diventato rachitico. Come al solito, a farne le spese fu la moglie, che svegliava nel cuore della notte: «"Lo faranno diventare rachitico!" urlava a mia madre. "Non lo tengono al sole! Digli che lo tengano al sole!"».[15]

Nell'estenuante tour che l'aveva condotto a visitare un centinaio di impianti statunitensi, e poi nel corso del viaggio tra Gran Bretagna ed Europa continentale, Adriano aveva fatto proprie alcune lezioni che portarono a un importante punto di svolta nello sviluppo della Olivetti. Appoggiato da Gino Levi – ormai una voce di peso all'interno dell'azienda – e da altri ingegneri, mostrò come fosse possibile triplicare la produttività organizzando in modo più razionale l'assemblaggio. La sua valutazione si rivelò corretta e la produzione ebbe un'impennata: se prima ci volevano dodici ore per terminare una singola macchina da scrivere, adesso l'intero processo poteva essere ultimato nel giro di quattro ore e mezza. Seguendo i suggerimenti di Adriano fu poi lanciata la M40, che riscosse un discreto successo, e si iniziò a lavorare sul primo modello portatile, la MP1. Seppur nel pieno della Grande depressione, l'azienda produceva ormai quindicimila macchine l'anno e dava lavoro a novecento persone, con tredici filiali sparse sul territorio nazionale e ben settantanove rivenditori autorizzati. La prima costola straniera, la Hispano Olivetti S.A., aprì a Barcellona nel 1929; una seconda aprì in Belgio l'anno successivo. Nel 1933 la compagnia festeggiò i suoi primi venticinque anni di vita e la nomina del nuovo direttore generale: Adriano Olivetti, da poco trentaduenne.

I lavoratori presso i cancelli della fabbrica, nel 1930

Intanto, mentre l'azienda proseguiva nella sua ascesa, il duce e i fascisti rafforzavano la loro presa sulla società italiana. Il Partito socialista aveva perso influenza dopo la scissione dei comunisti e la cacciata dei membri aderenti alla corrente riformista, ma in ogni caso nel 1930 nessun partito d'opposizione poteva agire liberamente. Per citare le parole di Martin Clark: «C'erano [...] ancora alcuni intellettuali rispettati, come Croce in Italia o Sforza e Salvemini espatriati all'estero, che tenevano vivo il libero pensiero e continuavano a porre domande. Ma questo era quanto [...]. Senza istituzioni o organizzazioni di riferimento, gli antifascisti italiani si trovavano nella stessa situazione vissuta dai dissidenti russi quarant'anni prima: talvolta controllati da spie infiltrate nei loro ranghi, spesso perseguitati e sempre indifesi».[16] Le unioni di categoria erano state trasformate in sindacati che dipendevano direttamente dallo Stato; gli scioperi e le serrate erano ormai un lontano ricordo. E lo stesso destino attendeva gli industriali, irregimentati in apposite confederazioni finanziate e controllate a livello statale.

Per Adriano Olivetti si era giunti «in Europa all'apogeo del movimento di pianificazione; una pianificazione che investiva l'attività aziendale, la struttura degli impianti, la loro collocazione nel tessuto urbanistico e la localizzazione della compagnia».[17] Oggi sappiamo che niente di tutto ciò è facile come poteva sembrare, ma all'epoca l'ideale della pianificazione sposava il pensiero più all'avanguardia, e arrivò a ossessionare Adriano per il resto della vita. «La figura dell'architetto stava per emergere come quella del Pianificatore: guida e organizzatore dell'intera società industriale, teso agli obiettivi di ordine e bellezza.»[18] In fondo, il giovane Olivetti si dimostrava degno figlio di suo padre: gli sforzi di Camillo per andare incontro ai bisogni più pressanti dei lavoratori avevano pian piano dato corpo a un progetto per una società ideale, e Adriano era pronto a gettarne le fondamenta.

Da questo punto di vista, almeno in teoria, non sembrava ci fossero motivi di contrasto tra Mussolini e gli Olivetti: dopotutto il duce si mostrava altrettanto desideroso di modellare sul modernismo industriale lo Stato che immaginava. Aveva anche ottenuto successi notevoli in tal senso: con un vero e proprio *coup de théâtre* aveva fatto bonificare le paludi dell'Agro Pontino, a sudest di Roma, una zona infestata dalle zanzare e in cui la malaria era endemica. E non si era limitato all'opera di bonifica (di cui pure si vantava spesso, visto che nessun governante prima di lui era riuscito nell'impresa): aveva ordinato che in quell'area sorgessero cinque nuovi centri abitati, tutti realizzati riprendendo il modello della città giardino. E quei cinque sarebbero poi diventati tredici, a livello nazionale.

A quel tempo le città giardino erano una sorta di mania, un tema sul quale si trovavano tutti d'accordo. Cosa poteva andare storto, dunque? Nulla, a parte il fatto che Camillo era sempre stato un socialista. Non un marxista, visto che sosteneva la necessità di una leale cooperazione tra industriali, dirigenti e operai, ma nondimeno un potenziale agitatore. E poi c'erano gli articoli scritti da Adriano, e il ruolo da lui giocato nella fuga di Turati: se le autorità avessero scoperto la cosa, di certo la situazione sarebbe peggiorata. In ogni caso, fino a quel momento, nessuno degli Olivetti si era ancora iscritto al Partito fascista.

Poi, nella primavera del 1931, quel delicato equilibrio si infranse. Il ministro degli Interni annunciò che era entrato in possesso di una lettera vergata da Adriano nel dicembre del 1925, mentre si trovava in America. Era indirizzata a uno dei fratelli della madre, Ulrich Ravel, che viveva a Santa Barbara, in California. Nella missiva, Adriano aveva fatto uno squallido ritratto di chi era al potere in Italia: «Un branco di canaglie e assassini», secondo lui. Aveva inoltre allegato un articolo sovversivo di Gaetano Salvemini e un pezzo scritto di proprio pugno, chiedendo allo zio se potesse farlo pubblicare per lui sulla rivista «The Nation». Come ovvio, anche questo materiale era stato giudicato offensivo.[19]

È a dir poco strano che tale lettera fosse finita in mano ai fascisti, ed è ancora più strano che le autorità avessero aspettato per ben sei anni prima di tirarla fuori dal cassetto. Con tutta probabilità, Adriano aveva male interpretato le simpatie politiche dello zio. D'altro canto, che questi l'avesse inoltrata all'apparato di un regime autoritario e repressivo suggerisce ben più di una semplice disapprovazione: verrebbe da pensare a un progetto lucido, volto a causare un serio danno al giovane. Non sappiamo come si sia sentita la famiglia in quella situazione, che di certo fu fonte di imbarazzo e dolore: per anni furono tutti sottoposti a sorveglianza da parte della polizia. E se la questura di Aosta si dimostrò indulgente, la Direzione generale di Roma era tutt'altra cosa. Il passaporto di Adriano non fu ritirato, ma i suoi movimenti furono sottoposti ad attenti controlli, «per valutare meglio» le sue attività di stampo politico.[20]

Quello stesso anno padre e figlio si iscrissero al Partito fascista. Pochi mesi più tardi Adriano fu incluso in una delegazione della Confederazione fascista degli industriali, inviata in Unione Sovietica per incentivare gli scambi economici tra i due Paesi.[21]

5

Giustizia e libertà

La famiglia è la patria del cuore.

Giuseppe Mazzini

Sebbene Adriano si fosse ormai insediato al vertice della compagnia, a quel tempo era ancora Camillo a tenere le redini della famiglia, in rapida crescita. Era guida e consigliere; risolveva problemi, gestiva la quotidianità, dispensava complimenti e critiche ed era in larga misura l'autorità di riferimento per figli e nipoti. Ciò che in altri contesti si potrebbe leggere come intollerabile dispotismo, in Italia aveva una connotazione ben diversa: assicurava la stabilità emotiva del nucleo familiare. Anche da un punto di vista fisico, le fotografie ci mostrano gli Olivetti – nonni e genitori, sorelle e fratelli, madri e padri, zie, zii e cugini – sempre molto vicini, sia perché ritratti tutti assieme, sia nei singoli gesti di contatto diretto. Possiamo notare magari una mano poggiata sulla spalla del nonno; un braccio allungato a cingere una moglie; una madre che parla con uno dei figli piccoli, mentre ne culla un altro; una giovane coppia immortalata con lei che poggia un braccio sulla schiena del marito e lui che la abbraccia alla vita; il nonno che tiene in braccio due gemelle, una per lato; un fratello orgoglioso che accompagna la sorella all'altare. Strette relazioni multigenerazionali che illustrano il fondo di verità di un luogo comune diffuso: l'importanza fondamentale della famiglia nella vita degli italiani. Quei gesti spontanei legano tutti loro in un amorevole abbraccio che taglia fuori il resto del mondo.

Parlando del concetto di «mafia» nel suo senso più ampio, Alan Friedman ha scritto: «Un qualche tipo di "protezione" è stato [...] sempre necessario per quasi tutti gli italiani. Il particolarismo politico dell'Italia resta un fattore potente nella vita delle persone, oggi come prima dell'unificazione, avvenuta negli anni Sessanta dell'Ottocento. Anche adesso un abitante di Milano si sente più milanese che italiano. Anche adesso [...] gli interessi dei gruppi in conflitto sono più importanti delle istituzioni nazionali. Una nazione del genere ripone le sue speranze più intime nella struttura familiare [...] che incoraggia lo sviluppo di una "mafia" prima come raggruppamento di consanguinei e poi come famiglia allargata, che può andare ben oltre la parentela e arrivare a incorporare gli affiliati».[1]

Come ha osservato Luigi Barzini nel libro *Gli italiani* «le persone [...] scoprono che in Italia tutte le istituzioni ufficiali sono deboli e instabili: la legge è flessibile e inaffidabile, lo Stato viene screditato e scavalcato facilmente [...] e la società (così come concepita altrove) ha poca influenza. La maggior parte della gente tollera le piccole infrazioni, chiude un occhio di fronte ai problemi di minor importanza, perché protestare ha delle conseguenze».[2] E continua: «Parlare chiaro è spesso una pratica pericolosa. L'oscurità è la regola. [...] Non si può mai sapere quando un'opinione ampiamente condivisa e per nulla controversa finirà per rivelarsi compromettente e audace. Si celano i propri pensieri, persino quando non è necessario; perché celarli non è mai rischioso, mentre rivelarli potrebbe esserlo».[3]

Navigare in acque tanto pericolose richiede pazienza, diplomazia e sotterfugio; il che, nel corso dei secoli, ha reso *Il principe* di Machiavelli una lettura essenziale per qualsiasi italiano che desiderasse condurre in porto la sua pur modesta imbarcazione. E ad alcuni garantì un successo che andava ben al di là dei loro sogni più sfrenati. In *Agnelli and the Network of Italian Power*, Friedman ripercorre l'ascesa di una famiglia della classe media piemontese che trasformò una piccola azienda automobilistica, la FIAT, in un impero internazionale capace di esercitare pressioni occulte per indirizzare a proprio vantaggio le questioni interne al Paese. Per come li descrive Friedman, gli Agnelli erano «grandi e potenti quanto i Savoia, i Medici, i Gonzaga, gli Sforza, i Visconti o qualsiasi altra dinastia emersa dalle pagine della storia italiana».[4] E avrebbero giocato un ruolo centrale nel futuro degli Olivetti come famiglia e come azienda, in particolare rispetto al modello di capitalismo illuminato che essi presentarono al mondo, dimostrando cosa potesse realizzare.

Tutto questo, però, era di là da venire mentre il giovane Adriano si affacciava su uno dei periodi più significativi della sua vita. Alcuni commentatori hanno visto in lui una sorta di novello Cola di Rienzo, figura straordinaria dell'Italia del XIV secolo, che si era imposta sulla scena quando i papi avevano ormai abbandonato Roma per Avignone, la città era in rovina, i poveri morivano di fame ed erano privi di ogni tutela e i ricchi si rifugiavano in palazzi simili a fortezze. Cola, giovanotto intelligente e affascinante cresciuto in campagna, aveva nel tempo sviluppato un acceso interesse per l'antichità e le leggende; e – al contrario di Adriano, che si affidava alla carta stampata per diffondere le proprie idee – era divenuto un brillante oratore. La sua reazione di fronte alla miseria che lo circondava era stata la stessa che secoli dopo avrebbe animato anche Adriano, e le due figure hanno condiviso diverse caratteristiche: «Opinioni nutrite di arte e letteratura ma vaghe e contraddittorie, quasi scollegate dal mondo reale [...] il sogno di edificare un "nuovo Stato" ispirato ai fasti dell'antichità, vista come periodo di pace, legge e virtù; un amore sincero per la propria gente, il proprio Paese e il suo glorioso passato [...] e il desiderio di riscattare il popolo da rovina e umiliazione».[5]

John Hooper, altro sagace osservatore della scena italiana, ha rilevato – e la cosa non sorprenderà nessuno – che in Italia le imprese di famiglia rimangono in famiglia, dalla piccola bottega alle auguste vette degli Agnelli. La Ferrero, che produce la Nutella, è ancora guidata dal nipote del fondatore. «Allo stesso modo l'impero economico di Silvio Berlusconi continuerà a essere un affare di famiglia; alla figlia nata dal primo matrimonio è stata affidata la presidenza della holding Fininvest, mentre suo fratello è il vicepresidente del gruppo televisivo. [...] Anche la maggior parte dei grandi imperi della moda, in Italia, è cresciuta attorno a specifiche famiglie: i Benetton, i Ferragamo, i Gucci, i Versace.»[6] Camillo accolse in azienda Carlo Lizier, il marito di Laura, la figlia deceduta; portò all'interno della propria sfera d'influenza Gino Levi, il fratello di sua nuora Paola; mise a frutto il contributo di Arrigo Olivetti, marito di Elena (stesso cognome ma nessun legame diretto precedente), come di altri parenti e discendenti. Per quanto riguarda i suoi figli, Massimo

– che avrebbe giocato un ruolo da protagonista in azienda – cominciò dal basso come Adriano, mentre i talenti di Dino sarebbero stati sfruttati al meglio nella filiale americana. Ma, come nota anche Hooper: «I marchi di famiglia investono poco in ricerca e sviluppo, attività sempre più importanti per il business»;[7] un'osservazione che calza a pennello per gli Olivetti del dopoguerra.

Al momento, però, la questione non era l'innovazione – era chiaro a tutti che, per battere la concorrenza, sarebbero state necessarie migliorie continue – quanto gli investimenti sul mattone. Camillo aveva già ampliato l'edificio originale del 1908, ed era contrario a impegnarsi oltre: la sua innata prudenza gli suggeriva che, con l'Europa nel bel mezzo della recessione, erano all'opera forze oscure e imprevedibili. Di lì a poco l'autoritario generale Francisco Franco avrebbe conquistato il potere in Spagna, dopo una sanguinosa guerra civile, e la Olivetti era legata a quel Paese – così come al Belgio – da importanti interessi economici. E chi poteva sapere quando la perfidia di un qualche altro lontano parente avrebbe causato ulteriori attriti con il regime fascista? Nella speranza di evitare nuovi contrasti Camillo e Adriano avevano preso la tessera di partito, ma era una misera garanzia. L'ascesa al potere di Hitler era già cominciata, e sarebbe culminata nel 1934 dopo la morte di Paul von Hindenburg. Intanto, già nel 1931, erano trapelate informazioni sulla «soluzione finale» alla questione ebraica immaginata dal futuro dittatore, e parecchi ebrei stavano abbandonando la Germania. Era saggio, in un momento del genere, investire altri soldi? Camillo scrisse a un amico: «L'orizzonte mondiale è così carico di minacce che è meglio non rischiare di ampliare i giri d'affari a lungo termine».[8]

Con tutta probabilità, Camillo avrebbe apprezzato ancor meno l'idea di investire nel mattone se avesse saputo che tipo di edificio intendeva realizzare Adriano. I futuristi, affascinati dal progresso e dalla tecnologia, celebravano la diffusione di treni, aerei e motociclette in quadri il cui simbolismo esaltava l'idea stessa di avvenire. Esattamente ciò che aveva fatto una ventina di anni prima anche Marcel Duchamp in *Nudo che scende le scale*, celebre opera cubista del 1912 che aveva fatto scalpore alla New York Armory. Futurismo, fauvismo, costruttivismo, espressionismo astratto, dadaismo: erano tutti movimenti che stavano rivoluzionando l'architettura; figure del calibro di Charles Edouard Jeanneret (meglio noto come Le Corbusier), Walter Gropius, Adolf Meyer e Ludwig Mies van der Rohe stavano inaugurando una nuova era. Era giunto il tempo delle macchine e aveva stravolto i vecchi valori. A fare la differenza, in quel momento, era quanto un architetto riuscisse ad adattare le sue creazioni alle esigenze dei nuovi materiali e della produzione di massa; quanto fosse bravo a incarnare, nelle sue opere, lo spirito del progresso, della rivoluzione dei tempi, dell'industrialismo e del miglioramento sociale. Come riuscirvi era la domanda alla base della nascita e dell'insegnamento del Bauhaus, istituto d'arte tedesco fondato da Walter Gropius dopo la Prima guerra mondiale, diventato presto uno dei più influenti propugnatori del moderno design architettonico.

I nuovi edifici – che fossero pensati a fini abitativi o commerciali – riprendevano le caratteristiche del rivoluzionario complesso Bauhaus: erano immancabilmente squadrati, improntati all'efficienza, ben organizzati e dalle forme regolari; assomigliavano insomma alle fabbriche da cui erano usciti i loro componenti, e incarnavano l'idea di «macchine per abitare» che avrebbe ossessionato Le Corbusier per tutta la sua vita. Elementi decorativi, forme bizzarre, nicchie e angoli inaspettati: tutto ciò era bandito, perché considerato retaggio di un passato da superare. Semplificando e purificando le forme, esaltando il valore di facciate in vetro e volumi trasparenti, la nuova generazione di architetti si votava a un futuro improntato a tecnologia e funzionalità, in cui non c'era posto per capricci e sentimentalismi. Villa Savoye, celebre progetto di Le Corbusier la cui costruzione iniziò nel 1928, ha la forma di una scatola bianca posata su pilastri in mezzo a un terreno boscoso; attraverso una fascia orizzontale di finestre che taglia le pareti, le stanze si affacciano sulle cime degli alberi e sui giardini. Nel descriverla, Hugh Honour e John Fleming hanno scritto: «Il cubo nel quale sono inscritti gli spazi di Villa Savoye è scavato su tre lati, in particolare quello sudorientale e sudoccidentale, di modo che la luce del sole possa riversarsi al centro dell'edificio. Eliminati i muri portanti, l'interno rimane in buona sostanza libero. [...] Il fatto che sia impossibile inquadrare le forme dell'edificio da un unico punto di osservazione conferma il successo di Le Corbusier nel raggiungere il suo obiettivo: un'interpretazione globale dello spazio, esterno e interno».[9]

In America l'architetto Philip Johnson, uno dei più influenti fautori del cosiddetto *international style*, portò alle estreme conseguenze il concetto di separazione invisibile fra interno ed esterno. La Glass House che progettò per sé a New Canaan, in Connecticut, non aveva muri perimetrali – sostituiti da ampie vetrate – né suddivisioni interne, fatta eccezione per il bagno. La casa fornì anche il pretesto a una celebre battuta di Frank Lloyd Wright, che andò a vederla. «Ah, Philip Johnson!» disse al suo progettista. «Quindi sei tu il tizio che costruisce quelle case minuscole e poi le lascia lì a prendere la pioggia!»[10] Tra gli altri, anche il critico Lewis Mumford avrebbe censurato la «purezza asettica e la noia implacabile» di quel nuovo stile: nel 1964 scrisse che Mies van der Rohe «usava le possibilità strutturali offerte da vetro e acciaio per creare eleganti monumenti al nulla».[11]

Se il cupo squallore vittoriano dell'edificio originario della Olivetti aveva respinto e depresso Adriano, è facile intuire perché fosse tanto attratto dalle linee pulite e dalle forme squadrate dell'alternativa ispirata al Bauhaus. Si era dunque messo in contatto con Luigi Figini e Gino Pollini, due architetti freschi di laurea al Politecnico di Milano, che nel 1929 avevano aperto uno studio nel capoluogo lombardo. Erano inoltre entrati nel collettivo conosciuto come Gruppo 7, formato da giovani colleghi guidati dall'entusiasmo per il modello di Le Corbusier. Figini aveva persino progettato un'abitazione razionalista chiaramente ispirata a Villa Savoye, e che senza dubbio Adriano aveva visitato. I due professionisti vennero incaricati di realizzare una nuova ala per la fabbrica, allineata al viale principale e connessa agli edifici precedenti. «Le innovazioni introdotte con il primo ampliamento dell'impianto seguivano il modello degli sviluppi architettonici che stavano prendendo piede negli Stati Uniti e nel resto d'Europa; in particolare, due delle novità furono la creazione di grandi finestre a fascia e l'utilizzo del cemento armato per gli elementi portanti, così da realizzare ampie campate per l'area di lavoro.»[12] Lo spirito del Bauhaus, così come reinterpretato da Le Corbusier, sarebbe arrivato anche a Ivrea. Per prudenza, però, si decise di evitare la struttura su pilastri.

La nuova ala rappresentava molto più che la risposta a un semplice bisogno di spazio: fa pensare al naturale desiderio di un figlio di lasciare il segno, di far spiccare l'azienda sulle tante rivali. Ciò che Adriano stava cercando era, in tutta evidenza, un modo per allineare ai massimi livelli conquiste tecniche ed estetiche; come esortava Jean Cocteau, voleva tenersi un passo avanti all'avanguardia anziché arrancarle dietro. Avrebbe progettato macchine da scrivere sempre più belle e funzionali; le grafiche e le pubblicità sarebbero state le più efficaci possibile; i punti vendita sarebbero stati prodigi di stile; uffici e fabbriche avrebbero abbellito il paesaggio anziché deturparlo. Non sappiamo granché dei gusti artistici di Adriano, ma da come abbracciò i dettami del Bauhaus possiamo concludere che fosse attratto dall'audacia del design, dalle soluzioni semplici e al contempo efficaci con cui venivano affrontati problemi complessi e dall'appagante razionalismo con cui venivano organizzati spazi interni che altri avrebbero giudicato severi. Per lui, la questione principale e più pressante era assicurare lustro al nome degli Olivetti, che avrebbe dovuto incarnare il meglio del design e della realizzazione tecnica.

Appena presero forma i bozzetti per il nuovo edificio, Adriano puntò a Le Corbusier: nel giusto arco di tempo, intendeva trasformare i campi attorno al Convento in una specie di «villaggio Olivetti». L'azienda avrebbe supervisionato il progetto, affidato a Figini e Pollini con Le Corbusier a guidarne l'impostazione generale. Il grande architetto, temendo forse possibili problemi, rispose di non essere interessato. Disse però, con grande diplomazia, che un team qualsiasi avrebbe potuto realizzare qualcosa di simile, evitando di aggiungere che quel giorno gli asini avrebbero volato. D'altro canto, se gli avessero garantito il giusto controllo sul progetto, sarebbe stato estasiato di lavorarci per un compenso relativamente modesto.

Si vagliarono altre possibili soluzioni, ma alla fine il villaggio Olivetti non fu impreziosito dal nome di Le Corbusier. Adriano poteva solo sperare che almeno parte dell'aura e della nomea di quel grande uomo si rispecchiasse nei lavori dei suoi allievi e ammiratori. Ad esempio nel nuovo progetto della Olivetti Studio 42, uscita nel 1936 e curata da Alexander Schawinsky, alunno del Bauhaus. Prudentemente, Adriano attese che il padre partisse per una lunga vacanza prima di dare il via ai lavori per la nuova ala. Come ha ricordato suo figlio Roberto, il nonno non fu affatto contento quando tornò e vide cosa stava succedendo. Negli anni successivi si sarebbe convinto che era stato un errore promuovere i figli, Massimo incluso, a una così giovane età. In realtà, aveva fatto la scelta giusta: a lui va riconosciuto il merito di aver fondato l'azienda, ma solo i suoi discendenti – con la loro particolare visione – erano in grado di portarla al successo internazionale che avrebbe presto raggiunto.

Poco dopo il matrimonio Adriano e Paola si trasferirono da Ivrea a Milano, in piazza Castello, dove nel 1929 nacque Lidia, una bambina dalla pelle chiara, con gli occhi azzurri e i capelli rossi proprio come il fratello.

Adriano non poteva mancare da Ivrea, fulcro dell'attività di famiglia, però Paola bramava i divertimenti e gli stimoli intellettuali di una grande città; ora che aveva un'auto sua non si fermava un attimo. Il marito assunse dunque un autista, così da poter andare e venire a suo piacimento, ma il viaggio era comunque impegnativo ed è quindi probabile che si fermasse spesso in Piemonte. Forse è proprio in questo periodo che inaugurò l'abitudine di fissare i primi appuntamenti di lavoro alle sei e mezzo del mattino, ovviamente dopo la colazione. E di certo rincasava a tarda sera, quindi viene da chiedersi quanto dormisse.

Natalia Ginzburg ha descritto alcuni scorci della vita matrimoniale della sorella e, sebbene il cognato non si sia mai adoperato in tal senso in prima persona, appare chiaro che tra le amicizie di Adriano ci fosse chi lavorava – in modo più o meno attivo – a una deposizione di Mussolini. Giuseppe Levi, legato a gruppi clandestini antifascisti, li teneva al corrente degli ultimi sviluppi, che di solito non erano buoni. Vittorio Foa, buon amico di famiglia divenuto poi celebre come sindacalista e politico socialista, finì in prigione, al pari del giornalista e attivista Riccardo Bauer. Anche Ernesto Rossi – economista e giornalista legato al movimento antifascista Giustizia e libertà, che operava fuori Torino – era stato arrestato nel 1930, e avrebbe passato tredici anni tra galera e confino. Scrive la Ginzburg: «A loro, mio padre pensava con venerazione e pessimismo, non credendo che sarebbero usciti mai».[13]

Eppure Adriano appariva tranquillo, persino fiducioso. Era venuto a sapere «da un suo informatore» che il regime fascista era sul punto di crollare. Tuttavia, come osserva la scrittrice, «veniva a volte il sospetto che quel famoso informatore fosse, in realtà, una chiromante. Adriano usava consultare certe chiromanti, ne aveva una in ogni città dove andava; e diceva che alcune erano

bravissime, e avevano indovinato cose sue del passato, alcune anche "leggevano nel pensiero". Adriano trovava, del resto, abbastanza usuale il fatto che la gente "leggesse nel pensiero"».[14] La madre di Natalia ere sempre felice di averlo ospite, perché ogni volta portava nuovi pronostici sul futuro radioso che attendeva la famiglia Levi. Nucleo al quale si unì un'altra figura fondamentale, ovvero Leone Ginzburg: intellettuale, scrittore, insegnante e appassionato antifascista che entrò nella cerchia delle loro frequentazioni e si innamorò di Natalia. I due si sposarono nel 1938, quando ormai la guerra era imminente.

Fu Adriano a portare ai Levi la notizia che Mario era scampato al carcere per un pelo. Il fratello della scrittrice aveva studiato economia, lavorava a Ivrea per gli Olivetti e nel fine settimana era solito tornare a casa. Senza che i genitori ne fossero al corrente, però, aveva iniziato a sostenere il movimento clandestino Giustizia e libertà. Siccome aveva una ragazza in Svizzera, talvolta capitava che Mario andasse a trovarla nel weekend anziché rientrare a Torino; di solito viaggiava assieme all'amico e attivista Sion Segre, sulla cui macchina nascondevano pamphlet antifascisti da far entrare in Italia. Un'operazione ormai divenuta usuale, tanto che i due si erano fatti imprudenti: quel particolare fine settimana non si erano nemmeno preoccupati di nascondere il loro carico. Per loro sfortuna, mentre attraversavano il confine a Ponte Tresa, gli ufficiali doganali italiani li avevano fermati; cercavano sigarette di contrabbando, ma avevano trovato gli opuscoli contro il regime. Gli agenti avevano fatto smontare i due amici dall'auto e li avevano condotti lungo le rive del fiume che divide i due Paesi; sebbene indossasse un pesante cappotto, Mario si era lanciato in acqua per raggiungere a nuoto la sponda svizzera. Un poliziotto era stato sul punto di fare fuoco, ma alla fine non aveva sparato, e Mario – impacciato dagli abiti – era stato salvato giusto in tempo da un'imbarcazione svizzera, che l'aveva recuperato tra quelle acque fredde e minacciose.

Descrivendo l'arrivo del cognato e ricostruendo la vicenda, la Ginzburg aggiunge: «Adriano aveva il suo viso della fuga di Turati, il suo viso felice e spaventato dei giorni del pericolo; e mise un'automobile e un autista a disposizione di mia madre: che però non sapeva cosa farne, non sapendo dove andare. Mia madre, ogni momento, giungeva le mani e diceva, tra felice, ammirata e spaventata: "In acqua, col paltò!"».[15]

Camillo, cresciuto senza un padre, nel rapporto con i figli poteva affidarsi solo al proprio ideale di figura paterna. Affettuoso e premuroso, sapeva al contempo essere intransigente: se pretendeva molto da se stesso, con loro non era da meno. A peggiorare le cose c'era il sentimento di rivalità cresciuto tra i fratelli, in particolare Adriano e Massimo, che avevano ingaggiato una specie di infinito braccio di ferro per stabilire a chi spettasse la guida dell'azienda.

Tutti gli Olivetti, però, concordavano su un punto: ritenevano un proprio dovere offrire ai dipendenti generosi programmi di welfare. Nel 1926 Camillo aveva fatto costruire vicino alla fabbrica sei complessi abitativi per gli operai; con il loro stile peculiare – sembravano prese di peso da un paesino di montagna – le case spiccavano piacevolmente nell'anonimo circondario: tetti spioventi, pareti intonacate, finestre e porte disposte in modo simmetrico e un giardino abbastanza grande da poterlo trasformare in orto. Un elemento, quest'ultimo, che il sempre concreto Camillo riteneva indispensabile: voleva che ai propri dipendenti fosse garantita una potenziale fonte di sostentamento, nel caso fossero rimasti senza lavoro.

È difficile immaginare qualcosa che contrastasse di più con quegli edifici rispetto alle case a schiera progettate da Figini e Pollini nel decennio che precedette lo scoppio della Seconda guerra mondiale. I loro interni minimali davano l'idea di una soluzione a basso costo, cosa che in effetti erano: semplici muri con una scontata finestra panoramica all'estremità. Quantomeno la vista era bella. Con il tempo – la costruzione di alloggi per manager e operai sarebbe proseguita nel dopoguerra – quel design essenziale si sarebbe arricchito di forme più fantasiose, ma al momento il massimo che si potesse dire di quelle case era che garantivano un tetto sulla testa, e che erano vicine al posto di lavoro.

C'erano in cantiere progetti ambiziosi per il villaggio Olivetti, da far sorgere su quelli che un tempo erano stati i terreni agricoli di Camillo, e le scuole erano in cima alla lista. Stava nascendo una vera comunità. Ma all'interno della complessa personalità di Adriano andava prendendo forma una figura di urbanista, riformatore sociale e pensatore che trovava poco soddisfacente limitarsi a questioni tutto sommato semplici, la cui soluzione richiedeva solo la giusta quantità di denaro e la costruzione di alcuni edifici. Voleva misurarsi con problemi dalla più ampia portata filosofica. Qual era il senso della vita? Era possibile che l'ambiente circostante favorisse la pace interiore delle persone? Un'organizzazione urbana razionale poteva portare a una società più sana? Perché non scoprirlo cominciando da Ivrea? Grazie a Pollini, Adriano era entrato in contatto con un altro importante gruppo di architetti: il BBPR, composto da Gian Luigi Banfi, Ludovico Barbiano Belgiojoso, Enrico Peressutti ed Ernesto Nathan Rogers, tutti appassionati promotori dei dettami di Le Corbusier. Nel loro saggio *Invented Edens*, Robert Kargon e Arthur Molella hanno ben illustrato quale sfida rappresentassero simili idee per architetti, industriali e politici, chiamati a unire le proprie forze per riprogettare centri urbani e intere regioni in vista della «città funzionale».[16]

Per i riformisti le città europee erano tutte ugualmente decrepite, con centri decadenti che risalivano a centinaia di anni prima, e al cui interno imperversavano povertà, malattie e crimine. Demolire simili monumenti ai mali della società sarebbe stato il giusto inizio. Sviluppatesi in modo caotico e incontrollato nel corso dei secoli, quelle aree andavano ora radicalmente rimodellate; un intervento imponente, che avrebbe aperto la strada a una nuova grandezza, con abitazioni più spaziose, quartieri più ampi, strade più larghe e molte più automobili. Fatta piazza pulita del caos imperante, avrebbe trionfato una disposizione logica degli spazi, con aree ben definite per rispondere alle esigenze abitative, lavorative, del tempo libero e della socialità. Una visione che per Adriano aveva perfettamente senso. Figini e Pollini vennero incaricati di dedicarsi al caso particolare di Ivrea: la cittadina aveva bisogno di armonia, logica, ordine. E di un distretto industriale dai contorni definiti. Sgombrato il campo dalle vecchie brutture, si sarebbero costruite nuove strade... Il risultato sarebbe stato splendido, Adriano ne era certo; al punto che dedicò parecchi anni allo sviluppo del progetto, pagando di tasca propria per la realizzazione di modellini particolarmente elaborati.

Non si chiese mai se davvero Ivrea avesse bisogno di una simile trasformazione. Certo, non ospitava capolavori architettonici, quindi abbattere alcuni edifici non sembrava un gran problema. Convinzione che non teneva conto, però, della straordinaria coerenza edilizia di quella piccola cittadina ai piedi delle Alpi. Con le arcate dei suoi ponti in pietra, i tetti di tegole rosse tutti uguali, i balconi con ringhiere in ferro battuto, le persiane di un verde sbiadito e i campanili, Ivrea mostra al mondo un volto sereno e regolare. L'ocra, colore predominante delle facciate, è un balsamo per gli occhi; il municipio è un piccolo gioiello e le piazze – con i loro colonnati e i caffè all'aperto – donano un senso di pace e inducono alla riflessione. Per fortuna non si arrivò mai a una riorganizzazione radicale, se non nelle aree più periferiche, e un anello di strade tiene il traffico lontano dal centro pedonale.

D'altro canto l'impronta del modernismo stona ovunque sia giunta, con il suo tentativo di portare a forza il razionalismo all'interno di contesti armonici. Sembra proprio che gli urbanisti non si siano curati di conservare e valorizzare gli stretti e pittoreschi vicoli, gli scorci inaspettati, lo spontaneo sviluppo di piazze e aree verdi che caratterizzano l'evoluzione di una città nel corso dei secoli. Per un'epoca votata alla logica e a un'impersonale ridefinizione delle priorità, quei lasciti del passato erano un semplice anacronismo.

L'esempio perfetto dei risultati di questa «riforma» architettonica si può ravvisare in Villa Casana, che un tempo ospitava un asilo ed è poi stata adibita a uffici e spazio espositivo; all'edificio originale – con il suo elegante

Alloggi per gli operai risalenti agli anni Trenta

intonaco rosato, le decorazioni a pietra che corrono attorno alle finestre e giù per gli angoli dei muri e il balcone alla Romeo e Giulietta – fu aggiunto un secondo piano in cemento prima inesistente, con finestre panoramiche a fascia che corrono lungo le pareti, protette da scuri in metallo. Difficile immaginare una giustapposizione più stridente. Ma si potrebbe citare anche il complesso La Serra, che sorge nel centro di Ivrea e di cui parleremo più avanti.

Alla luce di tutto ciò, potrebbe sembrare curioso che Villa Belli Boschi – una delle poche dimore che Adriano abbia mai posseduto – sia rimasta relativamente intatta. Quell'incantevole villa di campagna, con le pareti coperte di glicine, i suoi colori tra l'ocra e il verde, le finestre protette da persiane che si affacciano sui prati e gli alberi del parco, ha conservato nel corso dei secoli il suo fascino languido. In una delle stanze all'ultimo piano – che originariamente era una camera da letto, è stata

99

L'ufficio di Adriano Olivetti, conservato intatto sino ai giorni nostri

poi trasformata in ufficio e ora ospita la sede eporediese della Fondazione Adriano Olivetti (l'altra è a Roma) – il mobilio è rimasto esattamente come lo lasciò Adriano nel 1960. L'arredamento ricorda, almeno per ispirazione, l'art déco, con tavolini da caffè, sedie e librerie realizzati nello stesso legno; il loro stile «affusolato», con gli angoli arrotondati, suggerisce che i mobili siano stati comprati quando quella moda si impose per la prima volta, attorno al 1937. La scrivania di Adriano occupa il posto d'onore, di fronte a un'ampia vetrata che affaccia sulle Prealpi. Lo si può ancora immaginare seduto lì, mentre guarda fuori, in lontananza.

In ogni caso, l'ambizioso piano urbanistico immaginato per Ivrea non fu mai realizzato; a quel tempo, infatti, Adriano si stava lanciando in una nuova sfida: portare la visione di Le Corbusier nelle aree montane – ancora prettamente rurali – a nordest di Ivrea, e in particolare in Valle d'Aosta. Lavorando a stretto contatto con gli enti turistici, riuscì in fretta a coinvolgere nel progetto le figure chiave dell'economia locale; ma trasformare Aosta e le zone circostanti era un obiettivo dieci volte più ambizioso che ripensare la struttura della viabilità a Ivrea. Come illustrato da Patrizia Bonifazio e Paolo Scrivano in *Olivetti costruisce*, Adriano non presentò un singolo progetto, ma un insieme di quattro piani d'intervento:[17] uno che prevedeva lo sfruttamento della parete del Monte Bianco; uno per realizzare alcuni centri urbani nella valle del Breuil, ai piedi del Cervino; uno per la costruzione di un complesso sciistico a Pila; e infine un nuovo piano urbanistico per la città di Aosta. Come notano i due autori, quei progetti avrebbero dovuto tener conto del contesto in cui si inserivano, valutando tanto gli aspetti topografici quanto le tradizioni architettoniche dell'area; invece prevedevano strutture dal rigido design geometrico, quasi giustapposte al paesaggio. Frutto del lavoro di Figini, Pollini e del BBPR, quei progetti vennero presentati a Roma nel 1937, presso la galleria della Confederazione nazionale fascista di professionisti e artisti. Fu persino contattato il governo, affinché inviasse un proprio rappresentante all'inaugurazione della mostra. Mussolini in persona esaminò le relative tavole, piene di planimetrie, foto e statistiche; e, bisogna dargliene atto, con la matita blu vi vergò a fianco un netto: NO. Il duce non si preoccupò nemmeno di visitare gli edifici fatti costruire a Ivrea da Adriano. E lì si chiuse la questione dello sviluppo alle pendici del Monte Bianco.[18]

In ogni caso, per Adriano quello fu un periodo di innovazioni straordinarie. Nel 1938 entrò in produzione la prima fresatrice-pialla progettata da Camillo, mentre prendeva sempre più piede la macchina da scrivere portatile, presto divenuta uno strumento irrinunciabile per generazioni di scrittori espatriati. Nello stesso decennio diedero i loro frutti le ricerche su addizionatrici e calcolatrici. E nel 1935 venne lanciata la prima telescrivente italiana, la T1 creata da Massimo, che aveva ereditato lo straordinario talento del padre. Nel frattempo una nuova sfida architettonica venne da un edificio realizzato su via Jervis: come connetterlo alle strutture circostanti? Figini e Pollini, sempre pronti a sperimentare, decisero di inserire una fila di esili colonne in cemento che in alto si aprivano in una figura a fiore; quel design, che ricordava una ninfea stilizzata, era in realtà fortemente ispirato a elementi simili realizzati da Frank Lloyd Wright nel 1936.

Le giornate di Adriano ruotavano attorno a problemi di progettazione, budget e scoperti bancari, o a questioni più stimolanti quali la psicologia dello spazio lavorativo e l'utilizzo di strutture metalliche portanti; viene dunque da chiedersi quanto lo sentisse vicino sua moglie, che avrebbe preferito parlare d'arte, letteratura e cinema. Paola avrebbe forse potuto interessarsi alla nuova rivista fondata dal marito, se solo non avesse trattato di organizzazione industriale. Adriano doveva essere così preso dalle incombenze quotidiane da dimenticarsi di tutto il resto, inclusa la moglie.

Intanto, non potendo fare altrimenti, i Levi e gli Olivetti conducevano una vita in apparenza normale, anche se la casa dei primi, a Torino, era diventata un punto di riferimento per un piccolo ma importante gruppo di antifascisti, che negli anni precedenti al secondo conflitto mondiale stava attivamente progettando la deposizione di

Mussolini. In *Modern Italy* Martin Clark sostiene che, a quel tempo, l'attivismo antifascista era limitato a formazioni di dissidenti che realizzavano «una manciata» di pubblicazioni clandestine, per poi espatriare. Giustizia e libertà, però, era diverso. Fondato nel 1929 da alcuni esuli a Parigi – tra i quali, in particolare, i fratelli Carlo e Nello Rosselli ed Ernesto Rossi – aveva attratto personalità dal diverso orientamento politico (compreso Carlo Levi, in seguito divenuto un celebre scrittore, che non aveva legami di sangue con la famiglia di Paola e Natalia) e organizzato anche alcune azioni dimostrative, come il lancio di volantini antifascisti da un aereo.[19] Il gruppo aveva persino progettato di piazzare delle cariche sotto Palazzo Venezia, quartier generale del governo fascista, ma alla fine di quell'attentato al duce non s'era fatto nulla. Giustizia e Libertà «esercitava una forte attrattiva sui giovani intellettuali, e ben presto si strutturò in una vera e propria organizzazione clandestina: nel 1933 aveva forse tanti aderenti quanti il Partito comunista d'Italia».[20] In quello stesso anno, però, in Germania dilagarono le violenze dei nazisti. Gli ebrei furono rastrellati, fatti sfilare per le strade e torturati; sessantamila persone finirono in carcere e altre diecimila si diedero alla fuga, espatriando in Europa e in America.[21]

Simili – se non identici – tentativi di intimidazione da parte del regime al potere si registravano anche in Italia: chiunque fosse sospettato di sedizione veniva arrestato o inviato al confino. Sorte che, dopo la fuga rocambolesca di Mario, toccò anche alla sua famiglia e ai suoi amici. Sion Segre, fermato assieme a lui con il carico di volantini antifascisti, finì in prigione, così come Giuseppe Levi, suo figlio Gino, Leone Ginzburg e Carlo Levi. Scrive, in merito, Natalia Ginzburg: «"Scoperto a Torino un gruppo di antifascisti in combutta con i fuorusciti di Parigi." "In combutta!" ripeteva mia madre angosciata: e quella parola "in combutta" le suonava carica di oscure minacce. Piangeva, in salotto, circondata dalle sue amiche [...]».[22] Il professor Levi fu rilasciato dopo due settimane. Gino, invece, rimase in carcere per quasi tre mesi; in seguito, forse anche a causa di quell'esperienza, cambiò nome in Gino Martinoli, così da rendere più difficile identificarlo. Intanto era diventato direttore tecnico della Olivetti, e avrebbe contribuito a guidare l'azienda nei difficili anni della guerra.

Quanto a Paola, celava le sue paure dietro una calma solo apparente. Era certa che il portone di casa dei suoi fosse «sorvegliato», sostenendo che «c'era sempre là fermo un tipo con l'impermeabile», e affermando di sentirsi «"pedinata" quando andava a spasso».[23] Il che poteva benissimo essere. In quei giorni, tra i dissidenti che frequentavano il salotto della sua famiglia c'era una figura appariscente destinata a ricoprire un ruolo importante nella sua vita: Carlo Levi, nato a Torino in una famiglia di ebrei benestanti come i genitori di Paola, e medico di formazione. Fra i primi sostenitori di Giustizia e libertà, ne aveva redatto assieme a Leone Ginzburg una specie di manifesto. Deciso a dedicare la vita all'arte anziché alla medicina, Carlo si era applicato con diligenza sulla pittura per raggiungere il suo obiettivo. Prediligeva ritratti realizzati attraverso campiture di colori tenui e indefiniti; profili dai pochi dettagli, tesi a catturare lo stato d'animo dei suoi modelli, cui in realtà somigliavano a malapena. Rientrano in questa categoria anche i tanti dipinti che raffigurano Paola. Quanto alla rappresentazione di soggetti meno specifici, appare rigida e artificiosa, mirata a raggiungere una sintesi simbolica che li superi.

Ma il vero dono di Carlo Levi era quello della scrittura: una prosa poetica capace di dipingere vivide immagini mentali. Autore di diversi volumi, deve senza dubbio la sua fama al libro *Cristo si è fermato a Eboli*, nel quale racconta il periodo degli anni Trenta passato al confino in Lucania, sorta di versione italiana della Siberia, che corrisponde all'incirca all'attuale Basilicata. Si trattava, al tempo, di una delle regioni più povere del Sud Italia: secoli di guerre, malaria, scorribande dei banditi e indifferenza dei governi centrali avevano lasciato gli abitanti senza istruzione né forme di sostentamento, al limite della sussistenza. La loro sofferenza era tale che, come scrisse Levi, gli abitanti si sentivano esclusi persino dalla cristianità, intesa come umanità: «Cristo non è mai arrivato qui, né vi è arrivato il tempo, né l'anima individuale, né la speranza, né il legame tra le cause e gli effetti, la ragione e la Storia».[24] In un passaggio del romanzo, che descrive un becchino al lavoro, Levi afferma: «Il terreno era disseminato di ossa, che affioravano dalle vecchie tombe, che le acque e i soli avevano consumato; vecchie ossa bianche e calcinate. Per il vecchio le ossa, i morti, gli animali e i diavoli erano cose familiari, legate, come lo sono del resto, qui, per tutti, alla semplice vita di ogni giorno. "Il paese è fatto delle ossa dei morti," mi diceva, nel suo gergo oscuro, gorgogliante come un'acqua sotterranea che esca improvvisamente fra le pietre; e faceva, con quel buco sdentato che gli serviva di bocca, una smorfia che forse era un sorriso».[25] Simili descrizioni, evocative e inquietanti, garantirono un immediato successo all'opera, pubblicata nel 1945. Il testo fu elogiato per la sua profonda umanità, e per aver portato l'attenzione nazionale a focalizzarsi su un popolo fino a quel momento ignorato, o persino dimenticato.

A quanto risulta, poco dopo la nascita di Lidia, nel 1932, tra Carlo e Paola nacque una relazione. Lei aveva iniziato a lavorare come sua segretaria, per aiutarlo nella carriera artistica, e senza dubbio cercò di dargli una mano a coprire i suoi legami con Giustizia e libertà. A quel punto, però, ogni intervento era ormai tardivo: Carlo veniva spesso prelevato dalla polizia e sottoposto a interrogatori, e passava in carcere periodi più o meno lunghi. Appena libero tornava a Parigi, dove aveva uno studio, ma quando rimetteva piede a Torino veniva di nuovo arrestato. In seguito alla fuga di Mario arrivò il provvedimento più severo: tra il 1935 e il 1936 fu mandato al confino in Lucania; trascorse quell'anno lavorando al cavalletto, ma fu anche costretto ad adoperarsi quale medico, visto che in quelle terre i dottori scarseggiavano. Proprio come la sua presenza a Torino, anche i suoi affetti erano piuttosto scostanti, e oltre a Paola c'erano almeno altre tre donne nella sua vita: la lettone Vita Gourevitch, Maria Marchesini (che sarebbe persino stata pronta a sposarlo) e Anna Maria Ichino, che aveva già avuto un figlio da un altro uomo. Paola, innamorata, gli scrisse per far fargli sapere quanto avesse bisogno di lui. «Solo tu, vorrei che fossi vicino a me. Vedo una grande luce […] un'aureola di polvere dorata attorno alla tua testa, come in un vecchio quadro.»[26]

Mentre Paola sfrecciava sulla china dei sentimenti come su una pista da sci, smuovendo valanghe che possiamo solo immaginare, il suo amato si trovava confinato in un universo a lui alieno; le confidò che riusciva a malapena a resistere. Detestava quei paesani arretrati e i loro rituali arcaici, così lontani da tutto ciò che – almeno ai suoi occhi – rendeva la vita degna di essere vissuta. Paola lo capiva – «Sarei già morta se fossi rimasta come te sepolta da tanti mesi in un gruppo di case lontane dal mondo, fra le donne velate, le capre e le streghe e gli angeli» – e lo esortava a pensare ad altro: «Parlami d'amore, non parlarmi di Aliano».[27] Per quanto riguarda Adriano, doveva ormai aver compreso che la moglie si era allontanata (se non a livello concreto, di certo dal punto di vista dei sentimenti). Aveva disperatamente provato a conquistarla, ma a quel punto deve aver gettato la spugna, ed è probabile che anche lui si sia concesso altre relazioni. Come tipico del suo carattere si buttò sul lavoro, la cui crisi era al momento persino più pressante di quella sentimentale, anche senza contare i segni sempre più evidenti dell'imminente scoppio di un conflitto. Gli eventi stavano precipitando, in Italia come all'estero, e la sua priorità era proteggere l'azienda,

Le preoccupazioni più recenti ruotavano attorno al fatto che Mussolini, ormai alla mercé di Hitler, si apprestasse a varare delle leggi contro gli ebrei. Stava per succedere qualcosa di brutto. Nel 1938 prese avvio un'imponente campagna mediatica a favore del testo pseudoscientifico conosciuto come *Manifesto della razza*, nel quale si sosteneva la superiorità degli europei su tutte le altre popolazioni del mondo. Come ha ricostruito Martin Clark: «Molte imprese commerciali chiusero; i bambini ebrei furono espulsi da scuola; un professore universitario su dodici […] perse il lavoro; il brillante fisico Enrico Fermi lasciò l'Italia in segno di protesta».[28] Vi furono però alcune eccezioni. Le autorità ritennero infatti che Camillo Olivetti avesse fornito un contributo essenziale allo sviluppo dello Stato, quindi non lo presero di mira.

Anche Adriano ed Elena – battezzati con rito valdese, e dunque considerati protestanti – evitarono conseguenze, al contrario di Silvia, Massimo, Dino e Laura.

Intanto, nel 1936, Carlo Levi aveva ricevuto la grazia ed era potuto rientrare in anticipo a Torino, seppur sottoposto a sorveglianza continua. Anche Paola e i suoi due figli si erano spostati in quella città, almeno per un po'. Poi arrivarono le leggi razziali, Giuseppe Levi perse la cattedra e accettò un incarico in Belgio, all'Université de Liège, dove l'avrebbe raggiunto la moglie. Natalia e Leone, sposi novelli, finirono entrambi in prigione, mentre tutti i loro amici si preparavano a partire o pianificavano di farlo. Nel 1937 a Carlo era stato offerto un viaggio in America, che lui aveva accettato; in seguito si sarebbe trasferito direttamente a Parigi, dove aveva ancora un appartamento, Paola lo raggiunse lì. Lei e Adriano si erano accordati per la separazione (all'epoca il divorzio non era possibile) e i documenti furono pronti nel 1938. Nel frattempo, Paola era rimasta incinta di Carlo.

La piccola Anna (in un primo momento chiamata Annetta, come la madre di Carlo) nacque nel marzo di quello stesso anno. Una foto, nell'album di famiglia degli Olivetti, la ritrae a circa sei mesi, in braccio alla mamma. Paola, in piedi in un giardino, indossa un grazioso vestito estivo; ha i capelli arruffati e un'espressione al contempo di trionfo e di sfida sul volto. Pare quasi voler esibire la piccola, il cui arrivo avrebbe dovuto cementare l'unione tra lei e Carlo. In quel momento, però, il problema più pressante era come garantire alla bimba una qualche forma di tutela legale: al tempo essere il figlio illegittimo di genitori ebrei, peraltro con un padre già condannato, significava essere marchiati. Fu Adriano a trovare una soluzione: visto che lui, per le autorità, era protestante, propose di riconoscerne la paternità. Firmati i documenti necessari, Anna Levi divenne Anna Olivetti.[29]

In una splendida giornata primaverile dell'aprile 2016 ho trascorso due ore con Anna e suo marito, Antonello Nuzzo, nel loro appartamento-studio nascosto in un tranquillo angolo di Firenze. Sono entrambi architetti, e le pareti di casa loro erano piene di foto, disegni, quadri e ritratti inframmezzati da mensole cariche di libri. Anna, snella e minuta, indossava una giacca di pelle nera; parlando della sua infanzia si è messa a indicare i tanti ritratti della madre realizzati da Carlo Levi, oltre ad alcuni studi per dei nudi. Ha ricordato come quelle tele senza cornici fossero tenute in una stanza chiusa quando la madre andò a vivere con il nuovo compagno, Mario Tobino, poeta, scrittore e psichiatra terribilmente geloso. Poi ha aggiunto, con un mezzo sorriso: «Sa che Carlo Levi era mio padre, vero?». Ha continuato spiegando di averlo scoperto solo cinque o sei anni prima, perché «mia madre ha sempre tenuto il più stretto riserbo sulla cosa. E non solo lei: tutti. Nemmeno mia sorella Lidia – che ha nove anni più di me, e da piccola mi ha fatto quasi da mamma – mi ha mai detto nulla, persino quando è mancata nostra madre [nel 1986]. È stato decisamente strano». Quando le ho chiesto come si fosse sentita scoprendo la verità, lei si è messa a ridere, quasi volesse minimizzare la cosa. «Non ho provato rabbia. La verità è che, per quanto mi riguarda, mia mamma mi ha fatto anche da padre.»[30]

A quanto pare, infatti, la figlia che avrebbe dovuto cementare la relazione tra Paola e Carlo ne sancì invece la fine. Lui correva il costante rischio di essere arrestato, e preferì non rientrare in Italia fino a che la guerra non fu quasi finita; non voleva che Paola e la figlia condividessero il suo stesso destino. E, a peggiorare le cose, sua madre non aveva preso bene la notizia della relazione: la reazione della donna era stata a dir poco accesa. Ecco cosa gli scrisse Paola: «Non ho mai creduto che avrei affrontato giorni tanto terribili. Forse la situazione migliorerà, ma ora sto qui [a Torino], ridotta a una situazione familiare socialmente insostenibile. Anna è la mia unica consolazione. Si fa ogni giorno più intelligente e adorabile. Capisce tutto, anche cose complicate. I suoi gesti sono pieni di grazia e lei è così buona e allegra».[31] Chiaramente si sentiva respinta, inerme di fronte alle accuse della madre di Carlo. «Mi dispiace molto che tu non abbia parlato con tua madre prima di partire, è stato un grande errore. Ora non so cosa lei pensi: l'altra sera non mi ha parlato, perché c'era anche altra gente. Presto andrò a Ivrea, e poi chissà cosa accadrà. Tu penserai sempre male di me, e ciò mi rattrista moltissimo. Purtroppo tutti pensano male di me. Non so proprio cosa fare.»[32]

Due giorni dopo gli mandò un'altra lettera. «Dovresti scrivere a tua madre e dirle che non sono una persona tanto orribile. Si è convinta che io ti abbia violentato, che abbia tradito mio marito e sia un'orribile puttana. Addio, caro Carlo. È stato bello vivere con te, e mi spiace che anche tu l'abbia dovuta pagare cara. Non vedo l'ora di incontrarti di nuovo. Sono come un albero senza terra o foglie: viva a malapena. Ti desidero e ti amo.»[33]

6

Paura e tenacia

Nell'ottobre del 1939, a un mese dallo scoppio del secondo conflitto mondiale, Camillo scrisse a un collega spagnolo che le cose in fabbrica andavano bene, ma aggiunse: «Il mondo intero è in agitazione, perché nessuno sa come andrà a finire. La maggior parte della popolazione spera che gli italiani non si facciano trascinare in guerra».[1] Ormai settantunenne, Olivetti era tormentato dall'artrite, che però affrontava perlopiù con cure autoprescritte, in seguito alle quali dichiarava di sentirsi molto meglio. Continuava a dedicare gran parte delle sue mattinate a buttar giù schizzi e idee per nuovi macchinari, che esistevano solo nella sua immaginazione, e nel frattempo aveva sposato una nuova causa: l'unitarianismo, ovvero la dottrina – sorta in seno al protestantesimo – che negava la natura trinitaria di Dio; scherzando, sosteneva spesso di essere l'unico italiano ad averla abbracciata. Non aveva rinunciato nemmeno a offrire consigli medici non richiesti a chiunque lo stesse ad ascoltare, e con tutto il candore possibile andava ripetendo che avrebbe dovuto fare il dottore. Quanto a ciò che accadeva in fabbrica e fuori – per non parlare della situazione di figli, figlie e nipoti, vicini e lontani –

è lecito supporre che volesse essere informato di ogni sviluppo, minuto per minuto.

A quel tempo il Convento accoglieva il consueto e variegato panorama di parenti e ospiti vari. Elena e il marito Arrigo vivevano lì assieme ai loro bambini, così come Massimo, sua moglie Gertrud, la madre di lei, il figlio che la donna aveva avuto da un precedente matrimonio e le tre figlie avute assieme. Considerando anche i sette domestici, si arrivava a un totale di venti persone – tra adulti e bambini – da sfamare e di cui prendersi cura, coordinando le relative esigenze. Silvia, laureatasi a pieni voti in medicina, si era trasferita in Argentina per sfuggire alle leggi razziali, e lì stava facendo nuove conoscenze. Dino aveva prestato servizio nei convogli militari della campagna italiana in Etiopia; poi era andato a Boston e si era iscritto al Massachusetts Institute of Technology, per laurearsi in ingegneria meccanica. Lì aveva incontrato Rosamond Castle, detta Posy: una fascinosa bellezza di Quincy, nel Massachusetts. I due si erano sposati e trasferiti in Brasile, dove Dino aveva seguito le attività dell'impianto appartenente alla consociata locale della Olivetti.

Convinto che Paola e i figli sarebbero stati più al sicuro nei sobborghi di Firenze, Adriano comprò una proprietà a Fiesole e li fece trasferire lì. La Piazzola non era forse la più ampia delle tenute, ma si trovava in una posizione invidiabile: circondata da splendide ville su uno dei versanti collinari più pittoreschi di quell'incantevole paese. Gli inglesi avevano eletto quell'area a proprio ritiro sin dal XVIII secolo, poi si erano trasferiti lì personaggi celebri come Bernard Berenson (nella splendida Villa i Tatti), la scrittrice statunitense Gertrude Stein e la sua amica Alice B. Toklas.

Proprio sopra La Piazzola c'è Villa Medici, fatta edificare dal figlio di Cosimo il Vecchio, Giovanni de' Medici, nel XV secolo, come ritrovo per illustri esteti e intellettuali. La tenuta – legata al nome di Lorenzo il Magnifico, che la ereditò nel 1496 – deve parte della sua fama ai magnifici giardini terrazzati che avvolgono il ripido fianco della collina. Con la sua posizione dominante, le proporzioni perfette e le stanze signorili, la villa divenne davvero una calamita per artisti, filosofi e letterati, Berenson compreso, e nel XVIII secolo venne acquistata da Lady Margaret Orford, cognata di Horace Walpole, il celebre scrittore inglese.

Quando Paola arrivò a Fiesole, Villa Medici aveva una nuova proprietaria: Lady Sybil Cutting, madre della scrittrice Iris Origo, che era entrata in contatto con la cerchia di Berenson dopo aver sposato Geoffrey Scott; il suo secondo marito, scrittore e architetto paesaggista, era infatti una presenza fissa ai Tatti. Scott deve gran parte della propria fama al saggio *L'architettura dell'umanesimo* e alla biografia *The Portrait of Zélide*, incentrata sulla figura di Madame de Charrière – romanziera olandese nata nel 1740 – e dedicata proprio a Sybil, ma assieme all'amico e collega Cecil Pinsent aveva anche dato il suo personale contributo alla magnificenza della tenuta, progettando e facendo realizzare un terzo terrazzamento lungo il profilo della collina.

Il ripido versante scende proprio verso Villa la Piazzola che, pur con sole due camere da letto, può vantare un grande salone e una vista invidiabile. Adriano aveva saputo, molto probabilmente da uno dei suoi «informatori», che Bernard Berenson e la comunità angloamericana di Fiesole godevano della protezione personale del conte

Gian Galeazzo Ciano, genero di Mussolini e ministro degli Esteri, il quale non approvava l'entrata in guerra dell'Italia a fianco della Germania e aveva manifestato tutta la propria contrarietà in merito. In seguito a tale episodio, i nobili e gli intellettuali che abitavano in quelle sontuose ville – ebrei compresi – si erano convinti di non aver nulla da temere. In realtà quell'appoggio sarebbe presto venuto meno, ma nel frattempo Berenson – fine e competente storico dell'arte, una vera e propria autorità in materia di Rinascimento italiano, nonché autenticatore, mercante e bibliofilo – continuò a fare affari e intrattenere gli ospiti nella sua austera villa tra le colline fuori Firenze.

È difficile immaginare quali fossero i pensieri di Adriano quando lasciò la Toscana per tornare a Ivrea, ma è probabile che, in un mondo ormai impazzito, si fosse già lasciato alle spalle la sua condizione di marito abbandonato. L'unica cosa che contava era l'entrata in guerra degli Stati Uniti, che lui dava per certa: solo così la sconfitta della Germania sarebbe stata assicurata. Presto si sarebbe dovuto progettare un nuovo modello di società, migliore e più sano. Ma come poteva essere quella novella Arcadia? Anche Berenson, che tenne un diario fino al giorno della sua morte e guardava con fiducia all'ideale socialista, stava riflettendo sulla questione. «In un certo senso, non ci saranno più compensi. I frutti del lavoro di ciascuno saranno messi in comune perché vi si attinga liberamente. E siccome le proprietà non garantiranno più alcun prestigio [...] le persone desidereranno solo ciò di cui possono godere.»[2] Così pensava, seduto a meditare sulle colline di Fiesole. Sarebbe stato bello...

Adriano Olivetti, al contrario, era un pensatore pratico, sia in ambito politico sia in ambito morale. Vedeva nel futuro la possibilità di raggiungere un fine altruistico: liberare l'umanità dall'ignoranza, dalla superstizione, dalla brutalità e dall'ingiustizia. Come Madame de Staël era un teorico indignato, ribelle e riformista. Credeva profondamente che il genere umano potesse migliorare, e per riuscirci era pronto ad affrontare qualsiasi prova, con quell'espressione a metà tra il terrorizzato e il determinato descritta così bene da Natalia Ginzburg. In ogni caso, al momento, l'obiettivo primario era tenere la famiglia al sicuro e far funzionare la fabbrica. Stava pian piano scoprendo lati nascosti della personalità di Massimo, che aveva ereditato la creatività ingegneristica del padre. Il primo brevetto del fratello, la telescrivente, era stato un successo e aveva portato a nuove invenzioni. Laureatosi a Torino, aveva fatto gli indispensabili tour negli Stati Uniti, nel Regno Unito e in Germania prima di occupare una posizione di rilievo nell'azienda di famiglia. Nel frattempo, mentre attraversava la Germania, aveva incontrato e sposato un'aristocratica divorziata, Gertrude Kiefer; ai tre bambini di lei si erano presto aggiunte le tre figlie di Massimo.

Quanto ad Adriano, continuò impassibile a lavorare, quasi che la guerra non esistesse e non ci fosse alcun pericolo. Seguiva da vicino i progetti per le strutture che aveva immaginato, e aveva sviluppato un forte interesse per i recenti studi sull'ambiente di lavoro, apparsi negli Stati Uniti durante gli anni Trenta. Tali ricerche si concentravano sull'influenza esercitata sulla psiche da particolari elementi architettonici: come progettare un edificio, come organizzare lo spazio, quali effetti avessero illuminazione e colori sull'umore... Tutti aspetti che lo interessavano molto, nell'ottica di sviluppare ambienti che favorissero e stimolassero la creatività. Inoltre era deciso a dare all'azienda un'immagine più moderna con cui presentarsi al mondo. A tale scopo stava mettendo insieme uno straordinario team di designer, composto da personalità che avevano aperto nuove strade nell'arte di catturare l'attenzione tramite cartelloni pubblicitari, volantini, opuscoli e vetrine.

Tra i nuovi arrivati c'era anche Alexander Schawinsky, detto Xanti, che era entrato in Olivetti dopo quattro anni al Bauhaus. «La severa austerità del Bauhaus veniva in qualche modo stemperata e resa più poetica dall'atmosfera italiana, ma restavano invariati il formidabile uso della fotografia, il brillante gioco di modelli e il disprezzo per i fronzoli senza senso che ne avevano caratterizzato lo stile.»[3]

Giovanni Pintori, che avrebbe lasciato un'impronta inconfondibile nelle grafiche dell'azienda, venne assunto in Olivetti all'età di ventiquattro anni e lavorò per i successivi trenta a promuoverne l'immagine in modo magistrale. Uno dei suoi cartelloni pubblicitari più celebri è occupato per intero da un vorticare di numeri, al cui centro spicca il logo dell'azienda, a rimarcarne tanto i risultati tecnologici quanto la capacità di portare ordine nel caos. Ciononondimeno, Adriano si riservava di approvare ogni dettaglio, che si trattasse della combinazione di colori utilizzata o della forma di una barra spaziatrice. Secondo Pintori «non si limitava a scegliere la persona cui affidare un dato incarico, ma dava suggerimenti e avanzava critiche sino a lavoro finito, curando ogni dettaglio. Voleva essere costantemente coinvolto, tanto nel lavoro degli architetti quanto nel nostro. Ed era un vulcano di intuizioni. Aveva un suo stile; forse non era in grado di dargli direttamente vita, però sapeva come comunicarne il senso e giudicare il risultato».[4]

Come scrisse il figlio Roberto: «Adottava un approccio informale, senza rigidi schemi organizzativi o incontri regolari. Quando doveva prendere una decisione importante convocava quelli di cui si fidava. Si circondava di persone intelligenti e ascoltava il loro giudizio. [...] Seguiva da vicino la crescita dei giovani dirigenti, aiutandoli a prepararsi per le posizioni che avrebbero dovuto ricoprire in futuro. I vertici aziendali, in particolare i due livelli più alti dell'organizzazione, erano sempre in contatto con lui. Tutti conoscevano le sue idee e i suoi obiettivi. Aveva una personalità forte, energica, che lo aiutava a coinvolgere gli altri. Non si è mai interessato a questioni di contabilità, né le ha mai comprese appieno. [...] Lasciava che fosse il dottor Giuseppe Pero a occuparsi degli aspetti finanziari e del monitoraggio».[5]

Pero, capelli bianchi e fisico tozzo, era stato nominato direttore amministrativo già nel 1930.

Poi, quasi per divertimento, Adriano decise di fondare una casa editrice. Nell'autunno del 1941 andò a Milano da Luciano Foà, un importante agente letterario, per discutere della sua idea, che fu accolta con entusiasmo. I due iniziarono a fare progetti, che vennero però interrotti dai bombardamenti inglesi sul capoluogo lombardo. Così gli uffici furono trasferiti a Ivrea e nacque la NEI – o Nuove edizioni Ivrea – il cui logo era una colomba con un rametto d'ulivo. Come sua abitudine, Olivetti si circondò di una squadra giovane e piena di energie, che comprendeva Giorgio Fuà ed Erich Linder, e iniziò ad acquistare i diritti per tradurre Hemingway, Keynes, Jung, Freud e

Kierkegaard. Nel frattempo la produzione di macchine da scrivere continuava. Nel 1942 lo stabilimento dava lavoro a oltre quattromila dipendenti, con sessantaquattromila pezzi venduti. E di lì a poco quelle competenze nella lavorazione del metallo venero messe al servizio di una nuova attività: la produzione di armi – in particolare mitragliatrici – per la guerra di Mussolini.

Posy Castle era una bella ragazza, alta e con i capelli scuri; possiamo ammirarla in alcune fotografie che la ritraggono con indosso un vestito estivo dalla stampa floreale. In un'illuminante videointervista del 2011 ha raccontato al nipote Matteo di aver conosciuto suo nonno quando lui era al MIT e dava lezioni di tennis alle studentesse della Radcliffe. Un giorno un'amica l'aveva invitata a una festa del college, e lì aveva incontrato Dino. Nonostante l'avesse già notata in precedenza, lui aveva pronunciato male il suo nome, chiedendole: «Ma davvero ti chiami Pussy?».[6] Lei si era limitata a squadrarlo, impassibile. Solo più tardi aveva scoperto che Dino, molto popolare tra le ragazze, era un gran burlone. «Quando voleva stuzzicarmi diceva che per conquistarlo avevo mentito sull'età» ha raccontato a Matteo. «Ma alla fine venne fuori che aveva solo un anno meno di me.» Si erano sposati in New Hampshire, e dopo la semplice cerimonia erano partiti per il viaggio di nozze alle White Mountains; infine si erano diretti in Brasile.

Nel 1941, quando Posy scoprì di essere incinta, decisero che era arrivato il momento di tornare nel New England; in fondo, grazie al matrimonio, Dino aveva ricevuto il passaporto americano. Si diressero ad Andover, in Massachusetts, passando per Trinidad, stazione di transito inglese nei Caraibi; ma Dino aveva con sé una lettera che gli inglesi giudicarono sospetta, e siccome era italiano di nascita lo bollarono come fascista e lo rinchiusero in prigione. Posy proseguì fino agli Stati Uniti e lì fece appello al console, incontrando però la resistenza delle autorità, che sospettavano il marito di essere comunista. Furono mesi carichi di frustrazione. «Ci volle un anno per tirarlo fuori» ha raccontato, stando a quanto riportato da Matteo.[7]

Fino a quel momento Ivrea era stata risparmiata, ma Milano e Torino vennero devastate dai ripetuti bombardamenti degli Alleati.[8] Alla fine del 1942 erano state danneggiate o distrutte venticinquemila abitazioni torinesi; a Milano il bilancio era persino peggiore, con mezzo milione di persone costrette ad abbandonare la città. I genitori di Natalia Ginzburg rimasero nel capoluogo piemontese finché anche la loro casa non venne colpita. Eppure Giuseppe Levi si rifiutava di andare in cantina durante i raid. «Mia madre ogni volta doveva scongiurarlo di scendere, e gli diceva che, se lui non scendeva, non sarebbe scesa neppur lei. "Sempiezzi!" lui diceva nelle scale. "Tanto se crolla la casa, crolla anche la cantina, di certo! Non c'è mica sicurezza in cantina! È un sempiezzo!"»[9] Come racconta la scrittrice, proprio quando la popolazione si era ormai convinta di essere al sicuro e che nulla le sarebbe capitato, «di colpo esplosero bombe e mine dovunque e le case crollarono, e le strade furono piene di rovine, di soldati e di profughi. E non c'era più uno che potesse far finta di niente, chiuder gli occhi e tapparsi le orecchie e cacciare la testa sotto al guanciale, non c'era. In Italia fu così la guerra».[10]

In qualche modo, però, le lettere dagli Stati Uniti continuavano ad arrivare. Fu così che Camillo e Luisa seppero della nascita del primogenito di Dino e Posy, chiamato Camillo. Era l'estate 1941. Il nonno, gonfio d'orgoglio, rispose subito. Voleva assicurarsi che la neomamma prestasse molta attenzione, perché «durante l'estate i bambini soffrono facilmente di mal di pancia [...] è necessario dar loro dell'acqua cristallina, purissima». Prima la si doveva bollire, «e poi, quando si raffredda, si deve farle prendere aria scuotendo con forza la bottiglia».[11] Era essenziale essere costantemente vigili: impossibile prevedere quali orrori inaspettati potessero minacciare quel prezioso bambino.

È a quest'altezza che entra in scena un nuovo personaggio: James Jesus Angleton, dell'Illinois, tra i migliori esperti di controspionaggio della CIA durante e dopo la Seconda guerra mondiale. Come ha raccontato, tra gli altri, il suo biografo Michel Holzman, Angleton amava coltivare orchidee durante il tempo libero – che per la verità non era molto – e amava in particolare le varietà ibride. Forse perché anche lui era nato dall'incontro di etnie diverse. Suo padre, James Hugh Angleton, aveva prestato servizio come ufficiale di cavalleria sotto il generale John Pershing, durante la campagna contro i messicani ribelli di Pancho Villa, nel 1916. A Nogales, in Arizona, aveva conosciuto e sposato una ragazza di diciassette anni, Carmen Mercedes Moreno, di origini apache e messicane, esuberante e incredibilmente bella.

Angleton padre aveva poi lasciato l'esercito per entrare nella National Cash Register Corporation – azienda inizialmente specializzata in registratori di cassa – e di lì a un decennio quel lavoro l'aveva portato a Milano assieme alla famiglia. James, che tutti chiamavano Jim, aveva frequentato la scuola pubblica inglese e si era quindi iscritto a Yale. Un'esperienza formativa stando a quanto racconta Ben Macintyre, biografo dell'agente segreto britannico Kim Philby: ne era uscito armato di «modi raffinati, diplomazia, un'aria di colta eccentricità e un leggero accento britannico che non l'avrebbe più abbandonato».[12] A Yale aveva seguito il corso di laurea in Letteratura inglese, ma il suo interesse più specifico era la poesia. Aveva persino fondato una rivista dedicata all'argomento, «Furioso», e mentre cercava possibili autori da pubblicare aveva conosciuto Ezra Pound, fervente anticomunista e sostenitore del fascismo, del quale era divenuto amico. Nell'estate del 1939, proprio allo scoppio della guerra, si era recato in Italia per andarlo a trovare e l'FBI aveva deciso di indagare meglio sulle sue convinzioni politiche. Stando al fascicolo realizzato su di lui, «nel 1943 Angleton avvisò gli agenti federali che conosceva molto bene Pound [...] e aveva abbracciato la sua visione politica».[13]

Si dice che proprio l'amore per la poesia abbia reso Angleton tanto abile nella ricerca della verità, divenuta l'ossessione della sua vita. Disvelare il senso profondo di un testo, coglierne i riferimenti più criptici, districarsi nella struttura delle sestine che tanto apprezzava: tutto ciò richiedeva ottime capacità deduttive; le stesse necessarie nella gestione dei numerosi messaggi che ogni spia è chiamata a trasmettere, cogliendo quelle implicazioni che potrebbero – o meno – meritare il disturbo di un interprete. Stando a quanto scrive il biografo Ted Morgan, una volta nominato a capo del controspionaggio «Angleton doveva decidere se [...] i disertori erano sinceri o facevano il doppio gioco; se le loro soffiate erano vere o false; se chi lo informava della presenza di una talpa alla CIA stesse dicendo la verità o volesse solo seminare zizzania. La lezione di fondo [...] era: meglio nutrire sospetti infondati che farsi abbindolare da informazioni contraffatte».[14] La cosa sorprendente è che proprio Angleton, mitizzato per la sua abilità nello scovare la verità e «rigirare» a proprio vantaggio gli agenti nemici, non si accorse della più importante talpa della storia inglese, una spia che annoverava tra i propri amici più stretti.

Tutto questo, però, era di là da venire nel 1943, quando – fresco di laurea a Yale – fu arruolato nel mondo dell'intelligence. Secondo Robin Winks, le persone lo trovavano «un uomo strano, un genio. Con i suoi capelli corvini, la gestualità espressiva, gli occhi penetranti e quella bellezza emaciata, era estremamente attraente per le donne».[15] Ciononostante, qualcosa in lui scoraggiava le avventure amorose; sembrava «impantanato nella solitudine. Con la schiena incurvata anzitempo, gli occhiali dalle spesse lenti, le mani lunghe, le dita affusolate e un aspetto che si potrebbe definire alla Goya [...] Angleton sembrava nascondersi dietro al suo lavoro».[16]

Se mai aveva avuto qualche dubbio sulla direzione da prendere nella vita, fu risolto per lui dall'esercito e dall'Office of Strategic Services, o OSS, il predecessore della CIA da poco istituito. Il morale del gruppo era, come scrisse uno dei suoi membri, «terribilmente basso»: l'organizzazione era già diventata «la discarica perfetta per inutili ufficiali di carriera», e straripava di «banchieri rubacuori e stupidi figli di famiglie facoltose o politicamente influenti».[17] In vista del D-Day, l'OSS cercava reclute con una conoscenza approfondita del francese. Ma anche sapere l'italiano non guastava, e con il suo sofisticato background cosmopolita Jim Angleton sembrava perfetto. Oltretutto poteva contare su alcune amicizie importanti. James Murphy – a capo dell'X-2, unità speciale che si occupava di controspionaggio – pensava che avrebbe fatto un buon lavoro, e dello stesso parere era anche Norman Holmes Pearson, già professore a Yale e personalità di peso nell'OSS. Oltretutto anche suo padre, convinto anticomunista, aveva fatto il consulente per l'X-2.

Come da prassi, Angleton fu inviato a seguire il corso di addestramento, che con le sue lunghe marce e i percorsi a ostacoli mirava a instillare il sangue freddo necessario per affrontare una situazione di crisi. Una particolare esercitazione, per esempio, prevedeva che la recluta accendesse un candelotto di dinamite, lo portasse al centro di un campo procedendo senza fretta e si allontanasse tranquilla, esibendo la massima disinvoltura mentre calcolava al millisecondo il tempo necessario ad allontanarsi per tempo dalla zona dell'esplosione. Non sappiamo quanti potenziali bombaroli abbiano sbagliato la valutazione.[18] Angleton – che aveva il temperamento dello stratega, del pianificatore, non certo dell'eroe da film d'azione – non era affatto a suo agio. Raccontò a Ezra Pound che gli avevano insegnato quasi tutte le tecniche per uccidere un avversario, o con le quali si poteva essere ammazzati. Aveva trovato il corso terribilmente noioso.[19] Eppure quelle abilità erano considerate fondamentali, perché – come ha spiegato Thomas Powers, biografo di Richard Helms, futuro direttore della CIA – davano alla recluta l'idea esatta del tipo di attività in cui si sarebbe trovata coinvolta: «Da un lato lavoro d'ufficio [...] e dall'altro tradimenti, inganni e violenze».[20]

Anche in quel contesto, il giudizio sulla personalità e le abilità di Angleton venne confermato. Secondo Michael

Holzman un suo compagno di corso l'avrebbe definito «estremamente brillante, ma un po' strano. Ho conosciuto parecchi statunitensi di primo piano, da [William] Donovan in giù, ma Angleton è quello che mi ha più colpito. [...] Un uomo davvero eccezionale. Direi che era [...] geniale, pieno di idee improbabili e straordinarie».[21] Come scontato, terminò con successo l'addestramento e venne inviato a Londra per prestare servizio sotto Norman Holmes Pearson, fresco di nomina alla guida dell'X-2.

Winks ha scritto che, «nell'ottica di quel gioco [l'attività di pianificazione e intelligence], Londra era il posto perfetto in cui trovarsi tra il 1943 e il 1944».[22] Siccome coinvolgere l'oss era fondamentale in vista del D-Day, la maggior parte delle operazioni in Europa occidentale fu ideata tra le tante abitazioni vuote e semidistrutte che fiancheggiavano Grosvenor Square. La piazza era dominata dall'ambasciata statunitense, all'epoca centro di comando del generale Dwight D. Eisenhower, a capo delle truppe statunitensi; nei dintorni erano stati requisiti così tanti edifici che l'area divenne nota come Eisenhower Platz.

Alla fine del 1943, quando anche Bill Casey – altro futuro direttore della CIA – giunse a Londra, la città aveva ormai subito bombardamenti prolungati e concentrati, che avevano distrutto trecentomila abitazioni e causato ventimila vittime. Le finestre sbarrate e i quartieri ridotti a cumuli di macerie testimoniavano quanto duro fosse stato l'attacco. E, sebbene il peggio fosse passato, Londra si sentiva ancora «una città sotto assedio», come ha scritto Douglas Waller, biografo di Casey.[23] Il posto di comando di Casey si trovava in una palazzina in mattoni di cinque piani al numero 70 di Grosvenor Square, uno dei pochi edifici ancora intatti. E, quello stesso anno, il gruppo di Norman Holmes Pearson trovò sistemazioni altrettanto eleganti su Ryder Street, a pochi passi dal St. James Palace e Piccadilly.

Da quelle sistemazioni esclusive Angleton arrancava ogni notte fino a uno squallido quartiere vicino a Paddington Station, dove si trovava il suo appartamento da scapolo. Lungo il tragitto, se fossero entrate in azione le sirene che annunciavano le incursioni aeree, avrebbe dovuto seguire un protocollo preciso: avanzare di portone in portone fino al rifugio più vicino, di solito una stazione della metropolitana. Più si trovava in profondità, meglio era. Siccome le misure di sicurezza prevedevano che ogni luce fosse spenta, tutti portavano con sé una torcia elettrica, che però serviva a ben poco con la nebbia o la celebre *pea soup fog*, dovuta all'inquinamento atmosferico. Così, all'impressione di trovarsi sotto assedio, si aggiungeva un'angosciosa sensazione di spaesamento, immersi in una coltre giallognola da cui di colpo potevano sbucare dei fanali, magari quelli del bus per andare a casa.

Quando ci si sentiva abbastanza al sicuro nel proprio rifugio, l'attenzione veniva talvolta catturata dal «lento rullio di tamburi» di un aereo nemico che passava sopra la propria testa, o da una raffica di mitragliatrice, come ha ben descritto Elizabeth Bowen nel suo suggestivo romanzo ambientato a Londra durante la campagna di bombardamenti conosciuta come The Blitz. Poi «la bomba precipitava sibilando giù per un pozzo di silenzio anticipatore. Con il boato della detonazione [...] le quattro pareti scricchiolavano, si imbarcavano; le bottiglie sbattevano contro i bicchieri». Il precario senso di sicurezza che ciascuno si era a fatica costruito veniva spazzato via un'altra volta. Il mattino seguente c'erano sempre l'acre odore del fumo e della cenere, «il tintinnio di ghiaccio dei vetri rotti», le piazze recintate per via delle bombe a orologeria, «i cumuli di foglie sulle panchine vuote, gli uccelli che galleggiavano nei laghi avvolti da un silenzio abbacinante», e l'assillante paura di ciò che la notte successiva avrebbe portato.[24]

Nel giro di qualche mese la divisione X-2 passò da un organico ridotto all'osso a settantacinque effettivi, e Angleton fu rapidamente promosso dall'umile grado di soldato semplice a quello di sottotenente, responsabile degli affari italiani per l'European Theter of Operations, l'organismo dell'esercito statunitense incaricato di coordinare le operazioni nel teatro di guerra europeo. Inoltre si era messo in contatto, come necessario, con l'MI6, il servizio britannico d'intelligence estera, e in particolare con il suo rappresentante Kim Philby. I due fecero amicizia nel corso di pranzi innaffiati di «fervore alcolico», come si confaceva allo stile dell'inglese.[25] La specialità di Philby era «trasformare» gli agenti nemici in doppiogiochisti pronti a passargli informazioni, un talento di cui poteva parlare allegramente per ore. Secondo un suo ammiratore, «sapeva davvero quel che faceva». Ed è probabile che «si sentisse una specie di mentore per Angleton, che forse la vedeva allo stesso modo».[26]

Come ha scritto Tom Mangold, suo biografo, Jim doveva arrivare a conoscere a fondo «l'assioma centrale di una nuova filosofia di controspionaggio». «Imparò che era essenziale insinuarsi nei servizi di intelligence nemici per condurli nella [...] tanto celebrata "foresta di specchi": l'inferno al quale venivano invariabilmente consegnati gli agenti del controspionaggio, condannati a trascorrere le proprie vite lavorative intrappolati tra sbarre luccicanti di cangianti riflessi.»[27] I magri risultati cui si arrivava richiedevano non solo grande abilità, ma tanta pazienza: la capacità di aspettare anni e anni per giungere al successo finale.[28]

Mentre imparava a destreggiarsi tra ambiguità e ipotesi contrastanti, Angleton rimase colpito dall'abilità degli inglesi nello smascherare le spie naziste e incoraggiarle a ingannare i loro superiori con false informazioni.[29] Arrivati in Italia, come ha sottolineato Winks, lui e i suoi colleghi dovettero poi affrontare «il problema incredibilmente complesso dei partigiani italiani, divisi in correnti politiche differenti. Bisognava convincere quelli d'orientamento comunista a collaborare allo sforzo bellico comune, anziché sfruttare rifornimenti e informazioni per conseguire i propri obiettivi postbellici; bisognava aiutare a ricostruire i servizi segreti italiani, [che sarebbero usciti] compromessi dall'aver collaborato con i tedeschi, e al cui interno si scontravano visioni contrapposte in merito al futuro interesse nazionale [...] e bisognava occuparsi di tutto ciò puntando al comune obiettivo» della sconfitta nazista.[30]

D'altra parte, se si sapeva come fare, c'erano infiniti modi per trasformare i problemi in opportunità. Angleton iniziò a «studiare i misteri esoterici del controspionaggio» con uno scopo preciso, «quasi contenessero il segreto della Trinità».[31] Sistemò una branda nel suo ufficio e si sparse la voce che trascorreva tutta la notte al lavoro. Lo si poteva trovare a far le ore piccole, «con una sola lampada accesa, mentre leggeva rapporti che poi riponeva a

faccia in giù sulla scrivania, per maggior precauzione [...]
o a rilassarsi con la poesia, fumando incessantemente».[32]
Come ha osservato un altro suo mentore, nel 1985, sarebbe
diventato non solo un esperto cacciatore di spie, ma «il
miglior agente del controspionaggio che gli Stati Uniti
abbiano mai prodotto».[33]

Il padre di Angleton, James Hugh, era diligente quanto
il figlio quando si trattava di localizzare un bersaglio,
sebbene la sua ricerca avesse a che fare – almeno al
principio – più con l'ottenerne un vantaggio finanziario
che con la raccolta di informazioni. Nel suo ufficio milanese si comportava da perfetto padrone di casa, attento
a intrattenere il circolo di amici europei che si andava
formando nel suo ruolo di vicepresidente della National
Cash Register Corporation. La società – fondata a Dayton,
in Ohio – era nata per costruire registratori di cassa
meccanici; nel 1911, con quasi seimila dipendenti, era
arrivata a vendere un milione di pezzi e aveva acquisito
le concorrenti accaparrandosi il 95 per cento del mercato
americano. Poi aveva espanso il proprio giro di affari,
spingendosi ben oltre l'obiettivo abbastanza modesto
di produrre strumenti in grado di tracciare le vendite e
limitare i danni in caso di rapina: durante la Prima guerra
mondiale aveva prodotto fusibili e strumentazione per
aerei. In occasione del nuovo conflitto avrebbe costruito
sistemi di comunicazione sicura, contatori ultraveloci e
strumenti per la criptoanalisi.

Ma c'era anche un'altra ragione se Hugh Angleton si
dava tanto da fare per rinsaldare la propria rete di relazioni. Come ha scritto Winks, «da quei contatti riceveva
informazioni sulla produzione di armi, soprattutto in

Germania, e dati sulla durata dei vari modelli di motori tedeschi, sulla capacità dei serbatoi e sulla distanza aerea tra le fabbriche».[34]

Mentre visitava le varie fabbriche della NCR tra Germania, Francia, Polonia, Romania e Ungheria, Angleton senior aveva creato quello che il figlio avrebbe definito «un flusso d'intelligence interna»; un'attività che si sarebbe rivelata preziosissima allo scoppiare della guerra. Hugh Angleton si arruolò infatti nell'OSS, sotto William Vanderbilt, ex governatore repubblicano del Rhode Island che in quel momento dirigeva le operazioni speciali. Assegnato all'X-2, nel 1943 fu inviato in Italia e qualcuno sostiene che abbia lavorato fianco a fianco con il figlio.[35] Se anche si trattasse di un'esagerazione, non c'è dubbio che i contatti europei del padre – già alla guida della Camera di commercio statunitense in Italia – si rivelarono estremamente utili a Jim. Hugh Angleton divenne infatti «intimo» di William Philips, l'ambasciatore americano a Roma,[36] ed era amico di vecchia data di Thomas J. Watson, ex responsabile vendite della NCR che aveva poi fondato l'International Business Machines. Quello fu forse il contatto più importante di tutti.

La gloriosa storia di Thomas J. Watson – fatta di grandi affari e duro lavoro, tanto da diventare uno degli uomini più ricchi della sua epoca – era iniziata nell'umile e sperduta cittadina di Campbell, nella zona rurale dello Stato di New York. Forse, almeno in parte, aveva ereditato dalla famiglia il suo spirito d'iniziativa: i genitori avevano avuto quattro femmine prima che nel 1874 nascesse lui, quinto e ultimo figlio, l'unico maschio. Watson aveva iniziato a lavorare a diciassette anni, tardi per un ragazzo di campagna della sua generazione, dopo aver frequentato un corso di gestione d'impresa e contabilità. Aveva incominciato come contabile in un negozio del posto, a sei dollari la settimana, e per incrementare quel magro salario si era messo a vendere pianoforti e organi alle famiglie di agricoltori, arrivando così a dieci dollari la settimana. Era un piazzista nato. Convinto di poter fare di più, e dimostrando già al tempo quell'acume negli affari che l'avrebbe portato tanto lontano, si rese conto che avrebbe potuto guadagnare sette volte tanto se si fosse fatto pagare a commissione anziché con uno stipendio fisso. Quella prima lezione sulla cruda realtà del mondo degli affari si sarebbe rivelata molto utile negli anni a venire.

Abile e risoluto nel farsi pubblicità, alla fine aveva rimediato un posto alla National Cash Register Company, e lì aveva imparato altre importanti lezioni su come sopravvivere nel duro mondo delle vendite e del management. In poco tempo era diventato il miglior venditore dell'azienda in tutta la East Coast e guadagnava cento dollari la settimana, una somma straordinaria per gli anni Novanta dell'Ottocento, e senza precedenti per un giovanotto di appena vent'anni. Ciò che aveva appreso, compresa la necessità di stendere la concorrenza con qualunque mezzo, gli aveva garantito un rapido avanzamento di carriera nella NCR. E nel 1924, all'età di quarantotto anni, aveva fondato una società tutta sua, l'International Business Machines.

Il modesto obiettivo iniziale, produrre registratori di cassa che consentissero ai proprietari di piccole imprese di tracciare le vendite, si era presto trasformato in qualcosa di ben più grande e prestigioso: gli strumenti di Watson lavoravano a un ritmo mai visto prima. Il successo dell'IBM si basava su un ingegnoso sistema a schede perforate inventato da Herman Hollerith, un giovane di origini tedesche che lavorava come collaboratore presso l'U.S. Census Bureau, ovvero l'agenzia statunitense che si occupa dei censimenti. Hollerith aveva notato che alcuni capotreni seguivano schemi particolari nell'obliterare i biglietti, e sfruttavano i fori per registrare dettagli relativi all'aspetto dei passeggeri, come l'altezza, il colore dei capelli e così via. Uno stratagemma utile per evitare che qualcun altro usasse impunemente lo stesso biglietto. Lavorando al censimento del 1890, Hollerith aveva avuto un'idea rivoluzionaria: perché non usare lo stesso metodo per registrare informazioni sui soggetti censiti, quali genere, Stato di appartenenza, occupazione eccetera?

Come ha riassunto Edwin Black, «grazie a meccanismi a molla facilmente regolabili e a corti aghi in grado di rilevare i fori chiudendo un circuito elettrico, le schede potevano essere "lette" mentre un alimentatore meccanico le faceva scorrere. [...] Si potevano processare e riprocessare milioni di schede. [...] Quegli strumenti erano in grado di dipingere il ritratto di un'intera generazione, per caratteristiche generali o nello specifico, oppure permettevano di selezionare un particolare gruppo all'interno della popolazione. [...] Ogni scheda perforata si trasformava in uno schedario di informazioni, con il numero di fori possibili come unico limite. In buona sostanza si trattava della versione del XIX secolo di un codice a barre per esseri umani».[37] Quando il Census Bureau aveva promosso un concorso per il miglior calcolatore automatico, il sistema di Hollerith si era aggiudicato senza problemi il primo posto.

Il giovane inventore aveva presto intuito i vantaggi del nuovo sistema, che poteva essere adattato e sfruttato per le esigenze più diverse, dal controllo dei biglietti ferroviari ai libri contabili delle grandi compagnie di assicurazione. Ma il vero colpo di genio era stato un altro: rendersi conto che poteva concedere l'utilizzo delle sue macchine anziché venderle. Così, per essere processate, milioni di schede avrebbero dovuto passare attraverso il sistema da lui progettato, il che avrebbe messo al sicuro la sua invenzione. Un sistema tanto semplice quanto brillante. Watson ne aveva colto in fretta senso e vantaggi, e aveva deciso di portare a un nuovo livello ciò che aveva imparato: l'IBM aveva acquisito la creazione di Hollerith, iniziando a sfruttarla con successo crescente. Al primo apparecchio automatizzato per gestire la campanella nelle scuole era presto seguita la prima perforatrice, quindi una particolare stampante in grado di duplicare in un lampo una determinata scheda. Nel 1928 la IBM aveva introdotto schede perforate a ottanta colonne, raddoppiando così le informazioni contenute su ciascun cartoncino. A livello industriale, sarebbe rimasto lo standard fino agli anni Settanta del Novecento.

Com'era forse prevedibile, la prima reazione degli Stati Uniti di fronte alla guerra civile spagnola e all'ascesa dei fascismi nell'Europa degli anni Trenta era stata l'isolazionismo: l'America era determinata a tenersi fuori dalle magagne europee e asiatiche. La svolta interventista di Woodrow Wilson durante la Prima guerra mondiale era costata cara, soprattutto in termini di vite umane, e nessuno voleva che quello scenario si ripetesse. Ciò era particolarmente vero per le grandi corporation, ben felici di vendere materie prime e attrezzatura a entrambi gli schieramenti di ogni conflitto. La Standard Oil esportava carburante; la Ford e la General Motors fornivano camion ed equipaggiamento; la U.S. Steel and Alcoa garantiva l'approvvigionamento di metalli fondamentali; e intanto gli investitori acquistavano azioni della IG Farben, la grande azienda chimica tedesca.

Tra le compagnie che si erano lanciate in questo proficuo giro d'affari c'era anche la Dehomag, società di computing tedesca controllata al 90 per cento dall'IBM. Poco dopo la salita al potere di Hitler, nel 1933, all'azienda era giunta la richiesta di assistere il governo tedesco nel suo sforzo di identificazione etnica, in particolare per quanto riguardava ebrei e rom. Watson, convinto che si trattasse di un'occasione straordinaria, in ottobre si era recato in Germania e aveva aumentato di un milione di dollari – somma considerevole per l'epoca – l'investimento dell'IBM nella controllata. Grazie al sistema messo a punto da Hollerith, i nazisti avevano affinato il censimento dei tedeschi di origini ebraiche, passando da una stima che oscillava tra le duecentomila e le seicentomila persone a due milioni di individui.

Ogni volta che i nazisti invadevano e conquistavano un nuovo Paese – Austria, Polonia, Belgio, Danimarca, Olanda, Francia – partiva la richiesta delle macchine dell'IBM per identificare ebrei e rom. Quella stessa apparecchiatura sarebbe poi stata impiegata come strumento di tracciamento, conteggio e registrazione nei campi di concentramento. Edwin Black ha scritto che, per importanza, la Germania nazista fu il secondo cliente della società dopo gli Stati Uniti.[38] Il suo libro *IBM and the Holocaust*, pubblicato nel 2001, è stato annunciato come un contributo rivoluzionario: denunciava un aspetto centrale, seppur poco noto, dell'annientamento degli ebrei da parte dei tedeschi. Michael Hersh l'ha definito su «Newsweek»: «Un libro esplosivo. [...] Supportata da una ricerca esaustiva, la ricostruzione di Black è tanto lineare quanto sorprendente».

Negli anni Trenta, Watson non era l'unica personalità di rilievo affascinata da Hitler; basti pensare a Charles Lindbergh, a William Randolph Hearst, al duca e alla duchessa di Windsor... Secondo Blake, poi, l'industriale avrebbe incontrato più volte il dittatore. In un'occasione si recò a teatro per assistere a un concerto di lirica. Quando il Führer, in ritardo, fece il suo ingresso nel palco reale, sul quale campeggiava una svastica, il pubblico – composto da uomini d'affari, compresa una dozzina di businessmen americani – balzò in piedi. «Tra acclamazioni, brindisi e applausi» si levò l'urlo «*Sieg Heil!*», mentre diverse braccia si alzavano nel saluto nazista. Pare che quello di Watson, già a mezz'aria, si fosse fermato appena in tempo.[39]

In quegli anni l'imprenditore incontrò anche Mussolini, prevedendo un glorioso futuro per l'Italia. «I segni della sua guida si notano ovunque. [...] È un pioniere. [...] Porterà grandi benefici al suo Paese.» Il dittatore italiano gli regalò persino una sua foto autografata, che fece a lungo mostra di sé sopra il pianoforte a coda del suo soggiorno.[40]

7

L'*affaire* Brown

Un giorno, in piena guerra, Natalia Ginzburg – che si trovava a Roma – si imbatté per strada in Adriano Olivetti. Lui aveva ancora un'aria da vagabondo, proprio come la prima volta che si erano incontrati: «Andava solo, col suo passo randagio». Cercava di mascherare l'istintiva riservatezza tenendo le spalle larghe e fissando davanti a sé lo «sguardo immobile, freddo e puro». A prima vista non spiccava certo tra la folla; eppure «sembrava, nel tempo stesso, anche un re. Un re in esilio, sembrava».[1]

Natalia e Leone vivevano nascosti – o così pensavano – con i figli in un appartamento vicino a piazza Bologna. Lui passava le giornate nella stamperia in cui si realizzava il giornale clandestino «L'Italia libera»; rincasava sempre alla stessa ora, ma un giorno non tornò. La mattina successiva Adriano si presentò alla porta di Natalia e le annunciò che il marito era stato arrestato. Le disse inoltre che doveva andarsene subito di lì: la polizia sarebbe arrivata da un momento all'altro per prendere anche lei. Conosceva alcuni amici che l'avrebbero accolta.

La Ginzburg ci ha lasciato una vivida descrizione di quei momenti: «Io ricorderò sempre, tutta la vita, il grande conforto che sentii nel vedermi davanti, quel mattino, la sua figura che mi era così familiare, che conoscevo dall'infanzia, dopo tante ore di solitudine e di paura, ore in cui avevo pensato ai miei che erano lontani, al Nord, e che non sapevo se avrei mai riveduto; e ricorderò sempre la sua schiena china a raccogliere, per le stanze, i nostri indumenti sparsi, le scarpe dei bambini, con gesti di bontà umile, pietosa e paziente. E aveva, quando scappammo da quella casa, il viso di quella volta che era venuto da noi a prendere Turati, il viso trafelato, spaventato e felice di quando portava in salvo qualcuno».[2]

Quando, il 28 maggio 1940, Mussolini comunicò ai propri generali di voler attaccare la Francia, legando le sorti dell'Italia a quelle della Germania di Hitler, è probabile che si aspettasse una rapida conclusione della guerra. I Paesi investiti dall'inarrestabile avanzata dei nazisti cadevano uno dopo l'altro: Austria, Cecoslovacchia, Polonia, Danimarca, Norvegia, Belgio, Olanda. Proprio a maggio i tedeschi si apprestavano ad assaltare la Francia, e di lì a un mese avrebbero marciato lungo gli Champs-Élysées. La loro vittoria era inevitabile, e presto i due dittatori si sarebbero spartiti il bottino. Così, nel giugno del 1940, le truppe italiane si diressero a nord, verso il confine sulle Alpi; incontrarono un tempo impietoso, e dovettero lottare per non morire assiderati, ma nessuno oppose loro resistenza. Quell'estate il maresciallo Pétain firmò un umiliante armistizio con il suo vecchio nemico, la Germania. E l'Inghilterra sarebbe stata la prossima.

Poi, però, il vento cambiò. L'Italia attaccò la Grecia, ma fu respinta; le armate di Hitler dovettero accorrere a salvare i soldati alleati, coprendoli di vergogna. Seguirono altre sconfitte in Nord Africa. Nella primavera del 1941 gli italiani persero Eritrea, Somalia ed Etiopia, pagando

un prezzo altissimo in termini di vite umane ed equi-
paggiamenti. E anche in quel caso dovettero intervenire
i tedeschi. Nei due anni successivi gli Afrika Korps di
Rommel e i Desert Rats del generale Montgomery si
fronteggiarono in aspri ed estenuanti combattimenti nel
deserto. Nell'ottobre del 1942 Montgomery sconfisse
Rommel a El Alamein, e nel maggio dell'anno successivo
le truppe dell'Asse abbandonarono quel fronte. La Libia,
in mano agli italiani fin dal 1912, era persa per sempre,
assieme alle vite di migliaia di soldati e alla loro attrezzatura. Forse, però, la mossa peggiore di Mussolini fu
inviare quasi duecentocinquantamila uomini al seguito
della sconsiderata invasione hitleriana della Russia; soldati mal equipaggiati e per nulla preparati ad affrontare
i rigori invernali di quel Paese.[3]

Tra il 1942 e il 1943 i fascisti stavano ormai perdendo il
sostegno dell'opinione pubblica, e con esso il potere politico. Come ha ricostruito Martin Clark, «quando la guerra
era ormai persa e il regime fascista stava collassando, le
manovre politiche e diplomatiche [...] si intensificarono.
Sullo sfondo rimbombavano i colpi di fucile in Libia e
le bombe a Milano, gli scioperi a Torino e le rivolte per
il cibo a Matera, le corse agli sportelli bancari e i raduni
antifascisti; in primo piano, e persino a Roma, diversi
personaggi – alcuni risoluti, molti terrorizzati – portavano avanti nell'ombra scambi preoccupati e inviavano
segnali agli amici come ai nemici».[4] Tra questi c'era anche
Adriano Olivetti.

I capitani d'industria italiani che avevano collaborato
con il regime non dovettero fronteggiare le ritorsioni cui si
assisté dopo la liberazione della Francia, nel 1944. Innanzitutto perché l'occupazione tedesca era stata relativamente

breve; e poi perché il popolo italiano subiva invasioni da secoli: in molti avevano affinato le arti dell'inganno, della copertura, della dissimulazione e del tradimento tanto decantate da Machiavelli. Con impeccabile cortesia e umile attenzione ascoltavano gli ordini dei conquistatori, attendendo con ansia e in sottomissione il risultato dei loro sforzi; e, al contempo, lavoravano con alacrità dietro le quinte per portare a termine vendette e tradimenti insospettabili. I loro nemici non potevano nemmeno immaginare quanto abili fossero nel fare il doppio gioco, né avevano alcuna speranza di eguagliare la loro abilità.

Così era andata anche a Ivrea: pur impegnati nello sforzo bellico, Adriano Olivetti e i suoi dirigenti aiutavano in segreto i partigiani, davano da mangiare a chiunque si presentasse nella caffetteria per i dipendenti dell'azienda e creavano documenti falsi realizzati ad arte. E la cosa non stupisce, visto che Adriano interpretava il proprio ruolo protettore non solo nei confronti della famiglia, degli amici o dei dipendenti, ma dell'intera nazione. Aveva iniziato, con chissà quale pretesto, a fare spesso avanti e indietro verso Berna, in Svizzera, e si era messo personalmente in contatto con un vero pezzo grosso: Allen Dulles, il direttore dell'Office of Strategic Services. Così era diventato una spia degli americani, Adriano era diventato una spia americana, la numero 660.

Quando Allen Dulles si era stabilito a Berna, alla fine del 1942, era già un veterano degli intricati giochi di spionaggio portati avanti in quel Paese solo formalmente neutrale. Aveva iniziato la sua carriera nell'intelligence durante la Prima guerra mondiale; giovane membro di una missione diplomatica statunitense, si stava già costruendo – come ha scritto il biografo David Tallbot in *The Devil's Chessboard* – l'aura di fascino con cui negli anni a venire avrebbe celato alla perfezione le proprie macchinazioni.[5] Scimmiottando i modi di un galante ufficiale di cavalleria, i baffi curati dalla punta sottile, Dulles ballava con aplomb, giocava impegnative partite a tennis e organizzava cocktail party nel Bellevue Palace, un palazzo art nouveau sulle alture di Berna. Aveva molto successo con le signore ed era famoso per il suo approccio disinvolto, spesso scambiato per un segno di sincera amicizia.

Emblematico, in tal senso, è un aneddoto raccontato proprio da Talbot. Durante la Prima guerra mondiale Dulles si era trovato a lavorare all'ambasciata assieme a una giovanissima emigrata ceca. Ben presto tra i due era nata una relazione, ma un giorno i colleghi inglesi lo avvisarono che la donna stava passando informazioni a cechi e tedeschi. La cosa non poteva andare avanti. Con tutta probabilità Dulles aveva risposto: «Lasciate che me ne occupi io», o qualcosa di simile. Aveva invitato la giovane fuori a cena, «e poi aveva passeggiato con lei per le strade in acciottolato fino al luogo prestabilito, dove l'aveva consegnata agli agenti inglesi. Ed era sparita per sempre».[6] Talbot aggiunge: «Era capace di grandi atti di crudeltà personale, sia verso gli amici sia verso i nemici. [...] Non era [tormentato] dal senso di colpa o dai dubbi. [...] Amava ripetere – ed era quasi un vanto – che era uno dei pochi uomini a Washington a poter mandare a morte qualcuno».[7]

Dopo l'esperienza all'OSS, Dulles sarebbe diventato direttore della Central Intelligence Agency, ma quella carica era di là da venire quando si trasferì in Svizzera, nel pieno della Seconda guerra mondiale. L'unico modo per entrare nel Paese era sorvolare l'Atlantico, atterrare in Portogallo, attraversare la neutrale Spagna e il Sud della Francia, formalmente controllato dal governo di Vichy, e poi arrivare in treno fino a Ginevra.[8] Quando si era imbarcato a New York sul Clipper – ovvero un Boeing 314 – della Pan American Airways, il 2 novembre 1942, andava di fretta; proprio come ci si aspetta da qualcuno che cerchi di arrivare in tempo nel bel mezzo di una guerra. Sapeva che l'operazione Torch, l'invasione del Nord Africa da parte delle truppe Alleate, era stata pianificata per il 9; ed era anche consapevole che i nazisti, appena avessero saputo dell'attacco, l'avrebbero sfruttato come pretesto per estendere il proprio controllo diretto sulla Francia, subentrando al governo fantoccio di Vichy. A quel punto, nel giro di ventiquattr'ore, lui si sarebbe trovato la strada sbarrata. In ogni caso aveva una settimana di tempo: sembrava abbastanza.

Al tempo, chi se lo poteva permettere faceva la spola tra New York e Lisbona su quei piccoli ma lussuosi idrovolanti, capaci di portare venticinque passeggeri oltre l'Atlantico facendo tappa alle Azzorre e talvolta alle Bermuda. Gli esperti equipaggi volavano a vista, affidandosi solo alle stelle, a sedicimila piedi di altezza, e dovevano sapere che condizioni atmosferiche avrebbero trovato. Anche quelle relative al mare, perché i Clipper non potevano decollare con onde più alte di un metro.

In quel volo, tutto era filato liscio fino alle Azzorre, ma poi era arrivato il maltempo. Dulles era atterrato a Lisbona solo l'8 novembre, e da lì si era spostato a Barcellona sempre via aereo. Nel suo libro *The secret surrender* la celebre spia racconta che a Portbou, sul confine spagnolo con la Francia, stava pranzando con alcuni amici svizzeri quando erano stati raggiunti al tavolo da un corriere diplomatico loro connazionale. Il tizio sembrava parecchio eccitato. «Avete sentito la notizia? Gli inglesi e gli americani stanno sbarcando in Nord Africa.»

Dulles era stato sul punto di fare marcia indietro e tornare da dove era venuto. «Se fossi stato catturato dai nazisti nella Francia di Vichy, il meglio che avrei potuto sperare era di marcire in galera fino alla fine della guerra.» Eppure, la prospettiva di nascondersi tra la gente, cercare una copertura, mettersi in contatto con la resistenza e varcare illegalmente la frontiera – in quello che lui stesso ha definito un attraversamento «alla cieca» – deve averlo intrigato: aveva proseguito il suo viaggio.

All'inizio era andato tutto per il meglio. Giunto a Verrières, sul lato francese del confine, si era stupito della calorosa accoglienza riservatagli dai locali: chissà perché si erano convinti che la guerra fosse finita. Era salito su un treno diretto ad Annemasse, sul confine svizzero. Quel tragitto l'avrebbe obbligato a sfoderare qualche trucchetto in più: l'avevano avvertito che un agente della Gestapo in incognito controllava la frontiera. E in effetti aveva notato qualcuno che corrispondeva alla descrizione e che esaminava i passaporti dei passeggeri mentre questi attraversavano in fila indiana la dogana della stazione. Nessuno era stato fermato, a parte lui. L'agente tedesco era rimasto in silenzio, lasciando la parola a un gendarme. Era molto dispiaciuto ma il «monsieur» non poteva procedere. Dulles aveva sfoderato il suo francese migliore. «Gli feci il più appassionato e, credo, il più eloquente dei discorsi. [...] Evocando i fantasmi di Lafayette e Pershing, sottolineai quanto fosse importante che mi lasciasse passare. [...]

141

Lasciai anche intravedere il contenuto del portafogli.» Ma sembrava che il gendarme non fosse convinto.

Dulles aveva passato alcune ore in preda all'ansia prima di veder ricomparire lo stesso militare. Il suo treno per Ginevra sarebbe partito a mezzogiorno. Poi, sussurrando, l'uomo aveva aggiunto: «Allez passer. Vous voyez que notre collaboration n'est que symbolique». *Andate. Come potete vedere, il nostro collaborazionismo* [con i tedeschi] *è solo di facciata.* Dulles era corso sul treno senza perdere un secondo. In seguito avrebbe scoperto che i francesi avevano atteso il momento in cui l'agente della Gestapo – uomo decisamente abitudinario – era andato a pranzo in un pub vicino, per poi concedersi una pennichella pomeridiana. «Di lì a pochi minuti avevo attraversato legalmente il confine con la Svizzera. E sarei stato uno degli ultimi americani a farlo, almeno fino alla liberazione della Francia.»

Dulles si era quindi stabilito a Berna, in una splendida villa su Herrengasse, affacciata sul fiume Aare da un alto crinale terrazzato a vigneti.[9] Lui stesso ha scritto che la casa era stata scelta per «garantire l'anonimato» ai visitatori, perché era possibile che non volessero essere visti alla sua porta. Talbot, però, ritiene che una tale ricostruzione non sia veritiera: il suo arrivo era stato annunciato persino dalle pagine di un giornale, e Dulles «gironzolava tranquillo per le strade [...] con addosso un impermeabile sgualcito e un cappello appoggiato con noncuranza sulla nuca. Non aveva guardie del corpo e non portava la pistola. Incontrava gli informatori e gli agenti doppiogiochisti nei caffè e per le strade della città».[10] I tedeschi facevano del loro meglio per indovinare le sue intenzioni: non solo avevano piazzato delle spie fuori da casa sua, ma si scoprì che il suo cuoco era un informatore tedesco e che il suo custode, uno svizzero, aveva rubato le copie carbone delle sue missive dal cestino della spazzatura. Stando a lui, aveva lasciato quelle tracce di propria volontà, perché «un eccesso di segretezza può rivelarsi controproducente». Ovviamente non diceva sul serio: è chiaro che, in modo oculato e subdolo, stava passando informazioni errate a chi lo controllava, mentre creava contatti insospettabili dietro le quinte. Ed è fuor di dubbio che le sue operazioni avessero successo, specie per quel che riguardava la ricerca di nuove fonti e quella sottocategoria del mondo dello spionaggio che prende il nome di agenti doppiogiochisti, particolarmente utili perché già in possesso di informazioni interne di ogni tipo. Nulla di troppo difficile in quel Paese, centro europeo di intrighi politici e finanziari, «un brulicante bazaar dello spionaggio» come l'ha descritto Talbot.[11] Nel frattempo Dulles, tra candidi sorrisi e saluti calorosi, continuava a tessere la sua intricata tela.

Almeno quando sosteneva di avere amicizie importanti, Adriano Olivetti non esagerava. In seguito all'emanazione del U.S. Freedom of Information Act, nel 1966, è stata diffusa un'affascinante e prolissa relazione proveniente dai registri dell'OSS e datata 14 giugno 1943. Il documento rivela che Olivetti aveva complottato per far cadere Mussolini, pianificando persino con chi sostituirlo al potere, e il suo complice era niente meno che la futura regina d'Italia. Un giorno d'estate del 1942 Adriano andò a trovare la principessa Maria José Charlotte – moglie di Umberto, principe del Piemonte ed erede al trono – nella residenza estiva che condivideva con il marito: un castello del XII secolo alle porte della Valle d'Aosta, a Sarre, che avevano ampiamente ristrutturato. La principessa era la terza figlia, nonché ultimogenita, di Alberto I del Belgio e di sua moglie Elisabetta, già duchessa di Bavaria. Aveva sposato Umberto nel 1930.

Alcune testimonianze danno l'impressione che Adriano e la principessa fossero soli nel progettare di rovesciare il dittatore fascista, ma non è vero: l'idea era partita da Carlo Antoni – allievo di Benedetto Croce nonché giovane professore universitario, poi divenuto filosofo, storico e politico – e attorno a loro si era raccolto un gruppo a dir poco formidabile.[12] C'erano il conte Nicolò Carandini, che a guerra finita sarebbe divenuto il primo ambasciatore italiano in Gran Bretagna; Manlio Brosio, importante avvocato e diplomatico; Ivanoe Bonomi, eminente antifascista; Luigi Einaudi, che nel 1948 sarebbe stato nominato secondo presidente della Repubblica italiana; e un giovane diplomatico del Vaticano che nel 1963 sarebbe salito al soglio di Pietro con il nome di Paolo VI.

Il complesso piano di Adriano aveva inoltre coinvolto gli esuli dell'intellighenzia italiana, in particolare gli amici di Giustizia e libertà che in quel momento si trovavano a Parigi. Una relazione dei servizi segreti britannici, ora pubblica e contenuta negli archivi del governo del Regno Unito, afferma che Olivetti riteneva importante creare «un nucleo al di fuori dell'Italia a cui possano aderire gli antifascisti italiani. Qualche mese fa ha proposto l'idea che vengano creati, a tutti gli effetti, due governi italiani: uno all'estero, che si schieri formalmente contro l'Asse, e uno interno, che rovesci il fascismo ma si dichiari semineutrale o comunque non belligerante. Secondo lui, infatti, il Paese è troppo provato per essere gettato subito in una guerra contro la Germania». I due governi si sarebbero fusi il prima possibile, ma nel frattempo la sua proposta era che si creasse un comitato di esuli all'esterno e uno di antifascisti sul territorio nazionale. Per costituire il comitato avanzò i nomi di Luigi Salvatorelli, già condirettore della «Stampa»; Ugo La Malfa, convinto antifascista, fondatore della rivista «Italia libera» e del Partito d'azione; Carlo Levi ed Emilio Lussu, politico, scrittore, soldato e membro del Partito d'azione.

Non sappiamo cosa pensasse la principessa di questa soluzione, che potremmo senza paura definire un bizantinismo, ma è chiaro che lei e Adriano si piacessero. E lui andò spesso a trovarla al castello di Sarre, alle pendici delle Alpi svizzere. La principessa rappresentava una nuova classe di regnanti, in piena evoluzione: scevri di inutili formalismi, spontanei e capaci di gesti non convenzionali come guidare la macchina. Suo marito amava la formalità di corte e i simboli di magnificenza; lei scriveva libri e scappava per andare a concerti e festival. I viaggi di Adriano erano inframmezzati da sforzi per coinvolgere figure di primo piano come Benedetto Croce, che però non fornì molto supporto. Era andato anche in visita dal papa, e aveva tentato di smuovere l'ottantaquattrenne Enrico Caviglia, eroe della Prima guerra mondiale, ma erano stati altrettanti insuccessi. (E Caviglia sarebbe morto nel 1945.) Aveva già fatto visita anche al maresciallo Badoglio, che sarebbe poi diventato primo ministro del governo postbellico. La relazione britannica prosegue raccontando che Olivetti «l'ha trovato in ottima forma, desideroso di esaminare la situazione, e ha espresso tutto il proprio risentimento verso Mussolini. Ha affermato di non avere ambizioni politiche. [...] Ma non si è impegnato, come […] non pensasse di poter effettivamente passare all'azione». Badoglio non intendeva sbilanciarsi finché gli Alleati non avessero fatto la prima mossa.

Tutti sapevano che a guidare la cospirazione avrebbe dovuto esserci il re, Vittorio Emanuele III, ma quel piccolo uomo – in effetti superava di poco il metro e mezzo – si era fatto da parte quando Mussolini era salito al potere, e da allora non aveva fatto granché. «Era intelligente, ma senza fantasia, timoroso e distaccato» ha scritto Martin Clark. «Non aveva alcuna intenzione di prendere l'iniziativa, se poteva evitarlo; specie se la cosa rischiava di costargli la corona. Si torceva le mani, esitante: forse qualcosa si sarebbe smosso comunque.»[13]

Umberto sembrava spaventato quanto il padre. E l'unico membro con un po' di coraggio della famiglia reale – Maria José – aveva confermato ad Adriano che il sovrano non si sarebbe mosso. Poi a corte si venne a sapere in cosa fosse invischiata la principessa, e le venne detto in modo chiaro di tenersi lontana dalla politica. Poco dopo lei e i figli furono mandati a Sant'Anna di Valdieri, paesino a sudest di Cuneo affacciato sulle Alpi; ma anche quel luogo arroccato non parve abbastanza sicuro dopo la deposizione di Mussolini e l'invasione dei nazisti, quindi lei e i figli fuggirono riparando in Svizzera.

Al contrario del confine con la Francia, quello svizzero garantiva l'accesso a un porto sicuro, se si riusciva a superarlo. Il Paese, fermo nella sua posizione di costante neutralità, aveva chiuso le frontiere già nel 1942, ma almeno per un po' gli esuli erano continuati ad arrivare. Alla fine della guerra avevano varcato il confine centottantamila rifugiati; sessantasettemila erano stati considerati «visitatori temporanei» provenienti dalle zone frontaliere, e ci si aspettava sarebbero quindi tornati in Italia o in Francia. A quanto risulta, Olivetti aveva continuato a entrare nel Paese sfruttando permessi temporanei della durata di dieci giorni, ma presto anche quelli sarebbero finiti. In quei mesi ogni viaggio presentava quantomeno dei disagi, se non difficoltà insormontabili. I treni passeggeri erano pochi, sempre in ritardo e spesso venivano soppressi senza alcuna spiegazione. Le banchine erano sempre gremite. Quando un treno arrivava scattava la ressa per accaparrarsi un posto, quale che fosse. I passeggeri sistemavano le valigie nei corridoi, poi ci si sedevano su, provando a resistere a quel modo anche per ore, tra cambi di tragitto, vetri oscurati, aria irrespirabile, scarsità di cibo e acqua, bagni sporchi... Non era cambiato molto dalla Prima guerra mondiale, quando l'intrepido giornalista Richard Harding Davis aveva lasciato Parigi, nel 1916, per andare in Grecia. In tempo di pace quel viaggio sarebbe durato sei giorni; lui ne aveva impiegati quindici. Il viaggiatore «impara – e non può farlo su una mappa – quanto estese siano le ramificazioni della guerra, e in quanti modi differenti riesca ad affliggere ognuno»[14].

Prima di arrivare in Svizzera, Olivetti disse di aver preso contatti con tutte le anime della resistenza: il Partito comunista, il Partito d'azione, il Movimento di unità proletario per la Repubblica Socialista e il Partito cristiano. Pensava che i comunisti fossero di gran lunga il gruppo meglio organizzato, e quasi tutti concordavano con tale analisi. Sostenne inoltre di essere stato delegato a rappresentare tutte e quattro le organizzazioni (compresi i comunisti e il Partito d'azione, che avevano priorità alquanto diverse fra loro) «perché tutti sono felici di approfittare della sua possibilità di viaggiare e stabilire contati, anche se non è un leader riconosciuto dell'opposizione», come spiega l'anonimo redattore del documento britannico. «L'obiettivo primario per quei gruppi è coordinare la loro azione rivoluzionaria con [...] i piani degli Alleati, perché se un movimento entrasse in azione troppo presto rischierebbe di essere spazzato via, con conseguenze catastrofiche che potrebbero sfociare nella distruzione dell'intera organizzazione.» Quando arrivò il momento di colpire, il Partito d'azione fece sapere che poteva essere pronto nel giro di sei giorni, i comunisti in quattro. «D'altra parte, vogliono che accada presto [in modo] che la liberazione dell'Italia non sia percepita come un regalo dall'esterno e una pura conseguenza dell'invasione. Ciò comprometterebbe il futuro dell'Italia e della sua democrazia, facendo sì che il suo popolo venga visto da lì in avanti solo come agente delle potenze straniere.»

Olivetti aveva una ragione in più per voler accendere l'interesse delle autorità americane: stava elaborando un piano ambizioso per il futuro dell'Italia, che si sarebbe chiamato Comunità e avrebbe assorbito le sue energie per il resto della vita. L'estensore del rapporto osserva che nessuno osava farlo parlare di quell'argomento, o si sarebbe messo a divagare con dettagli così minuziosi che sarebbe stato impossibile fermarlo. Il trucco era convincerlo a presentare una sintesi scritta – di non più di sei pagine – con il pretesto che la questione era troppo importante per affidarla a una semplice conversazione.

Ma Adriano, più di ogni altra cosa, voleva incontrare Allen Dulles. È probabile che la dettagliata relazione scritta da un funzionario dell'intelligence il 14 giugno fosse destinata proprio a Dulles, e che lui abbia invitato a colloquio il nuovo venuto per il giorno successivo. Adriano fu introdotto di nascosto nella casa su Herrengasse, da una porta sul retro, perché non fosse visto o fotografato. Di certo Dulles lo ricevette nel modo più professionale e gioviale, gli occhi scintillanti, e lo convinse – come aveva fatto spesso con altri ospiti – di essersi fatto un amico ai piani alti. Inoltre è probabile che Adriano, a un certo punto, si sia lanciato nell'esposizione del piano dettagliato per il futuro dell'Italia che aveva tanto allarmato il funzionario il giorno precedente. Non possiamo saperlo con certezza, ma Valerio Ochetto, il suo biografo, racconta che se ne andò deluso da quell'incontro, pur senza spiegare il perché.[15]

Non si sa per certo nemmeno cosa abbia pensato Dulles, ma è possibile avanzare qualche ipotesi. Ciò che Olivetti probabilmente non sapeva era che gli Stati Uniti, nel loro fervore di instaurare un nuovo ordine in Italia, stavano appoggiando un altro uomo: il conte Carlo Sforza, che all'epoca aveva settant'anni, discendente dell'illustre famiglia milanese. Sforza aveva combattuto con gli Alleati durante la Prima guerra mondiale e si era opposto a Mussolini fin dall'inizio. Costretto a scappare dall'Italia, era emigrato prima in Belgio, dove aveva scritto un libro sui pericoli insiti nelle dittature in Europa, poi in Inghilterra e negli Stati Uniti. Era conosciuto come «il leader spirituale degli antifascisti italiani». Il conte voleva una repubblica che riprendesse il modello americano. Olivetti, come era evidente, era a favore della monarchia. L'Oss intendeva riportare Sforza in Italia il prima possibile. Dulles voleva un agente doppiogiochista pronto a entrare in azione, non un ambizioso industriale di sinistra deciso a imporre all'America il proprio progetto per una nuova Italia; a ogni modo, Adriano avrebbe potuto comunque rivelarsi utile, almeno in parte. Quindi mantenne il suo ruolo da informatore numero 660. Olivetti aveva già avuto contatti occasionali con i servizi segreti britannici, e in particolare con lo Special Operations Executive, o SOE, che gli aveva affibbiato il nome in codice – anonimo ai limiti del ridicolo – di Mr Brown. Durante il suo colloquio con Dulles, fu informato su chi fosse il collegamento tra OSS e SOE: un certo signor Rossi, di Milano. Per contattare l'OSS si sarebbe dovuto rivolgere a lui.

Non si sa quanto Olivetti abbia sfruttato il contatto dell'OSS. Entrambe le agenzie di intelligence si stavano preparando all'operazione del 9 luglio, quando gli Alleati sarebbero sbarcati sulle coste della Sicilia. Sembra che a questo punto Adriano sia passato dalla parte dei britannici, che avevano risposto con maggior entusiasmo alle sue idee. Una famiglia reale di facciata, con un governo democraticamente eletto, sembrava perfetta per gli inglesi. Il suo agente britannico di riferimento, che aveva ricevuto una trascrizione dei colloqui tra Olivetti e l'OSS da inoltrare a Londra, aggiunse: «Brown mi colpisce per la sua energia, la sua intelligenza e il grande talento nell'organizzare la sua azienda. Se avesse ragione, come credo, è di gran lunga l'uomo migliore su cui scommettere».[16]

Sembrava che almeno i britannici ritenessero Olivetti in grado di progettare da solo un colpo di Stato e portare l'Italia fuori dalla guerra. Di lì a un mese lo stesso agente avrebbe aggiunto: «Dovremmo sostenerlo in tutto e per tutto».[17]

I giorni di giugno passavano, portando Mr Brown e le sue idee sempre più vicini a un traguardo insospettato, e quasi ogni ora partivano telegrammi cifrati in un fitto scambio tra il SOE a Berna e Londra. I documenti erano spesso allestiti da qualcuno che si firmava con la lettera J;

con tutta probabilità si trattava del responsabile della sezione per l'Italia, il tenente colonnello C.L. Roseberry, che stava decidendo se sollecitare o meno il «gruppo Brown», com'era ormai noto. La sua argomentazione, esposta dettagliatamente in un rapporto interno, è una lettura interessante. Immaginò che Adriano Olivetti, ebreo «invischiato» nella politica di stampo liberale, fosse scaltro e ben capace di difendere i propri interessi. Come altro si spiegava, altrimenti, che fosse alla guida di un'azienda che in quel momento aveva quasi il monopolio della produzione di macchine da scrivere in Italia? Era dunque possibile che fosse un sostenitore dei fascisti, e non a caso la sua azienda si era convertita in fretta alla produzione di armamenti. «Dovremmo quindi considerarlo come uno dei tanti che hanno fatto affari con il fascismo, gonfiandosi le tasche, e ora temono che l'invasione degli Alleati possa portarli alla rovina», favoleggiava J.

D'altro canto, era possibile che Olivetti fosse davvero un antifascista e la sua adesione al regime fosse solo di facciata, una protezione in attesa del momento giusto per entrare in azione. «Sento che a spingere simili gruppi e individui ad approcciarsi a noi non è il desiderio di aiutarci dall'interno per il successo della nostra operazione, ma piuttosto causare il collasso del regime, in modo che la resa possa avvenire senza le rovinose conseguenze di un'invasione osteggiata.»[18] In realtà, da un punto di vista pratico non faceva molta differenza quali fossero le motivazioni, se una simile iniziativa poteva prevenire l'inizio di nuove ostilità; quindi concesse all'idea la sua benedizione.

In ogni caso, il tempismo era essenziale. Mr Brown, citato spesso con il suo vero nome, si disse d'accordo che il passo successivo fosse un colloquio faccia a faccia, per coordinare l'invasione degli Alleati con gli attacchi simultanei dei gruppi della resistenza. Fu sprecato tempo prezioso mentre lui e i rappresentanti del SOE a Berna e Londra discutevano su come organizzare tale incontro. Mr Brown voleva «uscire dell'Italia per discutere i piani, oppure ricevere e ospitare un nostro emissario, che può essere accompagnato da un operatore radio» scrisse J. Quattro giorni dopo, il 21 giugno, venne fuori che Mr Brown possedeva una villa di campagna nei dintorni di Ivrea, tranquilla e isolata, dietro al piccolo Lago di Viverone. Suggerì di essere prelevato da un idrovolante che lo avrebbe portato a Londra. Oppure si sarebbe potuto far venire in aereo un emissario da Londra, accompagnato dal fondamentale tecnico incaricato di inviare e ricevere messaggi cifrati. L'idea portò via altro tempo in discussioni. Il lago, che raggiungeva l'ampiezza massima di tre chilometri, fu giudicato troppo piccolo, e bacini più ampi come il Lago di Varano o il Lago di Garda presentavano comunque altri problemi. Bocciarono anche l'ipotesi di un volo notturno con un idroplano, perché troppo pericoloso. D'altro canto, avrebbero potuto prelevare Mr Brown sulla costa vicino Genova, o su quella adriatica. Mr Brown richiese di essere prelevato con un sottomarino, ma fu educatamente informato che simili mezzi di trasporto erano riservati agli emissari di un rango superiore al suo.

Uno degli episodi di una famosissima serie tv della BBC, *Yes, prime minister*, prende in giro vari membri del gabinetto britannico, compreso il primo ministro impersonato da Paul Eddington e il suo consigliere del Civil Service ambiguo e manipolatore, interpretato da Sir Nigel Hawthorne. Nella puntata intitolata *A victory for democracy* il ministro degli Esteri si rifiuta di far cadere un regime repressivo in base a una serie di argomentazioni senza capo né coda, esposte con arrogante mancanza di logica. Si trattava di uno sketch geniale, perché il ministero degli Esteri si era guadagnato negli anni la meritata e proverbiale reputazione di non essere mai in grado di intervenire. Per quanto riguarda il caso dell'Italia, sembra si trattasse di qualcosa di più della semplice inerzia burocratica. Anthony Eden, che lavorava a stretto contatto con Churchill, detestava Mussolini e di conseguenza anche il suo Paese. Era stato punto sul vivo da un insulto del duce, pronunciato quando era in procinto di invadere l'Etiopia ed Eden cercava di frenarlo: aveva detto che il ministro degli Esteri britannico era «l'idiota meglio vestito d'Europa».

All'inizio di luglio il SOE guardava ormai con freddezza ad Adriano e alle sue vaghe rassicurazioni. «Non abbiamo la sensazione», scrisse qualcuno, «che i fatti, per come li conosciamo, indichino che Brown abbia il supporto necessario per avviare simili trattative, e le sue proposte sono troppo nebulose.» In ogni caso la questione doveva essere trasmessa al ministero degli Esteri, dove era sottinteso che sarebbe stata ignorata. L'operazione militare pronta a partire nel giro di sei giorni non poteva essere posposta per farlo contento. Tuttavia, l'agenzia era restia a metterlo da parte. Forse poteva essere persuaso a collaborare ancora con loro, nel caso gli fosse venuto in mente qualcosa di utile.

L'operazione Husky, ovvero l'invasione della Sicilia, era pianificata per la notte tra il 9 e il 10 luglio, con il favore della luna.[19] Il nostro satellite spuntò presto in cielo, concedendo alle truppe aviotrasportate la luce di cui avevano bisogno per un facile atterraggio, e tramontò a mezzanotte, favorendo così i marinai mentre si avvicinavano alle coste nemiche. Si trattava del primo sbarco sul territorio dell'Asse e fu preparato con grande cura. Il generale Sir Bernard L. Montgomery avrebbe comandato l'VIII armata britannica e il generale George S. Patton Jr. le truppe americane della VII. Circa 3300 navi trasportarono sette divisioni di Alleati (due in più di quelle che sarebbero sbarcate in Normandia nel primo assalto, l'anno seguente). Due settimane più tardi gli Alleati avevano preso Palermo e bombardavano Roma. Il 25 luglio Mussolini fu arrestato e il governo fascista cadde.

Come ricostruito dallo storico militare Richard Lamb, l'arresto di Mussolini e la nomina di Badoglio a nuovo capo del governo prese alla sprovvista la Gran Bretagna e gli Stati Uniti. Per mesi Olivetti e altri avevano cercato di aprire un canale di comunicazione con gli agenti americani e inglesi, ma Eden si era rifiutato di ascoltare e nessuno sforzo fu fatto per approfittare della situazione. Mentre, come precisa Lamb, molto si sarebbe potuto fare. Quando si diede il via all'operazione, la Germania disponeva solo di un'altra divisione – parzialmente equipaggiata – dislocata nell'Italia centrale: se gli Alleati avessero coordinato il loro attacco con le forze navali italiane, «i militari tedeschi presenti in Sicilia sarebbero rimasti in trappola, impossibilitati ad attraversare lo stretto di Messina». Ma, «in seguito al fallimento degli Alleati nel discutere con gli antifascisti i piani per un colpo di Stato, quell'opportunità fu [...] gettata al vento».[20] Altri hanno citato il disprezzo dei britannici non solo verso i fascisti, ma verso gli italiani in generale, considerati come indisciplinati e codardi; Churchill pensava che dovessero ancora guadagnarsi il diritto di annoverarsi nella «congrega delle nazioni civilizzate».[21] E la Gran Bretagna non li avrebbe aiutati a entrarci. Un atteggiamento che ebbe terribili conseguenze. L'8 settembre l'Italia si arrese; di lì a una manciata di giorni i tedeschi entrarono a Roma e ne presero il controllo. Il governo provvisorio, formatosi nemmeno cinquanta giorni prima, era già costretto a lasciare la capitale.

Il tragico risultato di questa perversa incapacità di agire fu il prolungarsi dell'occupazione tedesca e della campagna d'Italia, con tutto quello che ciò comportava in termini di sofferenza e vite perse. Inoltre aggravò le minacce che incombevano sulla popolazione ebraica dello Stivale. Come ha ricostruito Susan Zuccotti nel suo saggio *The Italians and the holocaust*, le leggi razziali di Mussolini non avevano portato agli arresti di massa e all'annientamento fisico perseguiti dai nazisti una volta preso il potere. Ora, però, molti di coloro che avevano beneficiato dalla bonaria abitudine tutta italiana a ignorare le leggi, compresi i Levi, erano messi a rischio dalla presenza dei tedeschi.[22] E tutto grazie all'IBM e alla precisione delle liste che preparava, praticamente infinite.

Quando Natalia Ginzburg aveva scritto il suo primo romanzo, *La strada che va in città*, era riuscita a pubblicarlo nel 1942, anche se sotto pseudonimo. E quando lei e Leone erano stati mandati al confino a Pizzoli, un paesino in Abruzzo, gli era stata comunque concessa una certa libertà. In un resoconto del 1944 la scrittrice ne esaltava i piaceri semplici, come le passeggiate serali a braccetto, circondati dal paesaggio invernale imbiancato dalla neve; o guardare la loro «sartoretta» che preparava le «sagnoccole» con un canovaccio annodato alla vita. Poi c'era Girò, che gestiva il negozio di paese e «se ne stava sulla porta come un vecchio gufo, e i suoi occhi rotondi e indifferenti fissavano la strada».[23]

Terminati gli anni di confino e rientrati a Roma nel 1943, Leone – tra i fondatori del Partito d'azione – aveva ripreso il suo antifascismo militante; a novembre, dopo l'arrivo dei tedeschi in città, era stato denunciato e portato in un'apposita sezione del carcere di Regina Coeli. La prigione si trovava in via Tasso: «Una strada anonima di condominii e scuole risalenti al XIX secolo o agli inizi del XX», come ha scritto David Laskin, «con un arco fatiscente a un'estremità e il santuario della Scala Santa (i sacri gradini calpestati da Gesù) dall'altra».[24] Ma quando Laskin ha visitato Roma, nel 2013, via Tasso, per quanto anonima, era un posto confortevole e comodo in cui abitare. Invece, durante l'occupazione tedesca, quello al numero 145 era l'edificio più temuto di Roma. «Era lì, in un brutto e sudicio condominio giallo, che le SS e la Gestapo avevano il loro quartier generale, la prigione e le camere di tortura. Durante l'occupazione quel luogo era così spaventoso che i romani non nominavano mai via Tasso. Invece dicevano: "laggiù". Per esempio: "È stato trascinato laggiù".»

Lì i prigionieri politici e i partigiani catturati venivano rinchiusi in celle minuscole senza letti, finestre o bagni. L'edificio, che ora è un museo, contiene i ricordi di chi vi visse e morì: una calza ricamata con le parole CORAGGIO AMORE MIO, introdotta illegalmente dalla moglie o dalla madre di un qualche detenuto; una canottiera macchiata di sangue, o peggio. C'è anche un ritratto del colonnello

Giuseppe Cordero di Montezemolo, che sopportò cinquantotto giorni di torture senza parlare. Leone Ginzburg resistette per due mesi e mezzo prima di soccombere ai torturatori. Morì il 5 febbraio 1944, a trentaquattro anni. Sua moglie scrisse: «Davanti all'orrore della sua morte solitaria, davanti alle angosciose alternative che precedettero la sua morte, io mi chiedo se questo è accaduto a noi, a noi che compravamo gli aranci da Girò e andavamo a passeggio nella neve. Allora io avevo fede in un avvenire felice e lieto, ricco di desideri appagati, di esperienze e di comuni imprese. Ma era quello il tempo migliore della mia vita e solo adesso che m'è sfuggito per sempre, solo adesso lo so».[25]

Nelle ore successive all'arresto di Mussolini e alla nomina di Badoglio quale primo ministro dev'essere stato di poco conforto, per Adriano Olivetti, riflettere sul fatto di aver visto da vicino i pericoli dell'inazione. Infatti, quando l'Italia era ancora formalmente alleata della Germania, lui si trovava a Roma e viveva con la sua compagna ed ex segretaria, Wanda Soavi. Appassionata antifascista, aveva condiviso con lui i pericoli dei viaggi avanti e indietro da Berna, nello sforzo di coinvolgere britannici e americani nei suoi progetti.

D'altro canto, i suoi contatti nel SOE lo guardavano ora con rinnovato apprezzamento. In un lungo documento a uso interno datato 27 luglio si riconosceva che Brown aveva dimostrato grande preveggenza e prontezza di spirito, ed era stato abile nell'organizzare le attività della resistenza. Si era concentrato su Roma, versando – secondo una fonte – la munifica somma di dieci milioni di lire per finanziarne l'operato.[26] Visto che l'invasione alleata

157

della penisola era ormai imminente, perché non sfruttare Olivetti come emissario presso Badoglio? Il maresciallo avrebbe saputo indicare i punti in cui i tedeschi sarebbero crollati più facilmente, aiutando gli Alleati a prendere Roma. Tutto perfettamente sensato per gli uomini pratici del SOE. Il 31 luglio 1943 il ministero degli Esteri, da Londra, respinse l'idea.

Adriano incontrò comunque Badoglio, probabilmente il 28 luglio. Ma ora era preoccupato di come avrebbe reagito il militare; e a ragione, come scoprì poi. Nonostante fosse esperto nell'arte di destreggiarsi tra gli improvvisi rovesci della politica italiana, che nel giro di una settimana potevano trasformare gli alleati in avversari, persino Adriano deve essere rimasto sorpreso quando le sue parole non vennero recepite con la considerazione che si sarebbe aspettato. C'era poi un'ulteriore complicazione, collegata all'attività delle agenzie di intelligence. OSS e SOE collaboravano strettamente quasi dall'inizio della guerra; Dulles, però, non era convinto che gli uomini del SOE – incaricati di gestire i rapporti con l'italiano Servizio informazioni militare, o SIM – fossero stati abbastanza prudenti. E i suoi sospetti si dimostrarono fondati. Venne fuori che l'uomo incaricato dai britannici di ungere gli ingranaggi distribuendo regalie, tale Almerigotti di cui si fidavano ciecamente, non si chiamava nemmeno Almerigotti. Era invece il dottor Klein, di Trieste, e lavorava per il SIM. Ogni operazione portata avanti dai britannici era finita dritta in pasto al servizio d'intelligence italiano, in un complicato e letale gioco di specchi in cui ciascuno minacciava l'altro.[27] E nella stessa situazione si trovavano anche tutti coloro di cui gli inglesi erano stati abbastanza ingenui da fidarsi; compreso il contatto all'interno del SIM stesso, il signor

Russo, secondo il quale il primo ministro non avrebbe apprezzato i dubbi sulla sua figura espressi da Olivetti.

Appena Adriano trasmise il suo messaggio, il 28 luglio, fu arrestato e imprigionato a Regina Coeli.[28] Anche Wanda e il suo autista subirono lo stesso destino. Erano stati tutti incastrati. Ma, per ironia della sorte, Olivetti non seppe mai di essere stato tradito dai suoi connazionali.

8

Attraversamento alla cieca

Non ci è giunto un resoconto dei giorni che Adriano, Wanda e il loro autista, Antonio Gaiani, trascorsero a Regina Coeli. Possiamo azzardare, certi di non sbagliare, che sia stata un'esperienza tremenda e brutale; ma, in questo caso, fortunatamente breve: Adriano fu rilasciato il 22 settembre del 1943, a due mesi dall'arresto. Wanda e Antonio erano già usciti la settimana prima. Il War Office – dipartimento del gabinetto britannico incaricato dell'amministrazione delle forze armate, con sede a Whitehall, Londra – sapeva dell'arresto di Adriano: in risposta a un'interrogazione giunta dal ministero degli Esteri, un certo F.H. Norrish informò tale P.J. Dixon che Olivetti era finito in carcere durante il breve periodo in cui Badoglio era stato effettivamente alla guida della nazione. Norrish aggiungeva che era stato inviato un telegramma per richiederne l'immediata scarcerazione, ma non era stato ricevuto in tempo, e continuava sostenendo che fossero stati fatti «alcuni tentativi per provare a salvarlo». Quando si dice «troppo poco e troppo tardi»: la lettera, datata ottobre, era in ritardo di quasi tre settimane. Il tenente colonnello Roseberry ribadì, per conto del SOE, la fiducia che la sua struttura e i membri del governo

Badoglio riponevano nel talento di Olivetti, in grado di organizzare i vari gruppi e convincerli a collaborare per raggiungere un obiettivo comune.[1] A quanto pare, l'esigenza di proteggere il sensibile ego del maresciallo dalle critiche di Adriano era passata in second'ordine.

Per sua fortuna, mentre il Paese passava da una crisi all'altra e le potenze straniere se ne contendevano il controllo, Adriano si stava pian piano allontanando dal centro dell'azione spostandosi verso il Piemonte, deciso a proteggere a ogni costo la propria terra natale. Il che fu un bene, perché persino la sua prodigiosa abilità nell'affrontare ogni situazione sarebbe stata sopraffatta dal precipitare degli eventi.

Dopo l'arresto, Mussolini era stato condotto prima a Ponza poi alla Maddalena, e infine si era deciso di imprigionarlo nella struttura ricettiva posta sulla sommità dell'altopiano di Campo Imperatore, una località sciistica abruzzese a oltre duemila metri, sul massiccio del Gran Sasso; l'albergo era stato scelto perché considerato particolarmente sicuro: era infatti raggiungibile solo in funivia. Tuttavia i tedeschi avevano deciso di salvarlo, inviando dei paracadutisti a bordo di alianti. Il 12 settembre otto velivoli erano atterrati con successo nella piana adiacente all'hotel, e le truppe avevano fatto irruzione nell'edificio. Mussolini era stato caricato su un piccolo biposto da salvataggio e ricognizione diretto in Germania, e di lì a due giorni aveva potuto ricongiungersi con Hitler.

Rientrato in patria, il 25 settembre un rinvigorito duce proclamò la nascita della nuova Repubblica sociale italiana, meglio conosciuta come Repubblica di Salò dal nome della cittadina sul Lago di Garda dove vennero insediati alcuni ministeri, anche se la sede ufficiale del governo si trovava nella vicina Gargano. Tra le due cittadine sorgeva tra l'altro il Vittoriale degli italiani, monumentale tenuta appartenuta a Gabriele D'Annunzio, che lì era morto cinque anni prima. Vista la profonda ammirazione che aveva legato le due figure, è improbabile che la scelta di quelle aree da parte di Mussolini sia stata frutto del caso.

Parimenti, è difficile immaginare che il duce abbia frainteso le ragioni per cui Hitler lo aveva – in certo qual modo – rimesso al potere. Come ricorda Martin Clarke: «L'Italia non era più un'alleata della Germania; piuttosto ne subiva l'occupazione».[2] In quel momento Roma – con tutte le sue strutture ministeriali – era nelle mani dei tedeschi, e solo il Nord era sotto il controllo nominale di Mussolini. L'Italia si ritrovava così con due governi, mentre gli Alleati continuavano la loro avanzata dal Sud. E come aveva dimostrato l'arresto di Olivetti, tradito da un agente che lavorava per i servizi segreti italiani, nessuno poteva più dirsi certo della lealtà dei propri contatti. Ogni spia o informatore era un potenziale doppiogiochista, pronto a lavorare per entrambi gli schieramenti, tenendo il piede in due staffe e fornendo informazioni all'esecutivo che, almeno in quella settimana, sembrava in vantaggio sul nemico.

Come ha evidenziato William Fowler, i due anni che seguirono alla resa italiana dell'8 settembre 1943 furono i più tormentati in una guerra che si faceva via via più dura e avrebbe dilaniato il Paese. «Diversi soldati italiani, fatti prigionieri dai tedeschi, vennero assassinati. Brutali milizie fasciste [...], le Brigate nere, andavano a caccia dei compatrioti che si erano uniti ai partigiani e portavano distruzione nei paesi che ritenevano li avessero ospitati. Quando gli equilibri del conflitto si spostarono pian piano a svantaggio della Germania, aumentò sia la ferocia delle truppe naziste sia quella dei soldati fascisti. I reparti dello Special Air Service [o SAS, il principale corpo speciale britannico] che affiancavano i partigiani avrebbero assistito a terribili episodi di vendetta.»[3]

In quel contesto Olivetti mostrò attenzione e prudenza, caratteristiche di cui non sempre aveva fatto sfoggio in precedenza. Dopo il rilascio lui e Wanda rimasero a Roma per due mesi, perché Adriano confidava nell'arrivo delle truppe alleate; quando però si accorse che l'avanzata procedeva troppo a rilento rispetto alle sue esigenze – e in effetti Roma non sarebbe stata liberata prima del giugno 1944 – tornò a Ivrea con la compagna. Lì scoprirono di essere entrambi ricercati dal comando locale dei carabinieri, così si trasferirono a Milano e vi rimasero fino all'inizio del nuovo anno. Fu poi la polizia di Aosta a mettersi sulle loro tracce: era di nuovo tempo di partire.[4]

Nella galassia delle figure femminili che hanno attraversato la vita di Adriano, Wanda occupa un posto importante, benché il ruolo da lei giocato sia misconosciuto. A differenza di Paola, non spiccava per avvenenza. Figlia di madre cattolica e padre ebreo, era entrata in azienda come stenografa all'età di venticinque anni, nel 1934, e pian piano era arrivata a ricoprire la posizione di segretaria nella nuova casa editrice. Se si vuole continuare il paragone con Paola, potremmo dire che non vestiva nemmeno alla moda e che difficilmente sarebbe stata assunta per accogliere gli ospiti di un salotto letterario. D'altro canto era perfetta per aiutare, con altruismo e generosità, un uomo in fuga. Wanda condivideva con Adriano l'indomito antifascismo e la visione di un'Italia postbellica il cui assetto democratico fosse supportato dai regnanti; e non si limitava a battere a macchina gli appunti manoscritti che le venivano affidati: contribuiva alla stampa e distribuzione su larga scala della propaganda contro il regime. In quel momento era indispensabile.

Ma alle difficoltà cui va incontro un amore in tempo di guerra bisognava aggiungere, in Italia, un'ulteriore complicazione, ossia l'impossibilità di divorziare. Per citare le parole di Barzini: «Lo scopo principale della vita coniugale non è l'impossibile soddisfazione dei sogni d'amore adolescenziali, né il raggiungimento dell'estasi romantica o la perfetta fusione di due anime, ma la creazione di una nuova famiglia. [...] Naturalmente è auspicabile che marito e moglie apprezzino la rispettiva compagnia, ma non è indispensabile».[5] A tale riguardo, il comportamento adottato da Adriano può essere considerato tipicamente italiano: anziché sbandierare le proprie relazioni, le portava avanti con discrezione, così da evitare che la gente sparlasse. Poi, quando il rapporto aveva fatto il suo corso, lasciava la compagna di turno per puntare la successiva. Una pratica che riservava problemi solo quando avvertiva il desiderio di sposare la nuova conquista.

A differenziarlo dai suoi contemporanei era, semmai, qualcos'altro: si sentiva chiamato a lenire in qualche modo le sofferenze della donna che intendeva lasciare, trovandole un nuovo spasimante. Uno stratagemma un po' subdolo, nel quale però era incredibilmente bravo; si muoveva con tatto e delicatezza, e di solito si assicurava di sondare egli stesso il candidato. Per quanto sorprendente possa sembrare, nella maggior parte dei casi la donna rifiutata accoglieva con piacere le avance del nuovo pretendente, e tutto andava per il meglio. Questo approccio gentile nascondeva, però, anche una certa competitività:

Adriano era noto per i palesi apprezzamenti che rivolgeva alle compagne di amici, fratelli e persino del suo stesso figlio. D'altronde, Camillo si era guadagnato la stessa fama, sebbene si limitasse ai complimenti. Insomma, quella con Wanda sembra più di una storia legata semplicemente al tempo di guerra, e nata solo sull'onda di vicinanza e necessità, ma era comunque facile prevedere che avrebbe avuto un finale doloroso.

Al riparo dalle vessazioni di Mussolini, nei primi anni del conflitto Camillo rimase se stesso: esuberante, esigente e competente come tutti lo conoscevano. E non rinunciò al suo ruolo di guida per la famiglia. Si approcciava alle cure contro l'artrite con il solito mix di cautela e scetticismo, e riservava commenti sprezzanti in particolare alle terapie con fanghi termali: in seguito al soggiorno in una struttura svizzera, scrisse che il trattamento l'aveva lasciato sfinito e con il cervello in pappa.[6] Ostentava lunghi baffi e una barba incolta, e amava avvolgersi in un ampio scialle, finendo per somigliare più a uno zingaro gentile che all'importante uomo d'affari che era diventato. La sua mente brillante era sempre in fervida attività, e le sue riflessioni spaziavano saltando da un argomento all'altro; risolte le questioni legate alle macchine da scrivere si trastullava ora con le domande ultime dell'esistenza, così come riassunte dalla dottrina che aveva catturato la sua attenzione: l'unitarianismo. Deciso ad aprire una chiesa, aveva acquistato un'ampia proprietà in una tranquilla strada di Milano, che in tempo di guerra offriva agli amici come rifugio sicuro. Lo splendido palazzo – che disponeva di cinque saloni, una cucina, diverse camere da letto e un ampio giardino – era completamente vuoto.

Non sappiamo se qualcuno abbia approfittato della sua offerta, ed è anzi probabile che sia stata declinata per colpa dei bombardamenti, anche se l'edificio rimase in piedi.

Intanto Camillo continuava a dedicarsi con voracità alla lettura; solo che, sorprendendo i suoi cari, era passato ai romanzi. «Tutto sommato mi è piaciuto abbastanza» disse di *Madame Bovary*; una frase che nel suo caso equivaleva a un complimento entusiastico. Con *Guerra e pace* non fu altrettanto magnanimo. Com'è forse comprensibile, si preoccupava per la salute di Luisa, specie quando lei si dava a seguire una delle tante «cure» cui entrambi indulgevano. Le scrisse di aver da poco scoperto che si poteva tenere sotto controllo il diabete anche solo con la dieta: sapeva bene che lei amava starsene seduta a ricamare tranquilla, e quella vita sedentaria l'aveva portata a mettere su peso. In ogni caso è improbabile che lei, sempre imperturbabile, abbia colto l'implicito suggerimento. Più di ogni altra cosa, però, Camillo si preoccupava che tutti stessero bene e avessero da mangiare. A turbarlo erano soprattutto le condizioni della «principessa» Mimmina, che pareva particolarmente soggetta a episodi di tosse e raffreddori. La sua camera da letto doveva essere sempre ben riscaldata, a qualsiasi costo.[7] Per quanto riguardava la disponibilità di cibo, purtroppo gli era rimasta una sola mucca; al contempo, però, avevano allevato uno splendido maiale, che prima di essere macellato aveva raggiunto i 196 chili.[8] Certo, il burro scarseggiava, ma potevano supplire con il lardo e la carne non mancava.

Insomma, sebbene avesse ormai superato i settanta, Camillo pretendeva che il suo fisico e le sue energie fossero ancora quelli di trent'anni prima; gli sforzi che si imponeva avevano risultati prevedibili: in certi giorni non riusciva nemmeno ad alzarsi dal letto, e voleva solo dormire. Adriano lottava da sempre con gli stessi alti e bassi ciclici, e si mostrava perciò comprensivo rispetto a quelli che entrambi definivano come i loro «crolli nervosi». Nel marzo del 1943 scrisse al padre di essersi appena ripreso da un episodio simile: era arrivato al punto che non riusciva più nemmeno a tenere aperti gli occhi, ma il suo dottore gli aveva detto che quello era il primo passo verso la guarigione. Per due o tre settimane non aveva fatto altro che dormire, e alla fine si era sentito di nuovo in forma.[9] Camillo avrebbe dovuto provare a fare lo stesso. Il consiglio si rivelò efficace, e l'uomo si riprese presto. Alla fine di quel mese Camillo scrisse all'amico ingegnere Carlo Lizier: «Non so se ti ho già accennato alla mia pompa per lubrificazioni». Il loro ultimo prototipo aveva dato ottimi risultati – erogava circa centoventi centimetri cubici di lubrificante al minuto, più che sufficienti per la maggior parte degli usi – e ora Olivetti stava facendo domanda per il brevetto. Nel frattempo aveva deciso di digiunare un giorno a settimana, restandosene a letto.[10] Una soluzione piacevole che permetteva al contempo di risparmiare un po' di cibo.

Gli eventi di settembre – l'inizio dell'occupazione tedesca, con ciò che comportava in termini di aumento dei controlli e arresti di massa – galvanizzarono Camillo. Due giorni dopo la fuga di Badoglio lui incontrò un comitato clandestino formatosi per lavorare con la resistenza. Preoccupato, arrabbiato e determinato, riteneva giunto il momento di salire sulle barricate, specie se le truppe tedesche avessero provato ad assaltare la fabbrica.[11] Stavano già curiosando attorno allo stabilimento, ma operai e impiegati erano uniti nel volersi opporre alla spaventosa combinazione di fascisti e nazisti irriducibili generatasi sotto il nuovo governo Mussolini.

Quella crisi improvvisa, però, fece peggiorare la salute di Camillo. Moglie e amici erano molto preoccupati, e si convinsero che bisognava fare qualcosa. Lui e Luisa dovettero abbandonare la loro piccola casa nel tranquillo quartiere di Monte Navale, a Ivrea, perché prima o poi i tedeschi si sarebbero messi sulle loro tracce. Camillo non era d'accordo, ma si trovava a fronteggiare problemi la cui soluzione era al di là delle sue possibilità. Ben infagottato, fu caricato sul primo mezzo disponibile – un carro trainato da cavalli, con tutta probabilità, visto che la benzina scarseggiava – e partì per un lungo e tortuoso viaggio attraverso le colline, che da tempi immemori offrivano un rifugio sicuro agli esuli piemontesi. La destinazione, Biella, distava meno di venti chilometri in linea d'aria, ma la strada a tornanti era lunga più del triplo, e in circostanze del genere ci sarebbero volute diverse ore per arrivare. Chi si era incaricato di portarlo in salvo decise di fare tappa in un piccolo paese chiamato Pollone, e Olivetti fu nascosto in casa di alcuni contadini. Fu forse in quel momento che ricevette la notizia dell'arresto di Adriano, cosa che certo non contribuì a tranquillizzarlo. Il mondo attorno a lui stava andando in frantumi. Le sue condizioni fisiche continuarono ad aggravarsi e di lì a tre mesi morì, nell'ospedale di Biella. Era il 4 dicembre del 1943, e Camillo aveva settantacinque anni.

A Ivrea ricordano ancora la reazione spontanea della cittadinanza alla notizia del decesso. Si seppe che Camillo sarebbe stato sepolto nel cimitero ebraico di Biella, e il giorno del funerale iniziò l'esodo. Operai e impiegati, uomini e donne, amici e vicini misero insieme biciclette, carri e cavalli – alcuni partirono addirittura a piedi – e iniziarono un viaggio estenuante alle pendici delle Alpi. Non esistono dati precisi in merito, ma si dice che le persone a lutto fossero centinaia, se non migliaia. Nella biografia che ha dedicato a Olivetti, *Camillo Olivetti e il Canavese tra Ottocento e Novecento*, il professore ed economista Dino Alessio Garino ha evidenziato che i tedeschi, volendo, avrebbero potuto spazzar via quasi del tutto, e in una sola volta, la popolazione ebraica dell'intera zona, massacrando gli uomini e le donne radunatisi nel piccolo cimitero. Quel giorno faceva freddo e pioveva, ma gli uomini si levarono comunque il cappello e rimasero a capo scoperto, in silenzio, i volti rigati dalle lacrime, mentre la bara veniva calata nella terra. Quanto alla famiglia Olivetti, gran parte dei suoi membri era ormai costretta a vivere nascosta. Luisa era stata portata nel paesino di Vico Canavese,[12] dove sarebbe morta otto mesi più tardi, nell'agosto del 1944, quando Adriano si trovava in Svizzera.[13] A quel punto, il figlio non aveva più molte alternative.

Per loro fortuna, lui e Wanda erano stati rilasciati da Regina Coeli qualche giorno prima che i tedeschi prendessero il controllo del carcere. Alla morte di Camillo i due erano già in viaggio verso Ivrea, ed è quindi probabile che Adriano abbia raggiunto i concittadini in lutto nel cimitero. Possiamo presumere che abbia anche visitato la fabbrica e sia andato a trovare la madre; in tal caso fu l'ultima volta che la vide. Di ritorno a Roma scoprì infatti che i fascisti setacciavano la città in cerca delle persone da poco rilasciate, per riportarle in prigione. Lui e Wanda non persero tempo: scapparono e raggiunsero

Milano. Anche lì, però, la polizia stava eseguendo perquisizioni, e seppero che rischiavano ancora una volta il carcere. Dovettero prepararsi a quel che Dulles definiva un «attraversamento alla cieca».

Peter Ghiringhelli era nato in Gran Bretagna da genitori italiani, ma la sua famiglia – stabilitasi a Leeds – era stata rimandata in patria quando l'Italia era entrata in guerra; adesso viveva in un remoto borgo della provincia di Varese, vicino al confine svizzero. Come gli altri adolescenti di quelle zone, sapeva che molti ebrei avevano attraversato clandestinamente la frontiera dall'inizio dell'occupazione tedesca, e in seguito avrebbe descritto nel dettaglio – in un affascinante libro di memorie – le difficoltà che i rifugiati dovevano affrontare. «Portare in salvo gli ebrei poteva rivelarsi redditizio, quindi quell'attività finì per attirare contrabbandieri, piccoli criminali o peggio. Se il tragitto era relativamente privo di insidie, per scortare una persona chiedevano dalle cinquemila alle diecimila lira, ma potevano arrivare a quarantamila lire se si doveva passare per sentieri accidentati e tortuosi. Spesso, arrivati tra i monti, le guide minacciavano di abbandonare lì quelle persone per estorcere loro altri soldi; certi manigoldi senza scrupoli, dopo essersi fatti pagare dagli ebrei […] li tradivano appena giunti al confine e reclamavano la ricompensa per averli catturati»[14]. Agata Herskovitz, sopravvissuta all'internamento in un campo di sterminio nazista, ha descritto come lei, il fratello e il padre fossero stati traditi. Nell'estate del 1944 erano stati scortati, senza pericoli, sulle montagne e avevano raggiunto il confine a Cremagna; all'improvviso, però, le loro guide si erano voltate e avevano preso a fischiare. «Subito si accesero dei fari e le guardie doganali si precipitarono fuori da una casupola, urlando: "Alt! Siete in arresto!". Eravamo sciocati, increduli.»[15]

Adriano sapeva che Gertrud, la moglie di Massimo, collaborava in segreto con alcuni gruppi di Milano, che avevano salvato già molte persone aiutando gratuitamente quanti volevano passare il confine con la Svizzera. Uno di quei gruppi – che con tutta probabilità operava sotto l'egida del Comitato di liberazione nazionale, o CLN – era stato creato da Giuseppe Bacciagaluppi, imprenditore milanese. L'uomo possedeva una villa a Caldé, sul Lago Maggiore, dove l'organizzazione lavorava in segreto. Per Ghiringhelli «Bacciagaluppi era una figura importante nella Resistenza, ma anche un uomo umile».[16] Il CLN aveva escogitato un ingegnoso sistema di controllo per prevenire eventuali tradimenti; un messaggio in codice veniva strappato a metà: la prima parte veniva consegnata a chi scappava, l'altra alle guide. Se queste ultime non consegnavano agli uomini del Comitato l'intero messaggio – con la firma delle persone da salvare, per garantirne l'autenticità – non ricevevano la somma pattuita. Quel metodo stava funzionando alla perfezione, così Adriano decise di rivolgersi a loro.

Poco a nord di Milano diversi laghi dalla forma allungata – compresi bacini come il Lago di Como e il Lago Maggiore, oltre a parecchi altri più piccoli – occupano le strette vallate alpine, gli emissari che si riversano in Italia. Inoltre il confine con la Svizzera è disseminato di città, come Como, e piccoli paesi. Tutto ciò contribuisce a rendere irregolare la linea di frontiera, che procede a zig zag tra centri abitati, laghi, montagne e monumenti storici; il terreno perfetto per sfruttare finte e deviazioni, così da trovare sempre nuove strade per portare a destinazione chi voleva passare dall'altra parte. Grazie ai documenti conservati nell'archivio nazionale svizzero, possiamo tracciare il percorso seguito da Wanda e Adriano quando lasciarono Milano, il 7 febbraio del 1944, per attraversare il confine.

I treni che portavano dal capoluogo lombardo a Como dovevano essere ancora piuttosto frequenti – oggi è una tratta per pendolari – e il viaggio non durava più di un'ora. Così si arrivava alla frontiera con la Svizzera. La loro guida, però, li portò a Varese, più a ovest; da lì partirono a piedi verso nord, attraverso i boschi, e fecero tappa in un rifugio alpino vicino a Bisuschio. Passarono la notte al freddo, in condizioni certamente disagevoli, e il giorno successivo cambiarono presto direzione, puntando prima a est e poi a sud. Attraversarono il grazioso borgo di San Pietro, sbucando vicino a un immissario del Lago di Lugano; era mattina presto e l'ufficio postale di Stabio, che si trova lì vicino, era ancora chiuso. Attesero con pazienza che aprisse, poi diedero le proprie generalità e firmarono i documenti necessari: erano ufficialmente arrivati. Nessuno ebbe niente da eccepire al loro ingresso nel Paese: come industriale a capo di un'importante azienda, Olivetti aveva di certo di che mantenersi. Continuarono in treno fino a Bellinzona, dove per la prima volta da diverse settimane poterono concedersi un sonno decente, in un elegante hotel. Finalmente erano al sicuro.

Figlia di un medico di Loschwitz ed ex moglie dell'aristocratico Friedrich Ritter von Raffler, a Gertrud Olivetti era stato assicurato che non aveva niente da temere dalla polizia. Dopotutto era tedesca di nascita, così come i suoi primi tre figli; due di loro stavano facendo il servizio militare in Germania, mentre la figlia adolescente viveva con lei a Ivrea. Ma quando aveva sposato Massimo, nel 1934, le loro tre figlie – Magda, Erica ed Eleonora – avevano rispettivamente otto, sette e quattro anni; il che le metteva in una posizione delicata dal punto di vista legale. I nazisti non le consideravano ebree, nonostante il loro padre lo fosse; per la Repubblica italiana di Mussolini, invece, lo erano. Di certo si sarebbe potuta trovare una soluzione di un qualche tipo, ma in tempi di guerra nulla è facile o scontato. La polizia italiana aveva inoltre scoperto che Gertrud aiutava partigiani piemontesi ed ebrei a scappare fino in Svizzera dalla Jugoslavia. La donna fu dunque costretta a spostarsi spesso, utilizzando senza dubbio documenti falsi. Nella primavera del 1944 si trovava però a Ivrea. In seguito avrebbe riferito alle autorità svizzere di essere riuscita a lungo a tenere a bada i tedeschi delle Schutzstaffel – le terribili SS – che davano la caccia agli ebrei tra Torino e Aosta, ma alla fine quelli avevano capito che stava aiutando i ricercati. A quel punto non le erano restate alternative: a metà aprile era stata costretta a scappare.

Con lei c'erano non solo le tre bambine avute da Massimo e la figlia adolescente, Jenny, ma anche una cameriera, perché amava viaggiare con stile. Inoltre c'era da pensare alla piccola Eleonora, che aveva solo quattro anni: non ci si poteva aspettare che affrontasse lunghe camminate fra le colline. Per sua fortuna conosceva bene i percorsi utilizzati dai fuggiaschi, quindi scelse una strada che riteneva piuttosto sicura. Arrivarono in treno a nord di Como, poi presero il bus fino a Maslianco, una piccola comunità suburbana nell'angolo nordest del Lago di Como. Lì incontrò una donna che faceva da guida a chi espatriava e che trovò loro dei letti per la notte. La mattina dopo, prima dell'alba, raggiunsero a piedi il confine svizzero, dove un contadino – anche lui una guida – mostrò loro come attraversare la frontiera. Arrivarono così ai confini di Chiasso, dove si consegnarono alle autorità. L'intero viaggio le era costato la straordinaria somma di centottantamila lire. Nelle fotografie scattate dai gendarmi al loro arrivo, Gertrud ha solo qualche capello fuori posto, ma sorride. Le figlie – vestite tutte alla stessa maniera, con cappelli a falda larga, cappotti scuri a doppiopetto e camicette bianche immacolate – sembrano pronte per una gita scolastica. In realtà avevano viaggiato dal 20 al 24 aprile 1944.

Un giorno di settembre del 1943 Nicky Mariano, l'inseparabile compagna di Berenson, scese fino a Firenze, in piazza San Marco. «Veicoli militari pieni di tedeschi si erano appena fermati davanti alla caserma dei soldati italiani, per prenderne il controllo.»[17] Lei e Berenson si erano rifugiati alle Fontanelle, un palazzo mediceo nella frazione di Carregi. La tenuta apparteneva al marchese Filippo Serlupi Crescenzi, ambasciatore di San Marino presso la Santa Sede, il quale confidava che l'immunità diplomatica gli avrebbe garantito una difesa – pur labile – dai tedeschi: non avrebbero osato violarla. Nel frattempo il conte Ciano era stato fucilato per ordine di Mussolini. La notizia aveva dato una scossa agli stranieri che si erano rifugiati sulle colline di Fiesole: alla fine avevano capito quanto fosse alta la posta in gioco. Quanto a Berenson – padrone di casa dallo stile unico e abilissimo conversatore, con un vero talento per le risposte piccate – sembrava ancora guardare alla guerra come a una qualche sfida astratta e intellettuale, della quale discutere. Faticava parecchio a tenere un basso profilo. La marchesa, provando a salvarlo da se stesso, lo presentava come «Monsieur le baron», ma non poteva impedirgli di fare lunghe passeggiate quotidiane e fermarsi a chiacchierare con tutti, facendo sfoggio del suo marcato accento americano.[18]

Seminascosta tra gli alberi della collina sopra La Piazzola, la modesta tenuta in cui si trovava Paola, Villa Medici, rappresentava un obiettivo allettante per gli occupanti tedeschi. Quando iniziarono a circolare i racconti sul furto di pellicce e gioielli, Iris Origo – la figlia di Sybil Cutting, che aveva sposato il marchese italiano Antonio Origo – iniziò a impacchettare biancheria, corredi e argenteria, cercando qualche nascondiglio per evitare che le portassero via tutto.[19] E non solo lei. I proprietari delle tenute erano combattuti tra l'istinto di fuggire per restare in vita e il desiderio di proteggere i propri averi dai ladri, o peggio. Gli esempi in merito si sprecavano, a partire proprio dagli Origo. La Foce, la loro tenuta di campagna nel Sud della Toscana, si trovava a metà strada tra Roma e Firenze, sulla linea dei combattimenti. Dopo la vittoria degli Alleati, descrivendone la sorte la Origo avrebbe scritto: «La casa è ancora in piedi, e soltanto la facciata che guarda il giardino è stata colpita da una granata, un'altra ha preso la fattoria e il tetto è sfondato in diversi punti. [...] In giardino, dove le granate hanno lasciato molte buche e dove sono rimaste le trincee delle mitragliatrici, limoni e azalee sono stati spogliati dei vasi, e stanno morendo. Il terreno è disseminato di mie lettere private e fotografie, di materassi e d'imbottitura delle poltrone. L'interno della casa è, però, in condizioni molto peggiori. I tedeschi hanno rubato tutto quanto colpiva la loro fantasia, coperte, vestiti, scarpe, giocattoli oltre, s'intende, a qualsiasi cosa utile o commestibile, e hanno volutamente distrutto molte cose che avevano un valore sentimentale o personale. I cassetti della mia scrivania sono stati vuotati, le fotografie macchiate o strappate e private delle cornici, e sparpagliate sui pavimenti. In sala da pranzo la tavola è ancora apparecchiata, e ci sono le tracce lasciate da convitati ubriachi; bottiglie vuote e bicchieri spezzati stanno in terra accanto ai miei cappelli estivi (che presumo siano stati provati), insieme a forme da stivali, balocchi, mobili rovesciati e carta igienica. [...] Il gabinetto è pieno fino all'orlo di sudiciume, e la carne putrida, lasciata su ogni tavola, aggiunge il suo fetore al tanfo che appesta la casa».[20]

A Napoli la situazione era forse peggiore. Norman Lewis, testimone diventato giustamente famoso e arrivato in città nell'autunno 1944, subito dopo la partenza dei tedeschi, come membro del British Intelligence Corps, ha scritto: «La città [...] puzza di legna carbonizzata, con macerie sparse ovunque che a volte bloccano completamente le strade, crateri provocati dalle bombe e tram abbandonati». E continua: «Lascia senza parole assistere agli sforzi di questa città sconvolta, affamata, privata di tutto ciò che ne giustifica l'esistenza, per abituarsi al collasso in condizioni di vita che assomigliano a quelle del Medioevo. Le persone si accampano all'aperto come beduini in un deserto di mattoni. Il cibo scarseggia, come l'acqua; non c'è sale né sapone. Molti napoletani hanno perso i loro averi – inclusa la maggior parte dei vestiti – nei bombardamenti, e ho visto persone per strada vestire con bizzarre combinazioni di indumenti, compreso un uomo con addosso la giacca di un vecchio smoking, calzoni alla zuava e scarponi da soldato».[21] Fermata da un medico dell'esercito tedesco che aveva bisogno di informazioni per capire dove condurre l'ambulanza, Iris Origo gli chiese se fosse diretto al fronte; l'uomo si mise a ridere e le chiese: «E voi dove credete di essere?». Come ricorda la scrittrice, era difficile per i civili abituarsi all'idea di trovarsi sulla linea dei combattimenti.[22]

Firenze e le zone circostanti erano particolarmente vulnerabili, per diverse ragioni. La prima era di natura tattica: a causa della conformazione geografica dell'Italia – con la catena degli Appennini che traccia una linea ondulata correndo da nord a sud – quell'area offriva vantaggi naturali per i difensori. La prima linea difensiva era stata fissata a nord di Napoli e includeva il monastero di Montecassino; lì i combattimenti andarono avanti per mesi, con grosse perdite da entrambe le parti. La seconda, meglio conosciuta come Linea gotica, era stata allestita proprio oltre Pisa e Firenze; correva a sud dell'Arno, dai dintorni di Massa Carrara a quelli di Pesaro, tagliando in due il Paese dal Tirreno all'Adriatico. L'intera linea era stata massicciamente fortificata, così come Firenze.

La battaglia si annunciava dura, e resa ancor più complessa dalla singolare concentrazione di quadri, sculture, monumenti, affreschi e mosaici impareggiabili ospitati nel capoluogo toscano. D'altra parte, però, valeva lo stesso anche per altre città sparse per la penisola. Nel 1944 il feldmaresciallo tedesco Albert Kesselring osservò che non si era mai reso conto, prima, di «cosa significasse combattere una guerra in un museo».[23] Le opere che si potevano spostare erano già state trasferite in campagna, in particolare la statua equestre di bronzo di Cosimo I de' Medici, smantellata e rimossa da piazza della Signoria per essere ricollocata in uno dei giardini sulle colline di Fiesole. Molti quadri dal valore inestimabile appartenenti alle collezioni degli Uffizi e di Palazzo Pitti furono portati in un'altra villa in collina, ma dovettero essere spostati di nuovo quando si seppe che la tenuta si trovava proprio sulla linea di fuoco dell'artiglieria.

Nell'estate del 1944, nonostante Hitler avesse dichiarato che Firenze era «il gioiello d'Europa» e il sindaco avesse tentato disperatamente di salvarla proclamandola città «aperta» (definizione in base alla quale sarebbe stata ceduta all'esercito nemico senza combattimenti, per evitarne la distruzione), gli occupanti tedeschi sembravano decisi a non voler correre rischi. Avevano fatto saltare cinque ponti, incluso lo splendido – e insostituibile – Ponte Santa Trinita. Ne fu risparmiato solo uno: Ponte Vecchio, il preferito del Führer, che comunque sbarrarono distruggendone i punti di accesso. Diverse divisioni di paracadutisti presero posizione nelle postazioni difensive attorno alla città. A Fiesole, quanti non erano fuggiti ascoltavano con angoscia la battaglia farsi sempre più vicina, il rumore sempre più intenso. Il 30 luglio 1944 l'elettricità fu interrotta. Come scrisse Berenson: «Non serve spiegare a nessuno cosa questo comporti al giorno d'oggi, quando così tanto dipende da essa. Niente acqua corrente, niente macine in funzione, niente servizi igienici, niente tram, niente radio. La linea telefonica è stata tagliata pochi giorni fa. Alla fine siamo rimasti completamente isolati. Possiamo dare un'occhiata all'infuriare della battaglia, ma senza radio e giornali non comprendiamo granché di quanto vediamo».[24]

Adriano era andato ogni tanto a trovare Paola e i figli, e una volta aveva portato a tutti delle biciclette, come ha ricordato Lidia. Ma adesso era in Svizzera, e il futuro di Roberto, Lidia e Anna era tutto sulle spalle di Paola. Siccome riteneva che il maggiore corresse più rischi degli altri, lo aveva iscritto a un istituto cattolico maschile nella vicina località di San Domenico; Lidia frequentava invece una scuola gestita dalle suore. Quello fu forse il «momento di gloria» di Paola: la ragazza su cui tutti avevano aspettative bassissime, che aveva trascorso gli anni della formazione a leggere romanzi e sognare abiti e feste, assumeva ora il ruolo che le era richiesto con tenacia, forza d'animo e un briciolo d'ingenuità. Una fotografia la ritrae assieme a Roberto nel giardino di Fiesole. Sebbene lo scatto sia senza data, è possibile scorgere Anna seminascosta dietro un albero sulla sinistra, e sembra avere circa cinque anni; ciò suggerirebbe che l'immagine risalga all'estate o all'autunno del 1943. A confermare questa ipotesi c'è anche l'espressione di Roberto: seduto su un muretto, il braccio attorno alle spalle della madre in piedi, si piega verso di lei in atteggiamento protettivo, con uno sguardo nel quale leggiamo al contempo apprensione e sfida. Paola sorride, gli occhi socchiusi e le mani in tasca; ha una pettinatura perfetta e indossa un maglioncino e un paio di bellissimi pantaloni realizzati su misura. Sembra l'incarnazione della noncuranza. Avrebbe dovuto far ricorso a ogni goccia della propria superba sicurezza per condurre i propri figli oltre il momento più critico della loro esistenza.

Anche i suoi genitori, Giuseppe e Linda Levi, si erano trasferiti lì. Paola aveva scelto di restare nella tenuta e attendere l'arrivo degli Alleati, ma Lidia ha ricordato almeno un'occasione in cui i tedeschi erano andati a

179

controllare la casa, e Roberto e il nonno si erano nascosti in soffitta. Quella proprietà non era certo la prima scelta dei soldati in cerca di sistemazioni, al contrario dei Tatti, dove infatti requisirono due piani; Mary Berenson – la moglie di Bernard, che in quel momento era costretta a letto – venne trasferita nella mansarda, dove soffocava per il caldo.[25] La Pietra, una splendida villa di Fiesole sontuosamente arredata dai genitori del poeta, romanziere e storico Harold Acton era disabitata. Gli Acton erano al sicuro in Svizzera, e Harold era in servizio nell'Estremo Oriente. I tedeschi si impadronirono anche di Villa le Balze – posta sulle stesse colline su cui sorge Villa Medici – che era stata progettata da Pinsent e Scott nel 1912.

Mentre i britannici avanzavano, la rete attorno alle proprietà sulle colline di Fiesole continuava a restringersi. Il diario che Berenson tenne nell'agosto 1944 è contenuto in *Rumor and Reflection,* uno dei suoi ultimi libri di memorie. L'opera fornisce un resoconto quotidiano dei bombardamenti e degli attacchi con la dinamite, quando le case venivano fatte saltare per aria o saccheggiate, le mitragliatrici piazzate sul terreno, i giardini scavati per realizzare trincee e le schegge degli ordigni tintinnavano come vetro tra i vasi delle limonaie. Il 31 luglio Berenson scrive: «Ieri dalla [nostra] balconata abbiamo ammirato, al chiaro di luna [...] un meraviglioso spettacolo accompagnato dal [...] ruggito, dal rombo e dal fracasso dei cannoni. [...] In lontananza una montagna era divorata dalle fiamme come il Vesuvio. Oltre le colline si scorgevano bagliori a forma di ventaglio o di piramide. Uno spettacolo che è andato avanti per ore».[26]

Le stanze anteriori delle Fontanelle affacciavano sulla spettacolare vista di Firenze, ma il retro della casa,

scavato in un pendio roccioso, era abbastanza sicuro.
Un giorno si trovavano in quella parte dell'abitazione
quando «un clangore inquietante, crepitii e fruscii ci
hanno messi in allarme. […] Mentre raggiungevo il salone
vidi, strisciando contro le persiane sbarrate, ciò che avrei
scambiato per serpenti sibilanti se non mi fossi accorto
che erano schegge di granata». Le salve proseguirono
per un'ora. «Ci hanno tenuti al chiuso più che mai. E
non solo al chiuso, ma al buio, perché ogni apertura era
stata sbarrata sfruttando soluzioni temporanee. Non si
poteva leggere, non si poteva scrivere.»[27]

La piccola famiglia nascosta alla Piazzolla non ci ha
lasciato resoconti della battaglia di Fiesole, ma possiamo
immaginare che per Paola, i suoi genitori e i suoi figli
sia stata l'esperienza più intensa di quell'estate del 1944,
sotto tutti i punti di vista. Come temeva Berenson, era
solo questione di tempo prima che gli venisse intimato di
lasciare la villa e salire sui treni diretti ai campi di concentramento. Pochi giorni prima che i ponti di Firenze
fossero fatti detonare, in mezzo ai combattimenti, Paola
ricevette un messaggio. Per sua fortuna aveva fatto amicizia con un ufficiale tedesco, che la avvertì in anticipo;
un gesto che in molti casi fece la differenza tra la vita e
la morte. Dovevano andarsene il giorno seguente, prima
dell'alba. Lasciarono la tenuta alle cinque del mattino.
Lidia – una dodicenne dalla bellezza struggente, con una
folta chioma di capelli ramati – voleva prima lavarsi la
testa, ma la madre la fermò: «Ce ne andiamo subito». La
giovane aveva indossato l'unico gioiello che possedesse:
una collanina d'oro con un pendente a forma di angelo;
Paola la costrinse a toglierlo per paura che attirasse i ladri,
o persone peggiori.

Siccome a Fiesole c'era un grande ospedale che al momento ospitava centinaia di feriti e di profughi, e le ambulanze scendevano in città ogni giorno, Roberto e suo nonno Giuseppe indossarono dei camici bianchi e si trasformarono in barellieri. Tutti gli altri affrontarono a piedi il pericoloso percorso fino a Firenze, attraversando stretti vicoli per cercare asilo a casa della parrucchiera di Paola. Impiegarono due ore a raggiungerla. Era stata un'esperienza spaventosa, ma erano ancora vivi e si erano messi tutti in salvo.[28]

Prima di andarsene e abbandonare le strutture confiscate, le truppe tedesche piazzarono mine nascoste in modo strategico, di modo che esplodessero quando i legittimi proprietari fossero tornati per riparare i danni. Alla Piazzola strapparono via le lenzuola dai materassi e misero a soqquadro ogni stanza, ma non ruppero né rubarono nulla. Lasciarono tutte le finestre spalancate, tranne una: da lì partiva un lungo cavo che scompariva dietro al divano, dov'era collegato a un grosso carico di esplosivo. Chi tornò alla tenuta si accorse in tempo dell'ordigno, ma in caso contrario avrebbe fatto saltare in aria l'abitazione con tutti i suoi occupanti.[29]

Ma non furono solo le ville a ricevere un trattamento simile. Al Sud, Norman Lewis stava viaggiando sulla sua motocicletta in un'area costiera duramente colpita dai bombardamenti, quando notò che l'azzurro del cielo era mutato in «un grande biancore opaco», come se una coltre di fumo offuscasse il paesaggio. «Superata una curva, mi imbattei in una scena degna dell'apocalisse. Diversi edifici, compresa una banca, erano stati rasi al suolo da una tremenda esplosione. Chiaramente era appena successo. La strada era disseminata di corpi e tra i cadaveri, qua e là, c'erano i pochi sopravvissuti, immobili come statue, ricoperti da uno spesso strato di calce. Quella vista mi si impresse in modo indelebile nella mente: nessuno si muoveva, e regnava il silenzio più completo. La polvere scendeva dal cielo come delicati fiocchi di neve. Una donna stava immobile dietro un carro trainato da due muli; sembrava la moglie di Lot, tramutata in statua di sale. Uno dei due animali era a terra, probabilmente morto; l'altro se ne stava tranquillo sulle zampe, al suo fianco, senza muovere nemmeno un orecchio. Lì vicino, due uomini erano stesi a terra come i corpi calcificati dalla cenere di Pompei; un terzo, che forse si trovava con loro, si dondolava leggermente, in piedi, gli occhi chiusi.»[30]

Scene simili devono essersi ripetute in tutta Italia, man mano che i tedeschi arretravano. Lewis, che alloggiava in un vecchio palazzo, dovette fare i conti con la possibilità che anche quella struttura fosse stata minata. L'edificio avrebbe potuto saltare in aria in qualsiasi momento. Vennero consultati i genieri, ma non furono d'aiuto: con tutta probabilità un edificio simile era un labirinto di condotte fognarie, scantinati e vecchi pozzi abbandonati. «Anche se ci fossero delle mine, la probabilità di individuarle è una su dieci.» Il consiglio era evacuare subito, «e aspettare che gli edifici la smettessero di saltare in aria».[31]

9

Una foresta di specchi

A Ivrea, dopo la guerra, si dovettero ricostruire da zero pochissimi edifici. È possibile che a salvaguardarla sia stato l'interessamento di Adriano Olivetti, entrato in contatto con il controspionaggio britannico e statunitense: aveva infatti supplicato che la cittadina fosse risparmiata dai Boeing B-17 Flying Fortresses, i bombardieri pesanti dell'aviazione americana che stavano portando il caos su città come Torino e Milano. Naturalmente, Adriano avrà pensato di esser stato ascoltato. È più probabile, però, che in termini militari non valesse la pena fare una deviazione per sorvolare quell'obiettivo, con la sua sola azienda. La sconfitta dei nazisti si faceva sempre vicina, e in quella zona i ranghi dei partigiani crescevano a vista d'occhio, raddoppiando o triplicando: se a marzo contavano ottantamila effettivi, alla fine di aprile erano già saliti a duecentocinquantamila. Riuniti attorno alla bandiera del Comitato di liberazione nazionale Alta Italia (o CLNAI), quei battaglioni proclamarono l'insurrezione generale in tutto il Nord, ben prima dell'arrivo degli Alleati. Solo pochi fascisti e nazisti irriducibili continuarono a combattere; inseguiti nelle valli di Serra e Aosta, non si arresero finché non li raggiunse la notizia che Hitler si era suicidato, il 30 aprile 1945. Intanto gli Alleati erano giunti in Settentrione, arrivando fino a Biella. La guerra era finita.[1]

I tedeschi avevano dichiarato di voler piazzare della dinamite nello stabilimento della Olivetti, come ultima ritorsione, ma la minaccia non fu concretizzata: tra le decisioni attribuite al triumvirato di direttori cui era affidata la compagnia – Giuseppe Pero, dipendente di lungo corso, Giovanni Enriques e Gino Martinoli – c'è anche l'aver offerto una mazzetta a un alto ufficiale tedesco. L'uomo aveva intascato i soldi e gli occupanti se ne erano andati; la fabbrica era salva.[2] Considerando che la dirigenza spalleggiava attivamente i partigiani, va riconosciuto che azienda e lavoratori subirono poche ripercussioni. Scrivendo al fratello Massimo, il 15 agosto 1947, Dino osservava: «Solo tre dipendenti sono stati portati nei campi di concentramento in Germania, e pochi altri sono stati fucilati dai tedeschi in quanto partigiani». Non forniva, però, la cifra esatta.

Al suo rientro, un raggiante Adriano ricevette un'accoglienza da eroe, festeggiato da tutta la città. Aveva molto di cui essere grato agli uomini che avevano protetto e difeso l'azienda e i suoi dipendenti, trasformando la mensa in un ricovero sicuro e fornendo documenti falsi che avevano salvato diverse vite. Due dei direttori – Pero, l'indispensabile responsabile amministrativo, e Gino Martinoli, il fratello di Natalia Ginzburg affermatosi come valente ingegnere – furono invitati a rimanere; Enriques lasciò con discrezione l'incarico. Adriano era tornato, e la famiglia Olivetti era di nuova alla guida dell'azienda. Il riassetto dirigenziale fu portato avanti in poco tempo, nel corso dell'estate del 1945; di lì a due mesi, in settembre,

Massimo fu nominato presidente e Adriano partì per Roma. Ma cosa intendeva fare?

L'anno trascorso in Svizzera era stato formativo, e gli aveva donato nuova determinazione. Aveva passato un decennio a programmare, con successo, il cammino dell'azienda; la sua visione era stata in grado di generare utili, e al contempo aveva contribuito a dare casa, educazione e formazione agli operai, offrendo loro nuove opportunità e la possibilità di reinventarsi un futuro. Risultati senza dubbio notevoli. Eppure, lui e la sua famiglia erano stati costretti a muoversi sul filo del rasoio, in bilico tra filantropia e convinzioni liberali da un lato, e l'adesione di facciata al Partito fascista – che in realtà osteggiavano – dall'altra. A causa delle loro origini ebraiche, durante il conflitto erano stati perseguitati dai nazisti e costretti a espatriare. Adriano dev'essersi convinto che tutti i suoi piani si sarebbero rivelati vani se l'azienda e Ivrea stessa fossero state spazzate via nel nome di un movimento politico. C'era solo una soluzione: doveva fondare un suo partito.

Franco Ferrarotti – scrittore e accademico, considerato il padre della sociologia moderna in Italia – in quel periodo si guadagnava da vivere lavorando per Cesare Pavese, autore antifascista che riversava nelle sue opere una visione incredibilmente romantica dei principi comunisti. Oltre ad aver pubblicato diversi celebri romanzi, che ottennero un grande successo nel dopoguerra, componeva splendidi versi che Ferrarotti traduceva in inglese. «Pavese si interessava molto all'antropologia e alla mitologia» ha dichiarato. «Mi aveva dato da tradurre un libro di Theodore Reich sui rituali antichi.» Dopo un soggiorno a Londra, nel 1947, Ferrarotti tornò in Italia; a Torino, durante una festa, incontrò Adriano. «A quel tempo ero sempre affamato: sarei andato ovunque, purché ci fosse qualcosa da mangiare» ha raccontato, scherzando. «Comunque sia, incontrai quest'uomo basso, la grossa testa che attirava subito l'attenzione, la fronte alta e degli strani occhi azzurro chiaro, da bambino. Erano al tempo stesso innocenti e penetranti.»[3]

I due presero a chiacchierare, e Adriano fece un commento sulla giacca di tweed a quadri che il giovane professore aveva acquistato a Londra. «Era entusiasta degli inglesi, specie di Churchill e Atlee. Disse che Churchill aveva vinto la guerra, ma i britannici si erano accorti che non era la persona giusta per gestire il periodo postbellico.» Ferrarotti, che all'epoca si considerava un anarchico, replicò: «Mi spiace dirvelo, signore, ma vi sbagliate. Non capite un accidente». Iniziarono a discutere: il socialismo garantiva migliori condizioni di vita ai lavoratori? Secondo Adriano, sì, secondo Ferrarotti, no. Poi quest'ultimo aggiunse: «Ho letto di recente che non basta nazionalizzare le aziende: si deve socializzare il potere». Un'affermazione che conquistò Adriano. «In quel momento scoprii una delle sue qualità più grandi: il rispetto e l'attenzione che riservava alle idee.»

Riconosciuto nell'interlocutore uno spirito affine, Adriano decise di assumere Ferrarotti, ma il corso degli eventi li portò a non incontrarsi più per diversi anni. All'epoca Adriano faceva frequenti viaggi in America, e durante un soggiorno nella Grande Mela venne intervistato dal «New York Times». «Adriano Olivetti ricorda un mite e intellettuale Mr Pickwick, con una fronte eccezionalmente alta, capelli biondi e ricci e l'espressione un po' triste. Quando ci incontriamo per sorseggiare alcuni cocktail d'aperitivo rilassandoci su sedie in pelle in perfetto stile modernista, il signor Olivetti – d'aspetto paffuto e piacevolmente trasandato – indossa un completo blu acceso, una camicia bianca e una cravatta di lino dello stesso colore.»[4] Ormai considerato uno dei più importanti industriali italiani, alla guida di un'azienda famosa tanto per il design ricercato dei suoi prodotti quanto per la loro funzionalità e affidabilità, era molto richiesto come conferenziere e venne chiamato anche dalla University of Chicago, dove al tempo insegnava Ferrarotti. Il loro fu un incontro piacevole, come ha ricordato l'accademico; Adriano «cercò di esporre le proprie idee, ma quel pubblico liberale e progressista non capì una parola». Il problema era la sua tesi: la necessità di sviluppare una democrazia libera dall'influsso dei partiti politici. «Quella visione non era alla loro portata, ma si sarebbe rivelata profetica: la corruzione sarebbe dilagata sempre più all'interno dei partiti. Adriano era solo in anticipo di quaranta o cinquant'anni rispetto al suo tempo.»

Olivetti non era soddisfatto del sistema parlamentare, né di quello d'impianto comunista: secondo lui, infatti, entrambi erano troppo accentratori. Secondo Ferrarotti, la sua proposta consisteva nel capovolgere quel paradigma, mettendo il potere in mano alle singole comunità. Purtroppo, il nome che intendeva usare per il proprio movimento – Comunità, appunto – richiamava da vicino il termine «comunismo», e ciò rendeva le sue distinzioni e spiegazioni molto meno persuasive all'orecchio degli americani.

La «terza via» che immaginava partiva da piccole comunità autonome organizzate attorno a fabbriche, laboratori e università, con «centri comunitari» e sociali dotati di biblioteche e spazi di discussione. Queste realtà si sarebbero poi unite in consorzi, e nessun'autorità centrale avrebbe potuto imporre le proprie decisioni a cittadine distanti centinaia o migliaia di chilometri dalle stanze dei bottoni. Olivetti aveva in buona sostanza anticipato le critiche e le resistenze che avrebbero poi investito un'Unione Europea in costante allargamento. Nel volume *L'ordine politico delle Comunità*, pubblicato dalle Nuove edizioni Ivrea nel 1945, Adriano descrisse la propria visione, delineando quello che riteneva un giusto equilibrio tra potere centrale e autonomia locale. In poco tempo, il Movimento Comunità si guadagnò un vasto seguito nelle aree del Piemonte a ridosso di Ivrea.

Secondo Ferrarotti: «I movimenti riformisti tendono a concentrarsi su misure frammentarie, perdendo di vista il quadro generale, oppure finiscono per inseguire la propria utopia trascurandone l'applicazione pratica. Adriano era diverso: aveva un approccio concreto alle questioni specifiche, ma non perdeva mai di vista il sogno più grande. Qualcosa che i politici di oggi sembrano non capire».

«Aveva un'enorme smania, una brama spasmodica di potere: il potere di *fare*. Ecco cosa non raccontano mai di lui: voleva il potere di fare del bene. Era un uomo meraviglioso. E perché lo dico? Perché, lo confesso, in segreto gli anarchici adorano il potere! Era una figura unica, un idealista pratico, pragmatico. Una volta andammo a Napoli per parlare di Comunità e alloggiammo all'Hotel Vesuvio. Di notte, Adriano venne in camera mia. Ero già a letto, lui invece stava scrivendo il discorso per il giorno seguente. Bussò alla mia porta per chiedermi un parere. "Dovrei citare la Bibbia?" Io ero stanco e gli dissi che non ne avevo idea, ma se lui lo riteneva utile avrebbe dovuto citarla, sì. Parve soddisfatto. Stavo per addormentarmi quando lo sentii di nuovo bussare. Aveva deciso di evitare il riferimento al testo sacro. "Mi sono accorto che è troppo forte." Bene. Se ne andò. Venti minuti più tardi era di nuovo lì: voleva reinserire la citazione. "Adriano, ti scongiuro" gli dissi. "Fa' quel che vuoi. Ma, per favore, lasciami dormire!" Era fatto così. Le persone lo trovavano incomprensibile. Alcuni pensavano fosse distaccato e riservato, un sognatore; altri ritenevano soffrisse della sindrome di Peter Pan: un uomo che giocava a fare la rivoluzione solo perché poteva permetterselo.»

Sebbene fermamente convinto della bontà delle proprie idee, Adriano manteneva un certo riserbo rispetto alle sue grandi ambizioni. «Se ti consacri a un'idea, a una certa visione del futuro, se tutta la tua vita ruota attorno a essa, arrivi a pensare che ogni palese manifestazione di coinvolgimento sia da evitare. Devi proteggerla con la discrezione, il pudore e la devozione totale.» Molti politici di spicco e dalla reputazione specchiata rispettavano il suo punto di vista, pur non condividendolo; e ancor meno lo appoggiava la sua famiglia, eppure lui non sembrava preoccuparsene. «Era certo che alla fine sarebbe riuscito a convincerli. Soffriva del "complesso del profeta", come lo definivo io. Un giorno gli chiesi: "Perché continui a penare per gente simile?". E lui, sottovoce: "Perché devono capire". Lo trovavo terribilmente affascinante, e allo stesso tempo decisamente complicato. Sapeva essere oscuro e malizioso, e credo avesse un qualche tipo di potere divinatorio. La sua era una mente complessa, e in parte innamorata della complessità, che sfruttava le complicazioni per rigirarsi gli altri. Tanto da arrivare a trasmettere un'idea errata di sé: quell'amore per la complessità

«Oscuro e malizioso»:
Adriano Olivetti all'interno
dello stabilimento,
nel dopoguerra

convinceva le persone che lui stesse tramando alle loro spalle, che fosse un manipolatore. Invece rispettava nel modo più totale le personalità altrui. Per esempio – a differenza di quanto avveniva in FIAT – non avrebbe mai licenziato qualcuno solo perché aveva una visione politica diversa dalla sua. Mai!» Semplicemente, si affidava molto al proprio intuito, specie quando si trattava di valutare le persone. «Un giorno il suo segretario gli chiese perché si fidasse così tanto di me. Adriano lo fissò un po' sorpreso: "Be', basta guardare le sue mani: sono enormi!". Credeva che fosse ovvio.» Una pausa nel racconto. «Si era fatto fare un mio profilo astrologico completo.» Ferretti aveva tratto da tempo le sue conclusioni su Olivetti e sull'importanza del suo messaggio filantropico. «Questo Paese non si meritava una persona come Adriano. È morto troppo presto. Che tragedia!»

Sebbene gli odiati nazisti fossero stati sconfitti, la situazione nell'Italia del dopoguerra era ancora caotica. Dopo Badoglio, a capo del governo fu nominato Ivanoe Bonomi, antifascista di spicco, a sua volta sostituito da Ferruccio Parri del Partito d'azione, l'organizzazione più importante all'interno della resistenza in Nord Italia: il CLNAI reclamava il proprio diritto a esprimere il nuovo esecutivo.

Nel frattempo, alcuni partigiani approfittarono della confusione per vendicarsi – con implacabile furore – di ufficiali fascisti, dirigenti di fabbrica o semplici compagni di strada. Nel solo periodo tra l'aprile e il giugno del 1945 furono uccise tra le dodicimila e le quindicimila persone.[5] E, oltre al notevole costo in vite umane, c'era anche un altro prezzo da pagare, di tipo economico: il governo si ritrovò infatti a fare i conti con l'eredità del conflitto, più salata di quanto chiunque si aspettasse. Stando a quanto riporta Martin Clarke: «Centinaia di migliaia di ex soldati ed ex prigionieri di guerra reclamavano a gran voce un posto di lavoro. L'inflazione raggiunse livelli record. Nel 1945 i prezzi erano ventiquattro volte quelli del 1938, persino dopo il congelamento di affitti e tariffe di gas ed elettricità. [...] Oltre tre milioni di abitazioni erano state distrutte o danneggiate. [...] La produzione industriale era calata a un quarto di quella del 1941».[6]

Secondo Norman Lewis, Napoli era prossima alla carestia: «[Qui] non si spreca nulla – ma proprio nulla – di ciò che può essere assimilato dall'apparato digerente umano. Le macellerie apparse qua e là non vendono nulla che noi accetteremmo come "carne"; in compenso, la loro selezione di scarti e frattaglie è esposta ad arte e trattata con massima cura. Una testa di gallina, cui è stato tranciato di netto il becco: 5 lire. Un mucchietto grigiastro di intestini di pollo, contenuto in un piattino lucidato a specchio: 5 lire. Ventrigli di pollame: 3 lire. Piedini di vitello: 2 lire al pezzo. Un'abbondante porzione di trachea: 7 lire. I clienti formano piccole code, in attesa di potersi accaparrare queste prelibatezze».[7]

Persino chi aveva ancora un lavoro si trovava in difficoltà, pur potendo in qualche modo mantenere se stesso e la famiglia; ma i disoccupati organizzavano proteste quotidiane fuori dai cancelli delle fabbriche. Intanto, il CLNAI si dava da fare per trovare risposta a vecchie istanze. Il lavoro a cottimo fu abolito e nelle fabbriche vennero modificati i ritmi produttivi in base alle richieste degli operai. Alcuni dirigenti di importanti imprese nazionali come la FIAT – nel caso specifico, Giovanni Agnelli e Vittorio Valletta – vennero accusati di compromissione con il regime ed estromessi dalle aziende, in attesa del giudizio di apposite commissioni. (I provvedimenti contro Agnelli e Valletta vennero poi accantonati.)[8]

Secondo Paul Ginsborg, «il desiderio dei lavoratori di epurare alcuni elementi indesiderati andava ben al di là dei semplici casi di collaborazionismo con i fascisti, e spaziava fino ad accuse legate prettamente alla lotta di classe». Ginsborg cita l'esempio del caporeparto di una fabbrica di Genova, considerato colpevole di «sottomissione servile alle direttive capitalistiche che mirano all'odioso sfruttamento dei lavoratori».[9] Nel 1945 qualcosa di simile accadde anche a Ivrea: durante un incontro segreto alcuni dipendenti dell'Olivetti, tutti di sinistra, concordarono che i lavoratori avrebbero dovuto impadronirsi dell'azienda. Un certo Umberto Rossi, comunista, venne incaricato di organizzare la cosa. Il gentiluomo ci pensò su per un paio di giorni, poi rifiutò l'incarico, spiegando che non avrebbe saputo come fare.[10] Alla Olivetti non ci fu nessuna rivolta degli operai, e mai ci sarebbe stata.

I dipendenti della compagnia erano leali, ma bisogna anche considerare la velocità con cui mutavano le alleanze in base ai cambiamenti della politica. Norman Lewis, che a Napoli lavorava per i servizi segreti britannici, ha raccontato come il suo ufficio fosse meta di un «fiume di visitatori che offrono, tutti quanti, i propri servigi in qualità di informatori. Non fanno mai domande sulla ricompensa: sono pronti a lavorare per noi per genuina devozione alla causa degli Alleati». Si trattava perlopiù di professionisti, che lasciavano eleganti biglietti da visita sui quali spiccavano titoli come «avvocato», «dottore» o «ingegnere». Avevano tutti maniere eleganti e parlavano a bassa voce, in tono da cospiratori. Lewis aggiunse: «È da simili personalità, spesso meschine e perverse, che dipendiamo».[11]

Ottorino Beltrami, l'amico che avrebbe salutato Adriano Olivetti sul treno in quel fatidico giorno di febbraio del 1960, era di altezza media, aveva gli occhi azzurri e un largo e peculiare sorriso. In una foto scattata l'anno successivo lo vediamo a un incontro con alcuni dei più influenti dirigenti della Olivetti; l'espressione sorridente è carica di aspettative e l'unico segno di nervosismo è la mano che giocherella con i polsini. Non era il tipo di persona che spiccasse in mezzo a una folla, anzi; d'altra parte non perdeva mai il proprio aplomb, cosa che lo accomuna ad altre personalità abituate al rischio, compresi Kim Philby, celebre spia sovietica, o William Colby, direttore della CIA al tempo del Watergate. Piaceva a pelle a quasi tutti.

Inoltre sapeva essere estremamente cortese. Giuseppe Calogero, un ingegnere che lavorò per lui, l'ha definito «arguto e sveglio», ammirando la sua abilità nell'eludere le domande scomode. Dopo aver letto le sue memorie, Calogero gli chiese perché non avesse parlato anche

In questa foto del 1961 Ottorino Beltrami, astro nascente
alla Olivetti, è il secondo da destra. Anche Roberto Olivetti,
alla sua destra, era una figura in rapida ascesa. L'ultimo a destra
è Gianluigi Gabetti, mentre Ugo Galassi – che fece una brillante
carriera nella divisione nordamericana – è il secondo sulla sinistra

della fine dell'Olivetti. E Beltrami, «semplicemente, ma
argutamente, mi disse: "Perché non mi piace di parlar
male di altre persone"».[12]

Ciò che invece tutti notavano, oltre ai suoi modi discre-
ti e all'abitudine di accompagnare ogni osservazione
con un mezzo sorriso, era che fosse «il tipico toscano».
Forse perché la sua provenienza si faceva chiara appena
apriva la bocca, a causa della classica «gorgia toscana»:
un fenomeno fonetico dialettale per cui, ad esempio, la
lettera C viene pronunciata in alcune circostanze come
una H aspirata. Rispetto all'italiano di altre regioni, nel
toscano si tende inoltre a fare un maggior uso del con-
giuntivo, modo dell'indeterminatezza. E non è certo un

caso che Niccolò Machiavelli, autore del *Principe*, fosse nato proprio a Firenze.

Laureatosi in ingegneria e scienze marittime e navali, Beltrami era entrato nella Regia marina allo scoppiare della guerra. Dopo aver servito su diverse imbarcazioni, aveva frequentato la scuola per sommergibilisti a Pola ed era stato assegnato ad alcuni sommergibili; poi, a soli ventiquattro anni, aveva assunto il comando del nuovissimo *Acciaio*, varato nel gennaio del 1941 e consegnato alla marina il 30 ottobre. L'equipaggio era stato sottoposto a cinque mesi di intenso addestramento sotto il comando del tenente di vascello Beltrami, per prepararsi al primo pattugliamento a nord della Libia. Durante quella missione, però, uno dei due nuovi motori diesel diede seri problemi e l'*Acciaio* fu riportato al cantiere per riparazioni.

Nel giugno del 1942 il sommergibile prese di nuovo servizio al largo delle coste dell'Algeria e delle isole Baleari. Vicino ad Algeri avvistò un incrociatore nemico e lanciò alcuni siluri, che però mancarono il bersaglio. Nel corso della sua quinta missione, dal 1° gennaio al 10 febbraio 1943, mentre pattugliava il litorale algerino tra Capo Carbon e Capo Bougaroni, l'*Acciaio* avvistò e mandò a picco un trawler – imbarcazione simile a un peschereccio, ma destinata a uso bellico – britannico: sarebbe stato il suo unico affondamento confermato.

Le varie fonti biografiche su Beltrami fanno spesso riferimento al fatto che perse una gamba nel febbraio del 1943, durante una celebre battaglia navale tra la flotta britannica e quella italiana, al largo di Cagliari. Quello scontro, che causò ingenti perdite, ebbe in patria ampia risonanza; quanti ne uscirono vivi vennero considerati l'equivalente italiano dei sopravvissuti di Pearl Harbor.

In una sua biografia – peraltro piuttosto vaga, e strutturata a domande e risposte – Beltrami ha raccontato quel giorno con dovizia di particolari, precisando che si trattava dell'11 febbraio. Il problema è che, stando a un accuratissimo profilo dedicato all'*Acciaio* nel sito Submariners World, il sommergibile non prese parte allo scontro, e l'affondamento del trawler fu il suo unico successo in tempo di guerra. Anzi, l'11 febbraio del 1943 il battello si trovava in un bacino di carenaggio. Lo stesso resoconto sostiene che i suoi pattugliamenti ripresero a metà febbraio, sempre al largo di Capo Bougaroni, e proseguirono nell'aprile dello stesso anno con una missione di due settimane di fronte a Cap de Fer. Beltrami sbarcò solo al termine di tale incarico, il 16 aprile, lasciando il comando al tenente di vascello Vittorio Pescatori. C'era lui a bordo quando l'*Acciaio* fu avvistato e distrutto da un sommergibile britannico, l'*Unruly*, nel luglio del 1943. Tutti i quarantasei membri dell'equipaggio persero la vita.

Nel libro *Sul ponte di comando*, Beltrami raccontò ai propri biografi di essere stato raggiunto dalle schegge di uno shrapnel: la ferita andò in setticemia – si era agli albori dell'era degli antibiotici – e furono costretti ad amputargli la gamba. Si può perdonare a un uomo anziano l'aver fatto confusione sulle date esatte; ma, se perse una gamba, ciò non avvenne certo durante la battaglia a Cagliari: stando alle ricostruzioni storiche, infatti, in quel momento l'*Acciaio* non era nemmeno vicino all'area degli scontri. C'è poi un'altra questione che solleva non pochi dubbi: com'è possibile che il comandante di un sommergibile sia stato ferito da uno shrapnel?[13]

Alcune ricostruzioni (ma non tutte) riportano che Beltrami, una volta guarito, fu trasferito presso l'intelligence della marina italiana. Se davvero era stato colpito alla gamba a febbraio, allora è possibile che sia stato inviato a Roma prima della caduta di Mussolini, nel luglio del 1943. Stando a questa versione, Beltrami avrebbe attraversato il fronte con due giorni di anticipo, raggiungendo il territorio presidiato dagli Alleati in sella a una bicicletta dotata di equipaggiamento speciale. D'altro canto, se la ferita risaliva invece agli ultimi giorni di aprile o agli inizi di maggio, Beltrami non può essere tornato in servizio prima della fine di settembre, o addirittura a ottobre. In tal caso, le possibilità sono due: o si mise a disposizione dei servizi segreti fascisti e dei loro referenti nazisti, oppure si trovò a fare i conti con le mutevoli alleanze descritte in precedenza, al pari di moltissimi suoi connazionali.

A complicare ulteriormente la vicenda, sappiamo che nel 1949 – e per almeno un anno – Beltrami lavorò al Piano Marshall. Nel suo libro *The CIA and the Marshall Plan*, Sallie Pisani ha confermato il coinvolgimento dell'agenzia nel progetto, ed è quindi logico che gli uomini dell'intelligence americana nutrissero un certo interesse per un ex ufficiale di marina che conosceva alla perfezione le coste italiane. Quanti hanno tentato di fornire resoconti attendibili sulla vita di Beltrami concordano – tutti o quasi – su un particolare: ci sono pochissime informazioni disponibili in merito alle sue attività negli anni precedenti al 1950, quando si pensa che sia entrato alla Olivetti. Forse quell'esperto ufficiale della marina, con il suo sorriso disarmante, aveva davvero lavorato come agente segreto per nazisti e fascisti, prima di essere coinvolto nello sviluppo del Piano Marshall. Se così fosse, come sostiene Sallie Pisani, avrebbe non solo passato preziose informazioni raccolte dai suoi precedenti contatti, ma avrebbe anche collaborato con la CIA e forse persino con la mafia, anche se quest'ultimo aspetto non è chiaro. Come ha affermato in passato Norman Pearson, acuto consigliere e ottimo osservatore: «In ogni caso, calza alla perfezione il vecchio [...] adagio: "Agente una volta, agente – al soldo di qualcuno – per sempre"».[14]

Come sapeva bene James Jesus Angleton, era fin troppo facile far passare dalla propria parte degli agenti nemici. Tanto più nel suo caso, visto che poteva contare sull'aiuto supplementare del padre, divenuto tenente colonnello dell'OSS e referente dell'organizzazione presso Pietro Badoglio e altri servizi di intelligence. In un articolo apparso sulla «Executive intelligence review», Allen Douglas osserva che «Angleton padre, sostenitore dichiarato di Hitler e Mussolini, era anche stato alla guida della Camera di commercio statunitense in Italia, e aveva avuto molti contatti con i servizi segreti mussoliniani. Alcuni documenti attestano inoltre che fosse socio in affari di Allen Dulles».[15]

Quanto a suo figlio, che da due anni era il responsabile dell'unità X-2 di Roma ed era appena stato nominato a capo dell'intero controspionaggio OSS in Italia, si ritrovò a fare da supervisore a polizia, servizi segreti e intelligence militare italiana, visto che tutti quei corpi dovevano fare rapporto a lui. Non aveva ancora compiuto trent'anni, eppure aveva un potere e un'influenza straordinari. Secondo Douglas: «Il Sovrano militare ordine di Malta [o SMOM] si rivelò essenziale per l'attività di Angleton, la formazione delle prime unità segrete incaricate di operazioni nelle retrovie italiane e la realizzazione delle *ratlines* che, con l'appoggio del Vaticano, permisero ai fascisti di lasciare clandestinamente l'Europa alla fine del conflitto».[16] Anche questa peculiare organizzazione – i cui membri provenivano dalla cosiddetta «nobiltà nera», ovvero quel ramo dell'aristocrazia rimasta fedele al papato dopo il 1870 e cui erano affidati incarichi nell'amministrazione pontificia – aveva colto le nuove opportunità offerte dalla formidabile struttura che Angleton (uno dei pochi a passare dal defunto OSS alla CIA) stava sviluppando.

Al contrario di Jim, i suoi predecessori si erano rifiutati di lavorare con i fascisti, in base al giusto presupposto che fosse assurdo fidarsi di vecchi nemici: il rischio era che passassero informazioni anche agli avversari, e in particolare alla Russia. Tra l'altro era già successo: sotto la guida di Robinson O. Bellin, l'OSS aveva reclutato diversi sabotatori della Regia marina italiana, solo per poi scoprire che uno di essi era con tutta probabilità un agente al soldo dei tedeschi. A quel punto, l'operazione era stata bloccata.[17] Angleton, però, era pronto a correre il rischio. E pur di raccogliere informazioni, con mezzi leciti o illeciti, era persino disposto a salvare personalità del calibro di Junio Valerio Borghese.

Questo interessante e losco figuro apparteneva a un'illustre famiglia della nobiltà nera; come i Pallavicini, i Colonna e gli Orsini, i Borghese potevano infatti vantare nel proprio albero genealogico diversi papi e cardinali. Junio, detto il Principe nero, era l'ufficiale comandante di un'unità speciale della marina, nonché un convinto fascista. Anzi, secondo la ricostruzione di Daniele Ganser in *Nato's Secret Armies*, fu uno dei più importanti fascisti mai reclutati dagli Stati Uniti: «Incaricato dalla Repubblica di Salò di Mussolini di condurre una sanguinosa campagna contro i partigiani, Borghese [...] con [...] la sua forza speciale di quattromila uomini [...] era diventato uno specialista nello scovare e uccidere a centinaia i comunisti italiani».[18]

Alla fine della guerra Borghese venne catturato dai partigiani; stava per essere impiccato quando la notizia raggiunse Angleton. Deciso a fare qualcosa in merito, Jim si offrì volontario per andare a salvarlo. Si sarebbe spesso vantato di quell'operazione: da solo, indossando un'uniforme dell'esercito americano (con tutta probabilità realizzata su misura), prelevò il Principe nero e lo condusse a Roma. Lì Borghese fu processato da un tribunale italiano, giudicato colpevole e condannato. Poi però, come spesso accade in Italia, venne in qualche modo rilasciato. Per quella prodezza, e per altre azioni temerarie svolte nel 1946, Angleton fu insignito della U.S. Army Legion of Merit.[19] Ma perché, dopo tutto il sangue versato per sconfiggere Mussolini, un importante ufficiale dell'intelligence americana avrebbe salvato la vita a uno dei più violenti e fanatici esponenti del fascismo?

Al di là di tutte le manovre politiche e dei sordidi accordi che trasformarono i nemici in amici, alimentando ricatti, tradimenti ed episodi di doppiogiochismo, c'era una realtà di fondo cui non si poteva sfuggire: stava prendendo forma un nuovo tipo di guerra. Un conflitto che non sarebbe mai deflagrato apertamente, ma si sarebbe protratto per decenni, fino al celebre momento del 1987 in cui il presidente Ronald Regan, a Berlino Est, chiese a Michail Gorbačëv di «buttare giù il muro». A nemmeno due anni dalla fine della Seconda guerra mondiale iniziò infatti a profilarsi quel pernicioso fenomeno chiamato

Guerra fredda, e sull'Europa calò una «cortina di ferro».[20]
L'espressione si deve a Winston Churchill: l'ex primo
ministro del Regno Unito la usò in un suo discorso per
descrivere la strategia di Stalin, intenzionato a difendere
i confini russi esportando la dittatura comunista in Paesi
quali la Polonia, l'Ungheria, la Romania e la Bulgaria;
un'operazione che era intenzionato a portare avanti anche
con l'ausilio dell'esercito, se necessario, come in effetti
avvenne in Cecoslovacchia. Al contempo i sovietici avevano il saldo controllo della Germania dell'Est e sembravano pronti a scacciare inglesi e americani dai settori
di loro competenza a Berlino Ovest. Quando la Corea
del Nord invase quella del Sud, nel 1950, gli Stati Uniti si
convinsero che l'Unione Sovietica avesse intrapreso una
strategia di aggressione globale.

Per come lo descriveva Churchill, il confine tra i due
schieramenti correva da Stettino, sul mar Baltico, fino a
Trieste, sull'Adriatico. In altre parole, l'Italia si trovava
ancora sulla linea del fronte. Intanto, all'orizzonte prese
a profilarsi la minaccia di un conflitto atomico: il breve
primato degli Stati Uniti nel settore delle armi nucleari
terminò infatti nel 1949, quando la Russia fece detonare
un proprio ordigno, alzando ancora la posta in gioco. Le
cose non potevano andare peggio per l'Italia, in bilico
tra il conservare un'apparente neutralità attraverso una
politica di basso profilo e lo sforzo di mantenere aperte
le relazioni con Mosca, così da non puntare tutto su un
unico schieramento. Il che, come ovvio, non contribuì a
ispirare fiducia ai suoi nuovi alleati occidentali. Il ruolo
giocato dal Paese nella Seconda guerra mondiale era
stato quantomeno ambiguo; e i suoi politici sembravano
indifferenti alla diffidenza e persino al disprezzo con cui

la nazione era stata governata dai conquistatori. Quanto agli Stati usciti vincitori dal conflitto, dal loro punto di vista l'Italia era stata sconfitta ed era militarmente indifesa: doveva fare ammenda se voleva che si fidassero di nuovo.

Il problema più immediato era la forte presenza comunista nel Paese, legata al Partito comunista e ai sindacati. E le elezioni del 1948 si stavano avvicinando. Nel suo libro *Legacy of ashes*, magistrale storia della Central Intelligence Agency, Tim Weiner scrive: «La CIA riferì alla Casa Bianca che l'Italia rischiava di diventare uno Stato totalitario e repressivo. Se i comunisti avessero vinto ovunque i ballottaggi si sarebbero impadroniti "del più antico seggio della cultura occidentale"». L'ovvio riferimento era al soglio di Pietro. George Kennan, esperto della CIA in materia di questioni russe, era convinto che «sarebbe preferibile un conflitto a fuoco piuttosto che permettere ai comunisti di andare legalmente al potere. La seconda miglior opzione sarebbe l'avvio di operazioni coperte che imitino le tecniche di rivolta dei comunisti».[21]

I membri della neonata North Atlantic Treaty Organization sapevano di essere in svantaggio, se non si fosse riusciti a evitare una guerra con la Russia: era infatti evidente la loro inferiorità numerica rispetto al vasto dispiegamento di forze convenzionali dell'Unione Sovietica e dei suoi alleati. Secondo Weiner, era urgente creare «una rete di agenti infiltrati, stranieri pronti a combattere i sovietici nei primi giorni della Terza guerra mondiale. L'obiettivo era arrestare l'avanzata dell'Armata rossa, forte di centinaia di migliaia di uomini, in Europa occidentale».[22] Si passò quindi a creare, un po' ovunque in Europa, strutture segrete dotate di armi, munizioni ed esplosivi, il tutto finanziato dalla NATO. Una delle prime milizie nacque proprio in Italia e prese il nome di Gladio; reclutava, nel più completo riserbo, ex nazisti, ex fascisti e mafiosi: tutti probabili criminali di guerra, ma anche fanatici anticomunisti, quindi perfetti come nuovi alleati. Il nome di Borghese era in cima alla lista stilata da Angleton; il suo soprannome era il Comandante, lo stesso – curiosa coincidenza – di Ottorino Beltrami.

Quelle milizie segrete create in tutta Europa «erano senza dubbio il passo iniziale verso la creazione di forze che rimanessero dormienti finché la guerra non le avesse chiamate in azione», come ha scritto John Prados. «Invece, in un Paese dopo l'altro, quei gruppi [...] originariamente pensati per operare in teatri di guerra iniziarono a influenzare i processi politici in tempo di pace. Come non bastasse, la polizia e i servizi di sicurezza di quegli Stati scelsero spesso di non perseguirne i membri che si macchiavano di crimini, per mantenere intatte le potenzialità della struttura rispetto alla Guerra fredda.» Di conseguenza, quelle reti continuarono impunemente a portare avanti le proprie operazioni «per parecchio tempo, quando le loro attività si erano già rivelate non solo controproducenti, ma persino pericolose».[23] Quei soggetti erano armati e spietati, nessuno avrebbe osato chiedere loro conto delle proprie azioni. A lungo, in Italia, l'opinione pubblica fu tenuta all'oscuro dell'esistenza di Gladio, almeno fino alla rivelazione del presidente del Consiglio Giulio Andreotti, nel 1990; e, a decenni di distanza da quel momento, in molti ancora non ne conoscono nemmeno il nome.

Per quanto riguarda Adriano, non possiamo dire con certezza quanto sapesse della nascente Guerra fredda, o se riteneva ci fosse qualcosa di cui preoccuparsi. Dopotutto aveva passato informazioni sia agli inglesi sia agli americani, e uno dei suoi collaboratori più stretti – proprio Beltrami, che a quel tempo si presume lavorasse per lui – era di certo al corrente di cosa si muoveva dietro le quinte. È possibile che proprio questi fattori l'abbiano indotto a cullarsi in un mal riposto senso di sicurezza, e nell'ingenua convinzione di essere al riparo da futuri rovesci. In fin dei conti il Piano Marshall aveva premiato la FIAT con contratti importanti, sebbene la società avesse giocato un ruolo fondamentale nel supportare la guerra di Mussolini.[24] Cosa aveva da temere un'azienda di forniture per l'ufficio?

Tornato in attività, Adriano Olivetti si sentiva pronto all'azione; ed era esattamente dove voleva essere, ossia a Roma: gli uffici dell'azienda affacciavano su piazza Barberini, a poca distanza dalla scalinata monumentale di piazza di Spagna. Il primo passo da compiere era mandare in stampa la sua opera capitale, *L'ordine politico della Comunità*, e c'era parecchio da fare. Iniziò, come ovvio aprendo una sua casa editrice, ma lanciò anche una nuova rivista, grazie alla quale diffondere le proprie idee. A inaugurare la pubblicazione fu un saggio di Ignazio Silone, convinto antifascista e romanziere di grido, autore di opere quali *Fontamara* e *Vino e pane*; ospitare una firma simile fu senza dubbio una grande soddisfazione, e Adriano era convinto che la sua adesione al progetto avrebbe presto richiamato l'attenzione di altri intellettuali. Nel frattempo, le vicissitudini della politica rendevano i governi particolarmente instabili: per Olivetti si trattava di una scommessa persino più grande del solito. Come ha scritto Allen Douglas, nel dopoguerra la politica italiana era «una foresta di specchi, con rapide alternanze nell'esecutivo, diversi tentativi di colpo di Stato e impressionanti episodi di terrorismo».[25] Le consultazioni del 1946 per eleggere l'Assemblea costituente videro vincitrice la Democrazia cristiana, fondata e guidata da Alcide De Gasperi: con il 35,2 per cento dei voti la formazione si assicurò 207 dei 556 seggi a disposizione. I comunisti di Palmiro Togliatti, rientrato in Italia da Mosca dopo lo sbarco alleato in Sicilia, si aggiudicarono 104 seggi, mentre il Partito socialista italiano di unità proletaria ne ottenne 115. Assieme, le due formazioni di sinistra avrebbero raggiunto la maggioranza relativa con il 39,6 per cento dei voti, ma la scelta di presentare ciascuna i propri candidati garantì il successo alla DC.

Seguì un referendum sulla forma istituzionale da dare allo Stato: la monarchia fu abolita a favore della repubblica e Umberto II, salito al trono da poco più di un mese, fu costretto a farsi da parte. L'entrata in vigore della nuova Costituzione avrebbe dovuto portare chiarezza e rendere le cose più semplici, ma appena fu ratificata emersero nuovi contrasti tra i partiti.[26] Quattro comunisti, cui erano stati assegnati incarichi di governo nell'esecutivo De Gasperi, furono costretti a dimettersi. Lo scontro del 1948 incombeva. Socialisti e comunisti si unirono sotto il nuovo vessillo del Fronte democratico popolare, decisi a sostenere Togliatti e ottenere una vittoria che davano per certa.

Le elezioni italiane del 1948 sono considerate uno degli esempi più eclatanti di interferenza statunitense negli affari interni di un altro Paese. In chiesa, gli italo-americani cattolici vennero esortati a scrivere ai parenti nello Stivale, per convincerli a non sostenere quei senza Dio dei comunisti. Le stelle di Hollywood diffusero lo stesso messaggio, tra saluti e sorrisi. L'amministrazione statunitense stanziò un aumento degli «aiuti provvisori» all'Italia, portandoli a 176 milioni di dollari. Navi cariche di provviste, medicine e rifornimenti approdarono in diversi porti della penisola, con l'ambasciatore statunitense James Dunn sempre pronto per la *photo opportunity* sul molo. Di lì a un mese la Democrazia cristiana fece un balzo in avanti nelle preferenze popolari, ottenendo oltre il 48 per cento dei voti per entrambi i rami del Parlamento e rafforzando la propria maggioranza con 305 seggi su 574 alla Camera e 131 su 237 al Senato. La crisi era superata, almeno per il momento, e le personalità di peso della nazione capirono subito chi fossero i nuovi padroni.

Nel frattempo, il 5 marzo 1948, il Pentagono aveva ricevuto un messaggio urgente dal responsabile delle forze americane a Berlino, il generale Lucius D. Clay: l'istinto gli diceva che i sovietici stavano per attaccare. Come ricostruito da Tim Weiner, il giorno seguente il presidente Harry Truman parlò al Congresso in sessione congiunta, annunciando che «l'Unione Sovietica e i suoi agenti minacciavano una catastrofe».[27] Chiese l'attivazione del Piano Marshall, e la ottenne: nei successivi cinque anni il Congresso avrebbe stanziato 12,7 miliardi di dollari per aiutare le nazioni alleate a superare i danni inflitti dalla guerra e costruire una «barricata politica» contro i sovietici.[28] Il Piano avrebbe inoltre assicurato flussi di denaro non tracciabile per le casse della CIA, offerto una copertura alle attività di sorveglianza e ai programmi segreti di reclutamento degli agenti stranieri, e offerto la possibilità di far pubblicare articoli di propaganda su quotidiani e riviste. Il dipartimento di Stato era più che deciso a sfruttare soffiate e corruzione per stimolare la nascita di fronti antisovietici, mentre il Pentagono e l'energico segretario della Difesa, James V. Forrestal, si sarebbero affidati a «organizzazioni terroristiche [...] milizie segrete [...] sabotaggi e omicidi».[29]

Dopo alcuni mesi trascorsi a Roma, dev'essersi fatto chiaro ad Adriano Olivetti che quello non era il momento giusto, per un uomo d'ideali socialisti, per lanciare un movimento – pur nobile e guidato da ottime intenzioni – mirato a decentralizzare il potere. E a sconsigliarlo c'erano anche ragioni di ordine pratico. Prima di ogni tornata elettorale i partiti spuntano come funghi, ma quelli sorti nel dopoguerra erano un caso speciale, come ha osservato Norman Lewis all'inizio dell'estate del 1944. «Al momento esistono circa sessanta partiti politici riconosciuti a livello ufficiale, con una base che varia dal centinaio scarso di persone agli oltre due milioni, e molti propongono bizzarre ricette per la salvezza nazionale. Nell'area di Salerno c'è persino uno sparuto gruppo di fanatici che sostiene di aver scoperto la soluzione al problema del moto perpetuo, e di essere pronto a servirsene nell'interesse della nazione. Poi [...] ci sono le organizzazioni neofasciste clandestine e i separatisti. [...] L'ultima proposta dei separatisti per riformare l'Italia prevede la demolizione immediata di tutte le fabbriche, l'abolizione delle automobili e la ridenominazione dei mesi del calendario in base al pantheon romano. In questa stagione la follia [...] è diventata quasi rispettabile.»[30]

In inverno, a seguito delle elezioni del 1946, Adriano tornò a Ivrea. La cosa, però, sollevò nuovi problemi. Se si era aspettato che il fratello Massimo cedesse la carica di presidente con un sorriso pieno di gratitudine, scoprì presto che non sarebbe andata così; anzi, è probabile che si sentì opporre un secco rifiuto. Tra l'altro Massimo aveva il supporto di Carlo Lizier, marito della defunta Laura e padre di Mimmina, che per conto della figlia amministrava un sesto della fortuna di famiglia. In situazioni del genere entrambe le parti si sentono vittima di torti. Adriano, che era stato scelto dal padre per gestire la compagnia e l'aveva fatto con successo, adesso era pronto a condurre la società verso nuovi traguardi di popolarità. Massimo, più giovane di solo un anno, si era dimostrato altrettanto importante: aveva inventato nuovi macchinari grazie ai quali preservare il vantaggio competitivo dell'azienda, e aveva giocato un ruolo essenziale nell'introdurre idee che Adriano – privo dei suoi talenti – faceva probabilmente fatica a comprendere. La soluzione poteva essere quella di una presidenza condivisa, ma Carlo Lizier appoggiava in tutto le rivendicazioni di Massimo. Un acceso scambio di lettere mostrò quanto Massimo si sentisse ferito, e con quanta grinta fosse pronto a rintuzzare chi criticava la moglie. Sebbene nessuno citasse la cosa apertamente, e nonostante lo straordinario impegno che la donna aveva profuso nell'aiutare quanti scappavano dal regime, lei restava pur sempre una tedesca; forse, il resto della famiglia riteneva opportuno che i parenti acquisiti facessero un passo indietro e lasciassero ogni decisione ai figli di Camillo. Il loro verdetto fu scontato.

Fu a quel punto che entrò in scena Dino, il brillante e perspicace ultimogenito che aveva trascorso gli anni della guerra in Connecticut, dove lui e Posy stavano crescendo la loro giovane famiglia. Grazie alla distanza mantenuta fino ad allora, egli possedeva – o ne era convinto – il distacco necessario a valutare la cosa nella giusta prospettiva, e decise che era fondamentale garantire continuità alla linea intrapresa da Adriano. Si convinse di dover raggiungere Ivrea – e a quel tempo significava imbarcarsi in un viaggio di nove giorni in transatlantico – assieme a Posy e ai bambini; si sarebbero trasferiti al Convento, che Camillo aveva destinato a lui. Ciò significava, però, che Gertrud, Massimo, i loro figli e la madre di lei avrebbero dovuto trasferirsi. Loro assicurarono di essere pronti ad andarsene, eppure continuarono a stare lì; il che, come ovvio, portò gli altri a porsi qualche domanda. Adriano offrì a Massimo la guida della divisione spagnola della Olivetti. Massimo rispose che Gertrud non si sarebbe mai trasferita in Spagna; aggiunse però che era disposto a lasciare, in cambio di un sostanzioso accordo finanziario che remunerasse i suoi tanti brevetti. Adriano esitò, e si passò così alle vie legali. Schiacciato tra la determinazione di Adriano e la furia di Gertrud, Massimo finì con l'ammalarsi e fu costretto a letto. La moglie, sempre via lettera, cercò di addossare la colpa di quel male ad Adriano. Si era quasi giunti a un accordo quando, il 20 febbraio del 1949, il cuore di Massimo si fermò. Stava per compiere quarantasette anni.

David Olivetti, il primogenito di Dino, aveva appena sei anni quando si tenne il funerale di Massimo e non ne conservò ricordi diretti; fu sua madre a raccontargli l'accaduto. Camminando a braccetto diretti alla cerimonia, lui, il fratello Alfred, Posy e Adriano passarono di fronte al Convento, dove ancora abitava Gertrud. Di colpo si spalancò una finestra all'ultimo piano e comparve la figura della donna. Indossava solo una vestaglia: era chiaro che non avrebbe partecipato al funerale del marito. «Addio!» urlò. Poi la fece finita.[31]

10

Variazioni enigma

Si racconta che Camillo Olivetti, abituato ad aggirarsi a tutte le ore tra le linee del suo impianto, un giorno notò uno dei dipendenti che conversava animatamente con qualcuno. L'uomo in questione indossava impermeabile e cappello: era senza dubbio un visitatore inatteso. Olivetti si avvicinò allo sconosciuto e gli domandò: «Chi siete?». L'altro sfoderò un sorriso e rispose: «Uno psicologo». Venne sbattuto fuori seduta stante.

Non è detto che l'aneddoto sia vero, però illustra bene una delle maggiori differenze tra Camillo e Adriano: se il primo guardava con sospetto agli estranei – in fondo c'era sempre la possibilità che si trattasse di malintenzionati – il secondo dava loro il benvenuto. Anzi, meno li conosceva meglio era: chi poteva sapere quali contributi potesse dare uno sguardo nuovo, una mente fresca? Spesso lasciava che i nuovi venuti, persone provenienti dagli ambiti più improbabili, vagassero liberi, e chiedeva loro di annotare le proprie impressioni e raccomandazioni. Secondo Natalia Ginzburg, a rendere interessante Adriano era proprio la sua apertura mentale: era «sempre pronto a mandare in polvere quello che solo ieri aveva scelto e creato, sempre ansioso e inquieto nella ricerca del nuovo, ricerca che

metteva avanti a tutto, e di fronte alla quale non c'era
nulla che lo fermasse, né la considerazione della fortuna
ottenuta con le antiche invenzioni, né lo sgomento e le
proteste di quanti lo circondavano, i quali s'erano affe-
zionati a quelle invenzioni antiche e non capivano perché
mai si dovessero buttar via».[1]

Uno degli ultimi arrivati alla Olivetti, nel dopoguerra,
fu Giorgio Soavi, scrittore, romanziere e poeta (nessuna
parentela con Wanda Soavi). Sua figlia Albertina ha
raccontato che il padre, nel 1948, aveva incontrato Paola
a Fiesole; l'uomo, poco più che ventenne, aveva appena
lasciato l'esercito e pubblicava brevi racconti.

Paola l'aveva introdotto ad Adriano, che gli aveva
offerto il suo primo lavoro ben pagato: caporedattore
della rivista «Comunità». Poi Olivetti si era accorto che
la figlia Lidia – pelle di porcellana, incantevoli riccioli
ramati, figura delicata – non aveva ancora un fidanzato;
le aveva dunque presentato Giorgio, che di lì a poco si
era ritrovato sposato.

Senza dubbio, a guadagnargli le simpatie di Adriano
era stato un dono che i due avevano in comune: l'abilità
nello scovare talenti. Soavi avrebbe elevato quel fiuto
a vera e propria arte, portando al successo – nel corso
degli anni – parecchi giovani dotati e ambiziosi. Milton
Glaser, graphic designer americano cresciuto sotto la
sua ala, ha dichiarato: «L'atmosfera alla Olivetti rendeva
davvero difficile produrre lavori mediocri. Soavi sapeva
come selezionare l'incarico perfetto per ogni designer, e
come ispirare i collaboratori a dare il massimo. È stato il
miglior art director con cui abbia mai lavorato, sebbene
rifiutasse quel titolo; forse perché era anche poeta, romanziere, critico, biografo nonché artigiano e collezionista

di oggetti curiosi. Quello che passai alla Olivetti, e in particolare lavorando con Giorgio Soavi, fu un periodo d'oro, uno di quelli che gettano luce sull'intera vita di una persona, influenzandola sotto molteplici punti di vista, tanto professionali quanto umani. [...] Aveva fatto propria, nel senso più profondo, l'affermazione di Djagilev: "Stupitemi!"».[2]

Tra gli altri, Soavi scoprì anche Jean-Michel Folon, illustratore e artista belga d'ispirazione surrealista, e Paul Davis, graphic designer americano, quando entrambi erano appena agli inizi della loro carriera. Come caporedattore di «Comunità», nel corso della sua lunga carriera alla Olivetti commissionò articoli quali *Il realismo di Courbet* di Giulio Carlo Argan, *Eugenio Montale o della poesia militante* di Geno Pampaloni e *La poesia di Mario Luzi* di Franco Fortini. E assunse anche la direzione di una splendida collana di classici illustrati da artisti contemporanei. A partire dal 1969 si occupò inoltre di seguire un'agenda che Olivetti pubblicò ogni anno per quasi quattro decenni. Tra i tanti artisti cui commissionò dei lavori – personalità che andavano da Balthus a Bacon – merita una speciale menzione il pittore e ritrattista inglese Graham Sutherland. Le raffigurazioni di Sutherland risultavano spesso eccessive per i suoi modelli, che si sentivano punti nel vivo come nel caso di Winston Churchill, ma con Soavi andò diversamente: il ritratto rende piena giustizia al suo bell'aspetto. Unica stranezza, Giorgio vi compare legato a una sedia, le mani dietro la schiena. A detta del pittore, quel dettaglio simboleggiava il fatto che ogni artista è vincolato o limitato dal proprio talento. Forse, però, il termine cui stava pensando era «immobilizzato».

Come ha raccontato Albertina, fu proprio l'abilità di Giorgio nell'individuare giovani promettenti che portò alla fine del matrimonio con Lidia. «Mio padre cercava sempre artisti talentuosi, perché Adriano era intenzionato a potenziare quel genere di contatti. Aveva sentito parlare di Bruno Caruso, un giovane siciliano agli inizi della carriera, senza un soldo ma molto dotato; lo incontrò a Milano e di lì a poco prese a commissionargli lavori. Per sventura, anche mia madre conobbe Bruno. Dico "per sventura" perché all'epoca il matrimonio era in crisi. In breve lei decise di trasferirsi a Roma e iniziare una nuova vita con Bruno». Si direbbe che Giorgio abbia reagito con atteggiamento sereno alla rottura: accettò infatti di prendere parte a un servizio fotografico che all'epoca provocò un piccolo scandalo in famiglia. Nel ritratto Lidia è seduta, il corpo quasi interamente coperto da una pelliccia di leopardo posata sulla spalla destra, il mento retto con delicatezza dalla mano sinistra; fissa l'obiettivo con sguardo malinconico. Bruno, in completo nero, siede alla sua sinistra. Giorgio, in piedi dall'altro lato, indossa un vestito altrettanto scuro; la testa è inclinata di lato, la posa delle mani richiama un gesto di Jean-Louis Barrault, il mimo dolente di *Amanti perduti*, incapace di conquistare la sua bella.

Com'è facile immaginare, vista la passione di Adriano per l'editoria, il circolo di intellettuali da lui animato – e in rapida crescita – accoglieva anche giovani scrittori pronti ad affermarsi. Paolo Volponi, le cui opere incarnano il lato oscuro dell'industrializzazione e del capitalismo, lavorò per più di venti anni tra Olivetti e FIAT, impegnandosi anche sul fronte della politica; nel 1965 avrebbe vinto il premio Strega con *La macchina mondiale*, romanzo nel quale affrontava il tema dei pericoli dell'automazione.

Ottiero Ottieri – ideologicamente vicino ai socialisti, tanto da pubblicare una storia dei primi cento anni del partito – fu assunto da Olivetti negli anni Cinquanta come responsabile del personale, e lavorò fianco a fianco a Volponi. E a quel circolo erano legati anche Franco Fortini – pseudonimo di Franco Lattes, saggista, poeta e traduttore d'impronta marxista – e Giovanni Giudici, giornalista celebrato anche per i suoi versi.

Lavorare alla Olivetti era stimolante: vi si respirava aria di libertà, personale e intellettuale, come testimoniano tra l'altro le numerose iniziative organizzate dall'azienda: corsi di storia, educazione civica e storia dell'arte, oltre a concerti, festival cinematografici ed esibizioni artistiche di vario genere. La ricerca di Adriano, sempre tesa a trovare un approccio sincretico che unisse alla visione architettonica moderna anche istanze politiche e sociali, portò ancora una volta allo sviluppo di nuove teorie urbanistiche. Tra le opere che, come editore, portò al pubblico italiano c'erano tra l'altro le traduzioni di volumi quali *La cultura delle città* di Lewis Mumford (1953), *L'Italia costruisce* di George Kidder Smith (1955), *Architettura e società* di Erwin Gutkind (1958) e alcune opere di Le Corbusier: *La carta d'Atene* (1960) e *L'urbanistica dei tre insediamenti umani* (1961).

Anche l'autore e accademico Furio Colombo figura tra gli ex dipendenti di spicco dell'azienda: stava iniziando la sua carriera di giornalista a Milano quando venne scoperto da Olivetti. Una sera di fine 1959, mentre lasciava gli uffici della Olivetti nel capoluogo lombardo, vide Adriano «aggirarsi nel parcheggio».[3] Sembra dovesse prendere un treno, ma non trovava nessuno che gli desse un passaggio in stazione; in qualche modo, Colombo riuscì a sistemare lui e il suo bagaglio nella sua modesta FIAT Topolino e lo portò a destinazione. «Per strada mi raccontò che aveva comprato la Underwood e mi chiese se volessi andare negli Stati Uniti.» Ovviamente rispose di sì. «Tra l'altro voleva che mi occupassi delle assunzioni. Disse qualcosa come: "Dovresti scegliere persone simili a te per il progetto che stiamo portando avanti nel settore elettronico. Non basta che siano ingegneri, matematici o fisici: devono essere persone intelligenti e pronte alla sfida, assetate di nuove esperienze e dalla mente aperta, capaci di coltivare la propria visione e ragionarci su fino a trasformarla in realtà".»

A quanto risulta, quest'allettante offerta faceva seguito a un'altra, avanzata nel 1958: l'invito a seguire Adriano nella sua avventura politica. Colombo, però, in quel caso aveva esitato. Stando a quanto ha raccontato, non riusciva a «immaginare di partecipare a un'impresa di quel genere nell'ambito di un rapporto datore di lavoro-dipendente. Ma [Adriano] sembrava convinto che non ci fosse problema: dovevo solo tenere separate le due cose». Olivetti aveva continuato a insistere, e Colombo a rifiutare avanzando le proprie riserve. E se quel «no» gli fosse costato il lavoro? «A quel tempo era ormai diventato estremamente influente: potevo immaginare delle conseguenze.» Adriano ascoltava gentile, senza fare commenti. Alla fine Colombo aveva conservato il lavoro, e non solo: un paio di giorni dopo aveva persino ottenuto una promozione. «Mi fece direttore! [...] Fu una delle più grandi lezioni della mia vita. Ho sempre sperato di incontrare qualcun altro come lui, ma non è più successo.»[4]

Grazie ad alcuni aiuti del governo e al sostegno economico internazionale, l'azienda si era ripresa in fretta e aveva

L'esterno dell'entrata principale su via Jervis,
anni Cinquanta

ricominciato a esportare con successo i propri prodotti. Il
numero di dipendenti stava crescendo a vista d'occhio e,
tra il 1947 e il 1951, il capitale sociale decuplicò, passando
da 120 milioni di lire a 1,2 miliardi. Anziché riprendere
la produzione prebellica, Adriano reinventò i modelli da
cima a fondo. Il brillante designer della società, Marcello
Nizzoli, ebbe un riconoscimento immediato per la sua
riprogettazione radicale della macchina da scrivere per
ufficio, ora chiamata Lexikon 80. Secondo il Museum
of Modern Art di New York l'aveva infatti trasformata
nel «più bel prodotto della Olivetti. La scocca di metallo
bianco è diventata, nelle mani del designer, una vera e
propria scultura. [...] Molte delle piccole leve poste alle
estremità del carrello [...], responsabili dell'aria "irsuta"
della maggior parte dei modelli, sono [...] ingegnosamen-
te connesse al corpo centrale. In tal modo si ottiene un

aspetto pulito e semplice». Questa descrizione apparve in occasione della mostra dedicata all'estetica delle macchine Olivetti, «azienda leader in Occidente nel campo del design».[5] E quella fu solo la prima di diverse esposizioni.

Nemmeno la nuova macchina portatile, la Lettera 22, era un semplice miglioramento della rudimentale versione prebellica, la MP1 del 1935: infatti era stata anch'essa trasformata dal tocco magico di Nizzoli. Ispirandosi all'industria automobilistica, Nizzoli usò del metallo facilmente malleabile per nascondere i martelletti e riunire diverse leve, creando un ammirevole equilibrio tra lucide superfici curve e piatte. La Lettera 22 era leggera e progettata magnificamente, inoltre aveva un design inconfondibile: presto divenne motivo d'orgoglio professionale per schiere di inviati, e fu scelta anche da autori che amavano viaggiare come Gore Vidal, Luchino Visconti e Günter Grass (che ne possedeva ben tre). A Milano, il parco dedicato a Indro Montanelli ospita una statua del celebre giornalista, che tiene sulle ginocchia la sua immancabile Lettera 22. Questa macchina da scrivere si è giustamente guadagnata un posto nella *hall of fame* del design industriale, ed è considerata uno dei migliori cento prodotti del secolo.

Anche la Divisumma 14, nuova versione delle calcolatrici meccaniche prodotte dall'azienda, sfoggiava il superbo design di Nizzoli, e al contempo accoglieva profonde innovazioni tecniche. Assunto alla Olivetti come apprendista operaio, Natale Capellaro aveva fatto rapidamente carriera grazie alla sua straordinaria abilità nel ripensare la meccanica dei prodotti. Fino ad allora le calcolatrici Olivetti, che pure vendevano bene, avevano sfruttato solo componenti mobili di tipo meccanico;

ma Capellaro ebbe l'idea per una calcolatrice elettromeccanica dotata di stampante integrata: un vero salto
in avanti. La prima versione, cui ne sarebbero seguite
molte altre, comparve subito dopo la Seconda guerra
mondiale; era la macchina più veloce al mondo nell'e-
seguire moltiplicazioni, e la possibilità di stampare i
risultati era un'aggiunta straordinaria. Per realizzarne un
singolo esemplare erano necessarie dieci ore di lavoro,
lo stesso tempo richiesto per una macchina da scrivere
meccanica, ma il profitto che garantiva era enorme: tre
volte il costo di produzione. Alberto Vitale, entrato
in azienda nel 1943 come responsabile della divisione
macchine e presto promosso a direttore, ha dichiarato:
«Quell'invenzione decollò come un razzo. Niente poteva
uguagliarla, e garantì alla Olivetti entrate straordinarie».[6]
Per star dietro agli ordinativi si dovettero realizzare
nuovi impianti, quattro dei quali – in Italia, Spagna,
Brasile e Argentina – erano dedicati alla produzione
della Divisumma. Se ne sarebbero venduti sei milioni
di esemplari.

Nel 1967 la Harvard Business School pubblicò un
lungo studio sulla Olivetti, nel quale si osservava che a
partire dal 1953 – anno in cui Ugo Galassi venne nominato direttore commerciale – il numero di dipendenti
aveva ripreso a salire, raddoppiando e triplicando. I prezzi
dei prodotti erano competitivi, persino troppo secondo
alcuni dei competitor; la loro qualità faceva il paio con
l'eccellenza del design e i rivenditori erano ovunque.
«La Olivetti divenne famosa nel mondo per il numero di
uomini che [Galassi] schierò a presidiare il mercato. Un
rivale francese ha dichiarato: "Il problema di competere
con la Olivetti è che, se sbatti la porta in faccia a due dei

suoi venditori, ce n'è già un altro che prova a entrare dalla finestra".»[7] Vitale, che di Galassi divenne un caro amico, ha detto che «era un manager molto bravo, l'unico che potesse succedere a Adriano. Non so se condividesse il suo punto di vista, ma aveva un grande carisma». Parte del successo di Galassi aveva a che fare con la sua capacità di ispirare gli altri e il rifiuto di accettare risultati che non corrispondessero al meglio del meglio. «Se le vendite diminuivano, si infuriava. Esclamava: "Come osi presentarmi queste cifre?".» Eppure «la gente sarebbe andata in capo al mondo per lui».

L'esclamazione di Djagilev, «Stupitemi!», divenne il principio guida. Gli showroom che sorsero a Roma, Milano, Venezia, Parigi, Barcellona e in altre città erano esempi perfetti di cosa si potesse fare per catturare il pubblico, e spingerlo a comprare. L'azienda puntò molto sull'arte murale, e uno dei primi esempi fu collocato nello spazio espositivo di Roma. Con l'avanzare degli anni Cinquanta il design di quei saloni si fece via via più elaborato, ambizioso, concentrandosi spesso su quanto si poteva scorgere dalla strada. I prodotti stessi, con le loro forme squadrate e poco vistose e i colori neutri, dovevano essere ammantati di un alone di mistero, così da spingere i passanti a guardarli più da vicino entrando in quel magico negozio di giocattoli per bimbi cresciuti. Luci, spazi, colori, linee, riflessi: veniva sfruttato ogni espediente; e più l'effetto era inaspettato, migliore era il risultato.

A Parigi, in rue du Faubourg Saint-Honoré, elementi tubolari scendevano dall'alto soffitto per congiungersi alla schiera di macchine posizionate su piattaforme circolari illuminate dal basso. Gli espositori vennero trasformati in scale di plastica bianca che salivano sparendo nel vuoto. Quadri di Klee e Chagall abbellivano le pareti, mentre strane figure semiastratte che ricordavano quelle di Giacometti dilagavano all'interno. Il risultato era così straordinario che si iniziò a sfruttare lo showroom come galleria improvvisata.

Il salone di piazza San Marco, a Venezia, è citato come nobile esempio di sofisticata commistione tra arte e scultura, dove al contempo si vendevano prodotti dall'elegante design. Quella che si apriva come una stanza dalla forma allungata, buia e poco promettente, nella visione dello scultore Carlo Scarpa si tramutava in un sancta sanctorum misterioso e intrigante, tra marmi, vetri di Murano e piastrelle a mosaico. Scarpa progettò una scalinata composta da singole lastre di marmo miracolosamente sorrette da aste seminascoste: i gradini sembravano fluttuare impalpabili nel vuoto. All'ingresso fece posizionare una sua scultura astratta, *Nudo al sole*, montata in una vasca di marmo nero su cui gocciolava dell'acqua. Il risultato era tanto straordinario che, quando lo showroom chiuse, quello spazio fu recuperato e adibito a museo.

Forse, però, il fiore all'occhiello dei saloni Olivetti, quello che più rese orgoglioso Adriano, si trovava tra Fifth Avenue e 48th Street, a New York. Quando aprì lo showroom in quella location prestigiosa, il figlio di Camillo pronunciò un discorso sul coronamento di un sogno a lungo cullato. Nell'allestire quello spazio, si era prestata particolare attenzione a valorizzare il meglio della produzione italiana: marmo rosa e verde, lampade in vetro di murano che pendevano da lunghi cavi attaccati al soffitto... Non si era badato a spese pur di trasformare

L'ammiratissimo showroom di piazza San Marco, a Venezia,
anni Cinquanta

una semplice visita a un negozio in un'esperienza fatta di
scoperta e meraviglia. A impreziosirne la struttura c'era
anche un'opera murale, giustamente famosa, di Costantino Nivola; figlio di un muratore sardo, Nivola ne aveva

L'imponente opera in *sand casting* di Costantino Nivola, che
abbelliva lo showroom newyorkese della Olivetti negli anni Sessanta

sfruttato gli insegnamenti per sviluppare la complicata
tecnica conosciuta come *sand casting*: un lungo processo
che prevedeva la realizzazione di uno stampo in sabbia
con il negativo delle forme desiderate, sul quale poi colare
del calcestruzzo. Una volta installata, quell'opera ottenne

un enorme successo; tanto che nel 1970, con la chiusura dello showroom e lo smantellamento della struttura, venne trasferita allo Science Center dell'Harvard University, dove è rimasto da allora.

Ma l'elemento più iconico dello spazio espositivo era forse la Studio 44 sistemata di fuori dalla porta d'ingresso, su un supporto che si alzava come una stalagmite dal marmo verde del pavimento. I passanti erano invitati a provarla, cosa che fecero: a dieci mesi dalla sua installazione, nel maggio del 1954, fu calcolato che cinquantamila persone si erano fermate a premerne i tasti. Avevano anche dovuto sostituirla più volte, a causa delle birichinate di alcuni bambini. Si registravano persino delle presenze fisse, come il poeta Frank O'Hara, che amava battere qualche verso mentre «gironzolava nel chiassoso e riverberante splendore del mezzogiorno di Manhattan». Molti passanti lasciavano messaggi divertenti, ad esempio la ragazza che scrisse: «Rinuncerei ai miei spaghetti per questa Olivetti». Altri si affidavano alla classica frase coniata da Charles Weller, stenografo di tribunale, per testare velocità ed efficienza della sua nuova macchina: *Now is the time for all good men to come to the aid of the party.* Anche se, come prova, funziona meglio la frase: *The quick brown fox jumps over the lazy dog.*[8]

Un burlone si firmò «Marlon Brando» e lasciò un numero di telefono con il prefisso di Hollywood, invitando chiunque a fargli visita; chissà in quanti avranno provato a contattarlo. Per un po' di tempo, chi si avvicinava a provare la macchina venne fotografato di nascosto da un reporter della rivista «Life»; l'immagine più intrigante giunta fino a noi è quella di un misterioso visitatore – occhiali da sole, cappello a tesa larga, impermeabile – che scrisse: «jolhajoyrbakjg:nn». Si trattava forse di un messaggio in codice? Probabilmente no, visto che aggiunse: «Non so battere a macchina».[9]

Mentre Adriano sosteneva uno sforzo erculeo per far sì che tutto funzionasse al meglio, con le esportazioni di macchine da scrivere aumentate di sette volte e quelle delle calcolatrici di ventitré, il suo erede legittimo cresceva. Nel 1952 il ragazzo dagli occhi azzurri e dai ricci capelli rossi, che incantava tutti e ricordava tanto Camillo, aveva conseguito una laurea in statistica metodologica all'Università Bocconi di Milano.

Otto anni prima – nel 1944, a soli sedici anni – aveva ottenuto il permesso di andare a vivere in una casa sua, che avrebbe condiviso con Franco Ferrarotti. «Ebbi modo di conoscerlo bene in quell'appartamento di Milano, vicino a piazza della Scala. Uscivamo spesso insieme» ha ricordato Ferrarotti. «Si era fatto amico un professore di statistica. All'epoca, però, pensavo che Roberto fosse piuttosto frivolo: era viziato dai genitori, e troppe persone si impegnavano a semplificargli l'esistenza. Se andava a sciare e il motore dell'auto si piantava per il freddo, qualcuno partiva per andare a recuperarlo.» Tutti sapevano chi fosse, e non ebbe certo problemi a trovarsi delle ragazze; anzi, semmai ne frequentava un po' troppe, e quando voleva scaricarne una seguiva la tradizione inaugurata dal padre ai bei tempi: provava a trovarle un altro spasimante. Non andò così, però, nel caso del suo brevissimo matrimonio con Vittoria Berla, che era anche la sorella gemella del suo caro amico Riccardo. Secondo Milton Gendel, scrittore e fotografo espatriato dagli Stati Uniti, Vittoria era «incredibilmente bella», il tipo di donna che fa voltare tutti quando entra in un ristorante. Anche lui se ne era innamorato. Quando la cosa non funzionò, Adriano – che aveva presentato a Gendel la moglie – salvò la situazione facendo sì che lei lo ospitasse quando era a Roma.

Ferrarotti ha poi raccontato che «Roberto aveva uno splendido rapporto con il cognato di Adriano, Gino [Levi] Martinoli, che lavorava come manager alla Olivetti. Andavano insieme ovunque. E volevano a tutti i costi che imparassi a sciare», anche se Franco non ne vedeva il motivo. Ferrarotti, però, non menziona un dettaglio importante: Roberto era già una specie di pericolo pubblico e un grande amante della velocità; non importava che si trattasse di sfrecciare giù da una montagna sugli sci, in mare su una barca o per Central Park West a bordo di una Buick decapottabile. (Come la maggior parte degli Olivetti, Roberto parlava un inglese fluente; e in ogni caso, come usa dire, avrebbe potuto benissimo flirtare in tedesco.) Uno dei suoi primi incidenti aveva coinvolto anche l'amico Piermario, di Ivrea: i due erano usciti in barca dopo aver alzato il gomito, e avevano finito per rovesciarla. È incredibile quante volte Roberto sia uscito da situazioni simili senza rimetterci la pelle. Stando a quanto raccontato da David Olivetti, Adriano avrebbe detto che «se avesse elencato tutti i guai da cui aveva dovuto tirar fuori Roberto, avrebbe potuto riempire tre pagine scritte a mano. Si trattava per lo più di cose di poco conto, stupidate, come provare a togliersi il maglione mentre era al volante, e ritrovarsi a sbattere contro un muro».

E, sebbene la formazione di Roberto fosse perfetta per le esigenze dell'azienda, solo una foto lo ritrae accanto al padre nelle tante e ben documentate apparizioni pubbliche di Adriano, che si trattasse di conferenze, presentazioni, ricevimenti e i viaggi di piacere o tour nelle fabbriche. Ciò confermerebbe un'osservazione che hanno fatto in molti: non sembrava che Adriano stesse cercando un sostituto, men che meno nella figura del figlio. Sembra quasi di intravedere uno schema. Camillo, cresciuto senza il padre, appena diventato adulto aveva preso in mano la situazione, trattando la madre come qualcuno cui bisognava insegnare persino ad allacciarsi le scarpe; aveva guidato l'azienda in modo personalistico, assumendo ben presto il ruolo del benevolo datore di lavoro. La moglie, confidente silenziosa, era sempre restata in secondo piano. E la prima bicicletta che si era comprato non aveva i freni.

Adriano non mostrava la stessa passione per la velocità, e guidava piuttosto come un professore con la testa tra le nuvole, tanto da scordarsi di cambiar marcia. Tuttavia, nemmeno lui era cresciuto con un padre granché presente; in effetti non è chiaro quanto abbia visto Camillo, che ai giorni nostri definiremmo un maniaco del lavoro. Nel caso di Roberto, invece, erano state le circostanze a impedire che nascesse un vero legame tra padre e figlio: i genitori si erano separati quando lui era ancora piccolo; poi era scoppiata la guerra, con Adriano costretto alla fuga proprio negli anni cruciali in cui lui passava dalla pubertà all'età adulta. Secondo sua figlia Desire lui ammirava molto Adriano, e ne era al tempo stesso intimidito. «Quando suggeriva un'idea, Adriano subito la scartava: "Abbiamo provato, non funziona".»

Desire ha poi aggiunto: «Immagino dovesse sempre "controllarsi" quando si trovava assieme al padre. Pensare al lavoro, ai dipendenti, alla famiglia, al futuro. Aveva ricevuto un'educazione severa fin da piccolo: ci si aspettava che facesse il bravo, si comportasse bene e rispettasse l'etichetta. Per non parlare della formazione etica, del comportarsi con onore. Doveva pensare sempre agli altri». Era cresciuto intrappolato dagli obblighi.

Rispetto al dolore fisico era persino stoico. Una volta lui e la figlia erano andati a sciare assieme e mentre risalivano una pista, nel tardo pomeriggio, Desire aveva notato qualcosa. Sotto i calzoni al ginocchio il padre indossava pesanti calze di lana rossa, ma una delle due aveva un colore strano. Era zuppa di sangue. «Oh, già» aveva esclamato Roberto, fermandosi e abbassando il calzettone: una scheggia di legno gli si era conficcata nella gamba. Lui si era limitato a strapparla via e ricoprirsi. «Poi riprendemmo a sciare.»[10] Tutti lo ritenevano coraggioso, ma a volte era difficile dire se si trattasse di coraggio o piuttosto di mera avventatezza. Di certo si assumeva un sacco di rischi, proprio come il padre. Inge Schönthal Feltrinelli, sua amica di lunga data, ha raccontato che lei e il suo ultimo marito, Giangiacomo Feltrinelli, possedevano una casa nella campagna piemontese, una specie di castello semiabbandonato a soli quaranta minuti da Ivrea. Roberto adorava quell'abitazione e vi si recava spesso.

«Una volta – eravamo nel bel mezzo dell'inverno, tra Natale e Capodanno – si infilò nella sauna; di lì a poco ne uscì come un matto, solo per balzare nella piscina interna che [non essendo riscaldata] era coperta di ghiaccio. Si mise a nuotare tranquillo, quasi fosse un finlandese.» Inge era chiaramente combattuta tra ammirazione ed esasperazione. In un'altra occasione, ha ricordato, Roberto era montato su un gommone e aveva fatto rotta, da solo, verso la Sardegna. Ed era pure arrivato a destinazione.

In una giornata di sole, magari sulla spiaggia di Forte dei Marmi, poteva decidere d'un tratto di farsi una nuotata: allora sfilava le scarpe ed entrava in acqua vestito di tutto punto, nel suo miglior completo di lino bianco. Sciare e navigare erano il suo sfogo, e una fotografia lo ritrae sorridente seduto sul ponte della sua barca, a torso nudo e con i piedi scalzi. «Mi ha cresciuta come un ragazzo» ha raccontato Desire. «Convinta che nulla fosse pericoloso. "Buttati e basta!" diceva. L'unica attività che non avrebbe mai provato era il paracadutismo.»[11]

In molti hanno parlato dello stretto legame tra Roberto e la madre. Basti pensare alla foto che li ritrae insieme nel giardino di Fiesole: è indicativo, e toccante, l'atteggiamento protettivo di lui, al contempo spaurito e sprezzante. Paola e il figlio sono quasi nella stessa posa, indossano vestiti molto simili e addirittura portano al polso due orologi identici, con il quadrante rettangolare e il cinturino nero. Alcune persone, in effetti, ricordano che Roberto aveva disegnato un orologio da donna – sottile cassa rettangolare, cinturino nero – e ne aveva fatte realizzare due copie, tenendone una per sé. Sul suo braccio, quell'accessorio femminile appariva sproporzionato, come ha confermato Desire: «Provate a immaginare quel piccolo orologio sul suo grosso polso…!».

Il culto italiano del legame madre-figlio è fin troppo noto, e non serve porvi ulteriormente l'accento; lo stesso vale per il rapporto tra le madri ebree e i loro figli maschi, fonte d'infinite battute (che ruotano perlopiù attorno alla disponibilità della donna a buttarsi giù da una rupe pur di far felice il suo pupillo). Come osserva John Hooper in *The Italians*, «è difficile immaginare di poter crescere con un genitore più volitivo e iperprotettivo dello stereotipo della madre ebrea».[12] *Mamma*, celebre canzone degli anni Quaranta riportata in auge da Luciano Pavarotti, termina con i versi: «Queste parole d'amore / che ti sospira il mio cuore / forse non s'usano più. / Mamma, / ma la canzone mia più bella sei tu. / Sei tu la vita / e per la vita non ti lascio mai più!». Hooper nota come, nel testo inglese, il sentimento espresso si limiti alla nostalgia di rivedere la propria madre, mentre quello italiano suona un po' troppo incestuoso per non mettere a disagio. Ed è una ragazza a cantare queste parole.

Parlando di Paola, Desire ha raccontato: «Da piccola ero la sua cocca, e io la adoravo. Mi amava in modo particolare perché ero figlioletta di Roberto». Ma era indulgente anche con gli altri suoi nipoti, maschi e femmine, che ogni estate la raggiungevano per le vacanze al mare a Forte dei Marmi, dove gli Olivetti avevano una villa. Desire ha poi ricordato un aneddoto particolare: un giorno, uno dei nipotini disse alla nonna che voleva andare in bici sull'acqua; anziché fargli notare che era impossibile, Paola lo portò alla spiaggia con la bici e lasciò che lo capisse da solo. Ovviamente era una padrona di casa scrupolosa, ed era sorprendentemente preparata in materia di gestione domestica. «Sapeva tutto della moda; conosceva le tecniche di sartoria e quelle per i rammendi. Poteva parlarti di stile nell'arte, nell'abbigliamento e in ogni altro campo; sapeva come prendersi cura del mobilio e come pulire l'argenteria. [...] Metteva passione in tutto ciò che faceva. Ricordo di averla vista passare la cera sui mobili perché sentiva che il legno aveva bisogno di nutrimento. Tutto in casa era curatissimo, compreso il giardino. Noi dovevamo vestirci e comportarci in modo appropriato, e lei non usciva mai senza cappello. La cura delle unghie le portava via parecchio tempo, e ogni mattina passava mezz'ora a truccarsi davanti allo specchio. Senza il giusto make up non avrebbe nemmeno aperto la porta al postino.»

Se a cena organizzava un party e i camerieri andavano via subito dopo il servizio, Paola si metteva a svuotare i piatti, li impilava con attenzione e li copriva con uno strofinaccio, perché la domestica li pulisse la mattina seguente. La chiamava la sua «pila ipocritica», un gioco di parole tra «ipocrita» e «ipercritica». Trovava che fosse un'ottima battuta. Poi andava in camera da letto, dove l'attendevano i suoi libri e il ritratto di Proust. Secondo sua nipote «era una persona romantica e introspettiva, capace di pensieri molto profondi». Non è ben chiaro, però, cosa pensassero di lei le successive mogli di Roberto, che dopo Vittoria sposò Anna Nogara ed Elisa-Maria Bucci Casari. Una delle due riteneva che fosse «troppo protettiva» nei confronti di Roberto. Anna Nogara, la madre di Desire, ne apprezzava le qualità ma trovava complicato andare d'accordo con lei. «Una volta chiesi a Roberto: "Perché Paola è tanto difficile?". "Perché è così" mi rispose. "È fatta così".»[13]

A molti piaceva pensare che Paola e Adriano fossero pronti a rimettersi insieme: entrambi avrebbero detto di sì, se solo l'altro avesse fatto la prima mossa. Forse era vero, forse no; fatto sta che, lasciata alle spalle la Seconda guerra mondiale, qualcun'altra conquistò l'affetto di Adriano. Capelli biondi e occhi azzurri, sembrava la fatina dei suoi sogni di bambino. Si chiamava Grazia, figlia di Paolo Galletti e di sua moglie Germana, nata a Piacenza nel novembre del 1925. Siccome il padre era colonnello dell'esercito, la famiglia si era trasferita più volte nel corso degli anni. Poi, all'inizio del conflitto, pare che i suoi genitori si fossero separati; Paolo era poi stato inviato in Africa, mentre Germana e la bambina si erano trasferite a Roma. Beniamino de' Liguori Carino, nipote di Grazia ora alla guida della Fondazione Adriano Olivetti, ha detto che Germana era «una donna bellissima e molto elegante; pianista professionista, per mantenersi dava lezioni di musica e lavorava come ricamatrice. Si era specializzata nel realizzare vestiti per i negozi per bambini». Grazia ha ricordato il primo bombardamento su Roma: si trovava per strada, e stava andando a vendere dei ricami che lei e la madre avevano appena terminato. Erano scappate. Prima a Ivrea, poi a Torino, sempre attente a evitare le pattuglie delle SS. Infine erano tornate a Ivrea. È possibile che Grazia e Adriano si fossero già incontrati, quando lei era ancora un'adolescente. A ogni modo, sembravano destinati a incontrarsi: Wanda Soavi era infatti la zia di Grazia.

Il profondo attaccamento di Adriano per quella giovane è una sorta di mistero, le cui ragioni vanno forse cercate in nodi irrisolti dello sviluppo adolescenziale. Nelle lettere inviate tra il 1948 e il 1949, quando Grazia aveva appena vent'anni, Olivetti raccontava di aver paura di perderla, e di sentirsi per questo stupido e «goffo», proprio come un adolescente. Tra lui e lei c'era una bella differenza d'età, venticinque anni, e a quei tempi la cosa poteva essere un serio ostacolo al matrimonio. Non è dunque difficile indovinare quale fu la reazione dei genitori di Grazia; tanto più che erano cattolici, sebbene separati. Adriano però non demordeva: voleva sposarla. C'erano degli ostacoli? Be', li avrebbe rimossi. Non scordiamo che all'epoca, in Italia, il divorzio era illegale, e tale sarebbe rimasto fino al 1970. Esistevano però dei sistemi per aggirare il problema, e alla fine Olivetti la spuntò: facendo annullare il suo precedente matrimonio nella Repubblica di San Marino, e chiese anche di farsi battezzare con rito cattolico. Avrebbe fatto qualsiasi cosa pur di conquistare la sua ragazza dei sogni, con i capelli biondi e gli occhi azzurri.

Non sappiamo per certo come fosse finita tra lui e Wanda. Sembra che Adriano l'avesse chiamata al telefono, un giorno, dicendo: «Sposiamoci domani! Insisto!». Lei, però, aveva esitato: «Ma Adriano, non ho nulla da mettermi!». Per tutta risposta, lui aveva messo giù la cornetta e si era sposato con Grazia. Di certo ci manca qualche passaggio. È probabile che i due avessero già parlato di matrimonio, e che anzi fosse stata lei la prima a insistere in tal senso. Poi, però, si era messa a sollevare obiezioni, e Adriano era esasperato. Ma cos'avrà provato Wanda, scoprendo che Olivetti avrebbe sposato sua nipote? Sembra l'intreccio del terzo atto di un melodramma.

Adriano e Grazia convolarono a nozze nella chiesa di Santa Prisca all'Aventino, a Roma, nel gennaio del 1950. I figli di lui, che avevano all'incirca l'età della sposa, trovarono scuse più o meno valide per non presentarsi: Roberto era da qualche parte in Austria, Lidia era a sciare con Giorgio Soavi, suo futuro marito, a Sestriere. Nel bell'album rilegato che David Olivetti ha dedicato alla famiglia – in parte albero genealogico, in parte registro di unioni e nascite – non c'è nemmeno una foto del matrimonio. Ce ne sono diverse, però, che ritraggono i due alla fine di quell'anno, mentre carichi d'orgoglio tengono fra le braccia l'ultima arrivata, Laura, detta Lalla.

In una delle lettere inviate a Grazia, Adriano le aveva parlato del senso di vocazione religiosa che stava alla base di tutto il suo operato. L'intera sua vita, scriveva, era volta a gettare le basi per il regno di Dio, pur consapevole che la pietra da lui posta era solo una fra mille. Il Signore l'aveva toccato con il racconto del giovane ricco che dona tutti i suoi averi ai poveri. E Adriano amava i poveri, quanti soffrivano e non avevano neanche una coperta da stendersi addosso o una giacca da indossare. «La redenzione dalla miseria e la lotta all'egoismo sono la mia vita, anche se il cammino che mi attende è lungo e difficoltoso. Dio è stato buono e generoso con me, e so che mi assisterà. Non tradirò la sua fiducia.»[14]

Poco prima della nascita di Laura, il 6 dicembre 1950, Grazia tornò da una visita in clinica e trovò il marito in un bagno di sudore, che annaspava in cerca di aria. Aveva avuto un infarto, e servirono molti mesi perché si rimettesse. D'altra parte, la cosa non stupisce: nel 1950 l'azienda si era espansa a un ritmo che l'Harvard Graduate School of Business Administration definì «febbrile»; giungere a quei risultati aveva richiesto un'energia e una concentrazione sovraumane. Adriano aveva portato la durata della settimana lavorativa a quarantacinque ore, dalle quarantotto considerate normali per gli standard dell'epoca; già quella era una decisione inaudita, ma lui vi aggiunse altri benefit, consolidando la leadership della Olivetti in tema di qualità dei contratti. Grazie a quelle attenzioni e a una buona paga, la manodopera qualificata poteva prosperare, e così l'azienda. Tra la fine degli anni Cinquanta e l'inizio del decennio successivo la compagnia continuò a rafforzare la propria posizione, fino ad aggiudicarsi il 27 per cento del mercato mondiale delle macchine da scrivere e il 38 per cento di quello delle calcolatrici.[15] Negli anni Sessanta la Olivetti era ormai al vertice della produzione mondiale di macchine per l'ufficio, la 6ª compagnia italiana e la 103ª nella classifica stilata dalla rivista «Fortune» sulle duecento più importanti aziende non statunitensi; era presente in 117 Paesi e aveva 54.000 dipendenti in giro per il globo; gli introiti delle vendite, che si aggiravano intorno ai 450 milioni di dollari, provenivano al 20 per cento dal mercato interno e all'80 per cento da quello estero.[16]

Quello sviluppo economico fu accompagnato da un'altrettanto rapida espansione delle strutture fisiche. Nel 1953 iniziarono i lavori per una nuova mensa dal design esagonale – tributo alle idee di Frank Lloyd Wright – che rimpiazzò il vecchio edificio circolare.[17] L'anno seguente in via Jervis si gettarono le fondamenta di un Centro per i servizi sociali. E nel 1951 era incominciata la realizzazione di un polo dedicato a ricerca e sviluppo. Il progetto più ambizioso, però, era forse l'imponente ampliamento – affidato a Figini e Pollini – dello stabilimento principale, che venne avviato nel 1955 e andò avanti per diversi anni. Seguirono un altro asilo; diversi impianti in Argentina e Brasile; un resort per le vacanze estive degli impiegati a Brusson, in Val d'Ayas, realizzato tra il 1960 e il 1964...[18] La lista era lunga. E poi c'era Matera.

In *Cristo si è fermato a Eboli*, pubblicato per la prima volta nel 1945, Carlo Levi non illustrava solo la condizione disperata dei contadini presso i quali aveva trascorso il periodo di confino, ma anche quella della vicina città di Matera e dell'antico insediamento – visitato dalla sorella – conosciuto come i Sassi, sviluppatosi su grotte abitate sin dal Paleolitico. Negli anni Trenta i Sassi ospitavano circa sessantamila persone, tutte o quasi in condizioni di estrema povertà; gli abitanti di quel groviglio di caverne ed edifici scavati nei fianchi scoscesi di una ripida gola erano perlopiù analfabeti, soffrivano di malnutrizione ed erano affetti cronicamente da malaria, tracoma e antrace. Erano insomma considerati «la vergogna d'Italia». Levi descrive un degrado che lascia allucinati, in un contesto che aveva «la forma con cui, a scuola, immaginavamo l'inferno di Dante».[19] Quegli insediamenti preistorici si erano ormai trasformati in sudici ricettacoli di malattie, al cui interno «erano tenuti, in umidi angoli, gli animali da cortile, il pollame scorrazzava tra i tavoli per il pasto e il tasso di mortalità infantile era tremendo».[20]

Dopo che il primo ministro Alcide De Gasperi aveva visitato i Sassi nel 1950, definendoli appunto «una vergogna nazionale», il governo italiano unì le forze con quelle delle Nazioni Unite per edificare un nuovo insediamento, La Martella, dove fece trasferire migliaia di persone. Olivetti, concretamente impegnato per lo sviluppo del Sud, assunse l'importante ruolo di pianificatore: avrebbe rimpiazzato i tuguri con nuove case dotate di acqua corrente, luce, riscaldamento e impianto fognario. Per ragioni politiche il progetto andava terminato in pochissimo tempo, soli tre anni, anche a costo di costruire edifici al risparmio che avrebbero poi presentato costanti problemi, in particolare di umidità.[21] La cosa ironica è che i Sassi, architettonicamente complessi e ricchi di tracce lasciate dai precedenti abitanti nel corso dei secoli, contenevano anche veri e propri tesori, come gli inestimabili affreschi bizantini che abbellivano le chiese scavate nella roccia.

Un patrimonio che è stato poi riscoperto, e ha convinto a trasformare quelle costruzioni in hotel, ristoranti, gallerie d'arte e via dicendo. Alcune famiglie di Matera hanno rimesso a nuovo le antiche rovine, le hanno dotate di moderni servizi e ne hanno ricavato appartamenti destinati al circuito dei bed and breakfast, che è possibile affittare anche su Airbnb. Dove un tempo vivevano i pastori, a stretto contatto con greggi e pollame, ora dormono i turisti. Così va il mondo.

Ma, per Adriano, garantire ai poveri un pasto, una casa e un'educazione, seppur lodevole, non era abbastanza. Il suo chiodo fisso era da sempre quello di riconciliare la catena di montaggio e le persone condannate a servirla; combatteva con quel problema sin dal giorno in cui si era trovato a fronteggiarlo di persona, arretrando per l'orrore. E il progetto che più si avvicinava a realizzare quell'obiettivo era il complesso di fabbriche ed edifici pensato per Pozzuoli.

Proprio come Matera, la città di Pozzuoli – alla periferia di Napoli – si è sviluppata sulle tracce stratificate della propria lunga storia. Già i greci vi avevano edificato una colonia, ma erano stati i romani, giunti nell'area nel 194 a.C., ad assegnarle il nome di Puteoli. L'origine di tale toponimo va ricercata tanto nella parola *puteus*, ovvero «pozzo», come allusione alle grotte delle sibille che predicevano il futuro, quanto nel verbo *puteo*, ossia «puzzare», in riferimento ai fumi solforosi di quelle aree vulcaniche. In tempi antichi Pozzuoli si era affermata come importante città portuale, e non a caso la flotta romana di stanza nelle vicinanze era la più grande al mondo. All'epoca di Adriano, però, la situazione era molto cambiata: l'economia cittadina era ben poco sviluppata, e dipendeva ampiamente da turismo e agricoltura. Olivetti voleva cambiare le cose. «Porta avanti un progetto pilota in un'area depressa» scrisse il magazine «Fortune». «Ha scelto una cittadina povera, dove il lavoro scarseggia, ma non così malmessa da dover essere ricostruita da zero. Il suo obiettivo era impiantare al Sud, che si presumeva poco efficiente, un'impresa produttiva, così da attirare nuove industrie nella zona. [...] Innanzitutto Adriano e il suo architetto, Luigi Cosenza, hanno selezionato un punto di particolare impato, affacciato sul golfo di Baia, con Capri e Ischia che s'intravedono in lontananza.»[22] Volevano creare un luogo di lavoro che fosse «uno strumento di realizzazione e non una fonte di sofferenza», come spiegò Adriano. Niente muri senza finestre, niente aria condizionata: il vetro avrebbe rimpiazzato mattoni e cemento, e condotti d'aerazione studiati appositamente avrebbero reso superfluo l'uso di condizionatori. Si sarebbe enfatizzato il magnifico contesto in cui sorgeva l'impianto, facendo sì che gli alberi e l'erba, gli uccellini e i fiori fossero una costante «fonte di benessere durante la giornata lavorativa».[23] La natura avrebbe pervaso la routine quotidiana anziché esserne esclusa.

Il progetto di Cosenza è considerato un modello: l'esempio perfetto di cosa fare per trarre il massimo vantaggio da un sito in pendenza e con una vista panoramica. L'architetto stesso ha dichiarato: «Desideravo che la fabbrica assomigliasse meno a una prigione. Che sia una prigione è un dato di fatto, non lo si può cambiare, ma io volevo renderla quanto più diversa possibile dai vecchi stabilimenti». Ci riuscì: secondo «Fortune» creò un edificio «che può essere scambiato per un raffinato resort hotel, o un moderno sanatorio. [...] Cosenza ha creato un impianto unico per eleganza, e che restituisce un profondo senso di libertà. Da ogni banco e postazione della catena di montaggio si vede l'esterno. Qua e là, fra i due bassi edifici collegati a creare un insieme armonico, sorgono stagni delimitati da muri in cemento dalle forme astratte».[24]

Il complesso di Pozzuoli prevedeva anche una mensa affacciata sul golfo di Napoli, un centro per i servizi sociali, una palestra, una biblioteca, una chiesa, negozi e scuole. Ancora una volta il celebre tocco Olivetti, il genio dell'azienda, trasformava l'estetica in profitto. Per chi era abbastanza fortunato da lavorarvi, l'impianto rappresentava un sogno divenuto realtà. Per Adriano, però, l'esperimento di Pozzuoli era parte di un disegno più ampio, guidato dalla convinzione che il piacere per il lavoro si traduca nella creazione di oggetti esteticamente belli. Forse aveva ripreso quei concetti dalle righe finali di un romanzo apparso circa sessant'anni prima, nel 1891: *Notizie da nessun luogo*, di William Morris. L'autore, infatti, chiudeva la propria opera con le parole: «Se altri riescono a vedere ciò che ho visto io, allora possiamo chiamarla visione anziché sogno».

11

Un'esperienza incredibile

Per me è indifferente / donde comincerò: /
là infatti di nuovo ritornerò.

Parmenide di Elea

Nel marzo del 1953 Iosif Stalin morì, e il suo posto alla
guida dell'Unione Sovietica fu preso da Nikita Chruščëv.
In quello stesso mese, per pura coincidenza, arrivava a
Roma la nuova ambasciatrice dagli Stati Uniti. Si trattava
della prima donna cui fosse affidata una sede diplomatica
tanto importante, e il cambio ai vertici dell'URSS faceva per
lei poca differenza: restava una fervente anticomunista,
chiunque fosse al potere.

Oltre che esponente del mondo politico e diplomatico,
Clare Boothe Luce era corrispondente di guerra, speaker
carismatica e moglie di Henry Luce, l'editore di «Time»,
«Life» e «Fortune». Si era guadagnata un discreto successo
anche come commediografa – con la pièce *The Women*,
che aveva esordito a Broadway nel 1936 – e come autrice di
aforismi dalla spiccata vena sarcastica, che si erano presto
imposti nel linguaggio comune; sono sue, ad esempio,
celebri massime quali: «Nessuna buona azione rimane
impunita» e «L'ospedale non è un posto per malati». Ma,
più di ogni altra cosa, Clare era determinata ad avere
successo in ciò che faceva; perché, come si era accorta
da tempo, se una singola donna fallisce in un'impresa
qualsiasi le persone sono subito pronte a pensare che

nessuna donna possa riuscire, in nessun campo. Be', lei avrebbe dimostrato che avevano torto marcio.

Nei cinque anni trascorsi dalle elezioni del 1948 – manipolate dagli Stati Uniti con maestria e largo impiego di denaro, per tenere i comunisti lontani dal potere – poco in Italia era cambiato. Il Paese era ancora considerato il fronte della Guerra fredda e la «linea di confine tra ideologie contrapposte», come ha osservato Daniele Ganser in NATO's secret armies. «Nello schieramento a sinistra operava il PCI [Partito comunista italiano], che raccoglieva ampi consensi ed era sostenuto da fondi segreti dell'Unione Sovietica. [...] Dall'altra parte operavano la CIA, l'intelligence militare italiana con il suo braccio armato Gladio e i diversi terroristi di destra.»[1] Tra questi ultimi c'erano non solo ex fascisti come il Principe nero, ma anche membri della mafia. Già nel 1943, per facilitare lo sbarco alleato in Sicilia, il boss Charles «Lucky» Luciano – che all'epoca stava scontando negli Stati Uniti una pena detentiva di cinquant'anni – era stato liberato e incaricato di mettersi in contatto con i clan locali; e dopo la vittoria la CIA si era mostrata ben contenta di «mantenere viva l'amicizia segreta con la mafia siciliana, in nome della lotta al comunismo in Italia».[2] Lotta alla quale collaborava anche Gladio.

Dopo lo sviluppo della prima atomica sovietica, il lancio dello Sputnik, le dispute sulla divisione della Germania e il blocco di Berlino, la tensione fra le due superpotenze mondiali era – se possibile – persino salita. E la situazione fu ulteriormente esacerbata dall'ascesa di Joseph McCarthy, senatore del Wisconsin secondo il quale «i traditori» – ovvero i simpatizzanti comunisti – avevano ormai infiltrato ogni ambito della società americana.

E, proprio in quel frangente, l'Italia forniva nuovi motivi di preoccupazione. Le elezioni del giugno del 1953 sancirono infatti un passo avanti per l'area della sinistra: pur correndo separati, il Partito comunista e il Partito socialista ottennero globalmente un risultato migliore rispetto alle precedenti consultazioni (seppur comunque inferiore a quello della DC). William Colby, nuovo responsabile della CIA in Italia, insediatosi proprio quell'anno, temeva che «il bacino elettorale di comunisti e socialisti potesse crescere fino a renderli la forza principale della politica italiana».[3] «Il mio lavoro [...] era evitare che l'Italia finisse in mano ai comunisti nelle successive elezioni [che si sarebbero tenute nel 1958] e che quindi le difese militari della NATO venissero aggirate [...] da una quinta colonna di matrice sovversiva.»[4]

In quel periodo, peraltro, gli interventi della CIA non si limitavano all'Italia. Alcuni studi sorretti da un'ottima documentazione – in particolare il libro *Killing hope. U.S. military and CIA interventions since World War II*[5] – elencano oltre cinquanta operazioni mirate ad assassinare politici stranieri, a partire dal leader nazionalista sudcoreano Kim Gu, che nel 1949 era all'opposizione e premeva per una riunificazione con Pyongyang, e da Mohammad Mossadeq, primo ministro iraniano tra il 1951 e il 1953. Uno schema che proseguì negli anni Sessanta, portando tra l'altro a maldestri e talvolta strampalati tentativi di uccidere Fidel Castro, addirittura usando un sigaro esplosivo. La pratica del *targeted killing*, o «omicidio mirato», fu archiviata solo grazie all'indagine parlamentare della commissione Church, formata nel 1975.

In Italia la strada privilegiata era la manipolazione del voto, in parte attraverso enormi tangenti – che la nuova ambasciatrice definiva *arm twisting*, letteralmente «torcere il braccio» – mascherate da aiuti economici. Oltre al Piano Marshall, infatti, il Congresso statunitense aveva varato l'Offshore Procurement: un programma per dare in appalto ad aziende dei Paesi NATO la produzione di componenti per attrezzature militari. Ma come ha chiarito Wells Stabler – diplomatico che al tempo lavorava nell'ufficio politico dell'ambasciata statunitense a Roma – si poteva assegnare la commessa solo ad aziende la cui rappresentanza sindacale di maggioranza appartenesse allo schieramento democratico. Se i lavoratori della società erano rappresentati da sindacati di stampo comunista l'accesso al progetto era precluso. «Si giocava duro sulla questione» ha aggiunto Stabler, «nella convinzione che fosse il modo migliore per tenere a bada i comunisti.»[6]

La FIAT, che oltre alle automobili produceva componenti per sistemi d'arma, era determinata a ottenere appalti dell'Offshore Procurement. La pratica venne gestita in un primo momento dal presidente Vittorio Valletta – che la Luce ha definito «il cervello dell'operazione» – poi passò in mano a Gianni Agnelli, a capo della famiglia che deteneva la proprietà della FIAT. Quando si trovò a dare un giudizio sull'arguzia di Valletta, che tutti chiamavano il Professore, l'ambasciatrice disse che non voleva paragonarlo a Lee Iacocca, celebre amministratore delegato della Chrysler, perché «avrebbe potuto mangiarsi Iacocca in un boccone».[7] Valletta andava spesso nell'ufficio della diplomatica per negoziare gli agognati appalti, e dopo ogni visita lei riceveva un enorme mazzo di rose rosse.

«Un giorno, per discutere di un contratto particolarmente importante, Valletta arrivò accompagnato da Gianni Agnelli in persona» ha raccontato ancora la Luce.

Il problema era che, nelle ultime consultazioni, i lavoratori della FIAT si erano espressi a maggioranza in favore dei sindacati di stampo comunista. Quindi lei avrebbe dovuto rifiutare l'appalto alla società. Gianni Agnelli la pregò di cambiare idea, Valletta arrivò quasi a supplicarla. «E io dissi: "No". Insomma, rimasero lì per due ore. [...] Agnelli se ne andò per primo; Valletta restò sulla porta, a parlare con me, ancora un minuto, poi Gianni lo chiamò urlando e lui uscì.» Quella sera l'ambasciatrice ricevette il più grande mazzo di rose rosse che avesse mai visto. Era splendido. «Pensai: "Mio Dio, ho capito cos'è successo. Le ha ordinate prima di parlare con me".»[8] Era un po' troppo sicuro di sé. In seguito, però, Valletta avrebbe negato che le cose fossero andate così.

L'ambasciatrice Luce aveva ottimi motivi per andar fiera del suo incontro con due dei più importanti industriali d'Italia. Come ha dichiarato Thomas W. Fina, anche lui all'epoca in servizio a Roma: «Avevamo molte risorse, a quel tempo: risorse finanziarie e politiche, oltre ad amici, possibilità di ricatto e tutte le strategie cui le grandi potenze [...] hanno tradizionalmente fatto ricorso nel trattare con alleati e nemici. Stipulavamo contratti militari, negavamo contratti militari; finanziavamo partiti, ritiravamo i finanziamenti; davamo soldi a determinati politici e non ad altri, sovvenzionavamo la pubblicazione di libri o programmi radiofonici; accordavamo o rifiutavamo i visti. In Italia mettemmo in campo ogni opzione, segreta o palese, che una grande potenza [...] avesse mai tentato, imitando fascisti, comunisti e nazisti».[9]

Fina ha inoltre aggiunto che i diplomatici non avevano il permesso di parlare ai membri del Partito comunista o socialista, in nessuna occasione. Erano *off limits*. Se a qualcuno capitava di incontrarli a un cocktail party doveva voltarsi dall'altra parte. Regola che non si applicava, come ovvio, alle personalità di peso, ma erano davvero poche. Secondo Fina «l'Italia è un Paese straordinario, nel quale a prendere le decisioni è un ristrettissimo numero di persone. Tutti conoscono tutti, metà della popolazione è imparentata con l'altra metà, e anche due avversari politici possono essere amici intimi». Tanto più che stanno tutti a Roma. «Nessuno si sognerebbe di lasciare la capitale: è lì che, da mattina a sera, bollono in pentola tutti gli intrighi politici. Come usa dire, se volti le spalle te la sei cercata.»[10]

A quel tempo, nella limitata cerchia di persone che contavano davvero c'era anche un signore basso e curvo che era solito indossare completi grigi, da decenni non parlava con i giornalisti e si era imposto la regola ferrea di non farsi mai fotografare. Si trattava di Enrico Cuccia, che allora aveva circa cinquant'anni e, come vedremo, avrebbe giocato un ruolo centrale nel destino della Olivetti. Nato a Roma nel 1907 da una famiglia di origini siciliane, Cuccia aveva iniziato la sua carriera alla Banca d'Italia e nel 1934 era poi stato scelto per lavorare all'Istituto per la ricostruzione industriale, o IRI, ente statale creato dal governo fascista per occuparsi – almeno inizialmente – del salvataggio di aziende e istituti di credito. Nel 1946, in piena ricostruzione postbellica, fu nominato direttore generale di Mediobanca, istituto specializzato nel finanziamento a medio e lungo termine agli industriali; in base a una legge di dieci anni prima, infatti, quell'attività era incompatibile con il credito a breve termine, settore scelto dalle altre banche principali.[11] Di lì a poco, Mediobanca aveva iniziato a comprare azioni di importanti aziende come la FIAT e la Pirelli. Era così iniziata la vera ascesa di Cuccia, che in breve sarebbe diventato «la chiave di volta della struttura di potere nel settore privato italiano», come ha scritto Alan Friedman.[12]

«Burattinaio della finanza italiana, personaggio ostinato e vendicativo con una reputazione – durata tutta la vita – da creatore e distruttore di aziende, contratti e persino uomini, Cuccia, come si dice in Italia, non si fidava nemmeno della sua stessa ombra»: così lo descrive Alan Friedman.[13] «Paradossalmente, visto che era controllata dallo Stato [attraverso gli istituti che detenevano la maggioranza azionaria, a loro volta in mano all'IRI], Mediobanca divenne uno strumento in mano agli imprenditori. Cuccia usava la sua posizione privilegiata [...] per tessere una tela di partecipazioni incrociate.»[14] Con questo ingegnoso sistema, in Italia il settore capitalistico si trasformò nell'orticello di «una ristretta élite di alleati, che detenevano posizioni minoritarie ma strategiche l'uno nell'azienda dell'altro».[15] Spesso le operazioni non prevedevano nemmeno uno scambio di denaro: «La proprietà di una società poteva essere trasferita da un nodo all'altro della rete», a danno dei piccoli investitori «spostando il contenuto di una tasca in un'altra».[16]

Tale posizione di enorme vantaggio sul piano finanziario garantiva un'influenza assoluta, tanto diretta quanto indiretta. Un imprenditore milanese che l'aveva sperimentato sulla propria pelle è arrivato ad affermare: «Se provi a contrariarli ti cancellano dalla mappa».[17]

Pare, però, che alcuni membri di questo circolo ristretto fossero più importanti di altri, e che Cuccia abbia favorito a lungo gli interessi di aziende quali la FIAT e la Pirelli a scapito di altre, senza comunque preoccuparsi dell'interesse pubblico che Mediobanca avrebbe dovuto servire.[18] È sempre difficile, nel contesto italiano, capire quando gli interessi legati al business e quelli personali si saldano e rinforzano a vicenda. Di certo, le famiglie di Cuccia e Agnelli erano in stretti rapporti da parecchio tempo. Alan Friedman ha scritto che «i critici più severi [di Agnelli] sostengono che nella mafia ogni padrino abbia il suo consigliere, e nella rete del potere finanziario italiano Gianni Agnelli aveva Enrico Cuccia».[19]

Nelle verdeggianti campagne attorno a Pisa, appena fuori dal quartiere di Barbaricina, una graziosa villa sorge seminascosta dai pini del parco di San Rossore. L'area, famosa per i maneggi e le scuderie di cavalli da corsa, balzò agli onori della cronaca perché da lì veniva Enrico Camici, fantino che conquistò svariate gare in sella a uno dei più grandi campioni di galoppo di sempre: Ribot. Pare che talvolta si potesse vedere quello splendido animale allenarsi nella campagna attorno alla villa, in compagnia del suo fantino dalle gambe arcuate. Se ci si trovava a passare da quelle parti, a piedi o in macchina, bisognava dunque prestare attenzione a non offendere la sensibilità della più bella e volubile tra le creature, o così si diceva.

In una mattina dell'aprile 1957 Pier Giorgio Perotto, giovane ingegnere che aveva passato due anni alla FIAT, partì da Torino sulla sua 600 – che forse non era la macchina più piccola al mondo, ma di certo era «quanto rimaneva» dell'esperienza in azienda – per raggiungere il nuovo laboratorio di ricerche elettroniche della Olivetti. Sarebbe diventato una figura centrale nella corsa alla realizzazione del primo computer europeo. Aveva sostenuto diversi colloqui, tutti rigorosissimi, per quel posto, ed era sorpreso che l'avessero assunto. Arrivato a destinazione scoprì un'elegante villa del XIX secolo con terrazze circondate da uno splendido parco; nulla indicava che si trattasse di un laboratorio aziendale. Il contrasto tra la villa e i cupi impianti che si era lasciato alle spalle non avrebbe potuto essere più netto. «Per giunta» ha scritto Perotto «il direttore del laboratorio, l'ingegner Mario Tchou, che era figlio di un diplomatico cinese presso il Vaticano, dava l'impressione di coniugare alta tecnologia e cultura millenaria.»[20]

Il laboratorio era un'idea di Roberto Olivetti. Dopo essersi laureato, nel 1954 aveva trascorso un anno a specializzarsi in business administration alla Harvard University. Si dice che un giorno avesse portato il padre a pranzo con Enrico Fermi – il fisico che aveva supervisionato la creazione del primo reattore nucleare della storia – mentre era in visita a Roma. Il motivo dell'incontro? Voleva convincere Adriano a investire in ricerca e sviluppo nel nuovo e promettente campo dell'elettronica. Alcune fonti sostengono che fosse il 1954, ma è probabile che la data vada anticipata: Fermi, malato di cancro allo stomaco, sarebbe morto a Chicago nel novembre di quello stesso anno. Di certo un piccolo centro di ricerca era già stato creato a New Canaan, Connecticut, nel 1952; se ne era occupato Dino, che stava facendo carriera nella divisione nordamericana della società.

Sembra invece plausibile che – mentre la Olivetti decideva di allestire un laboratorio più grande in Italia, avviando una collaborazione (di breve durata) con il dipartimento di Fisica dell'Università di Pisa – sia stata notata la figura di un brillante e giovane ingegnere. Mario Tchou, alto e vestito sempre in modo impeccabile, era una specie di esponente dell'internazionalismo in anticipo sui tempi.

Il padre, Yin Tchou, era stato inviato a Roma quando la Cina era guidata da Chiang Kai-shek, come ambasciatore presso il Vaticano. Mario era dunque cresciuto lì e parlava un perfetto italiano, oltre a un inglese fluente. Vinta una borsa di studio, si era trasferito negli Stati Uniti e a New York aveva conosciuto una studentessa cinese, che aveva sposato. Nel 1952 era già professore associato alla Columbia, dove lavorava nel campo dell'ingegneria elettrica, e di lì a poco era stato nominato direttore del Marcellus Hartley Laboratory.

Non si sa di preciso chi abbia «scoperto» Tchou, se Dino, Roberto o Adriano, ma di certo il progetto in Olivetti venne avviato solo quando si trovò la persona perfetta per gestirlo, ovvero nel 1955. Da quel momento, alla porta dell'ombrosa villa tra i pini cominciarono a presentarsi giovani talenti, uno dopo l'altro, e andarono a formare un gruppetto a dir poco trasandato. Martin Friedman era il supervisore di Perotto: «Un simpatico ingegnere inglese [...] che di solito indossava una maglietta sbrindellata e i pantaloni legati in vita con una corda». Del gruppo faceva parte anche Giuseppe Calogero, che ha ricordato l'incontro con un giovane canadese di nome Webb, «un po' un precursore dei figli dei fiori»; Webb girava su una vecchia decappottabile degli anni Venti, che aveva perso la capotta e «sembrava una vasca da bagno con le ruote».[21] Quegli strani soggetti arrivavano lì nei modi più disparati: su macchine malandate e senza una portiera, in sella a biciclette arrugginite o persino a piedi. Quasi nessuno di loro aveva dimestichezza con l'elettronica. Remo Galletti, un ingegnere triestino, era trattato con particolare rispetto proprio perché ne sapeva più degli altri. Venivano da tutta Europa e avevano invariabilmente occhi vivaci e mente aperta, in ossequio al tormentone di Adriano secondo cui la personalità contava più dell'esperienza (che in ogni caso era minima). Erano appassionati, infaticabili e burloni. Friedman, l'inglese, era sempre in prima linea quando si trattava di scherzi. Nel suo libro di memorie Calogero ha raccontato che, secondo Friedman, la cosa più spassosa era far credere che un macchinario appena realizzato stesse per prendere fuoco. Una volta si era nascosto nei bagni, aveva sistemato un lungo tubo che raggiungeva uno degli apparecchi, poi si era messo a soffiarci dentro il fumo di alcune sigarette. Quando gli altri, presi dal panico, si erano affrettati a scollegare gli alimentatori, lui era saltato fuori ridendo a crepapelle e aveva rivelato il trucchetto.[22]

Il compito inizialmente affidato a Perotto fu costruire la consolle per il nuovo progetto, chiamato Elea 9003: il loro primo calcolatore. Era un elaboratore *mainframe*, così chiamato perché i circuiti erano montati su ampi telai – *frames*, in inglese – di metallo. Per funzionare, oltre a enormi quantità di energia e un sistema di condizionamento dell'aria, aveva bisogno di migliaia di valvole termoioniche e di pavimenti rialzati per ospitare i cavi di collegamento. A quel tempo tutti gli elaboratori erano enormi – alcuni occupavano la superficie di un campo di tennis – ed erano progettati per risolvere problemi tutto sommato basilari: calcolare la velocità di colpi d'artiglieria o decrittare codici cifrati. Erano così ingombranti e complicati che non li si poteva spostare e c'era bisogno di operatori specializzati per farli funzionare. Non si compravano: si noleggiavano. Durante la Seconda guerra mondiale si erano impiegati elaborati computer analogici e il sistema a schede perforate dell'IBM per costruire le bombe atomiche sganciate su Hiroshima e Nagasaki. Il primo, vero passo in avanti era arrivato nel 1946 con l'E-NIAC (da Electronic numerical integrator and computer) della University of Pennsylvania, che comunque costava una cifra stratosferica (oggi si aggirerebbe sui sei milioni di dollari) ed era enorme (pesava 2700 chili), ma eseguiva in soli trenta secondi calcoli che avrebbero richiesto dodici ore usando una calcolatrice portatile.

Poi nel 1950 era scoppiata la Guerra di Corea: servivano nuovi armamenti, così diversi milioni di dollari – provenienti dalle tasse dei contribuenti – erano stati investiti nello sviluppo di sistemi di lancio per armi di distruzione di massa. A quel tempo l'IBM, che già nel 1940 si era messa al servizio del governo americano, era ormai diventata l'ennesimo ramo dell'industria militare nazionale; una delle missioni affidate all'azienda era stata realizzare un computer – poi chiamato Sage – da usare per il programma di difesa aerea voluto dall'aviazione. Negli anni ne avrebbe costruiti cinquantasei, al costo di trenta milioni di dollari l'uno, che sarebbero serviti anche per il lancio e il tracciamento dei satelliti utilizzati nelle missioni Apollo e nei viaggi dello space shuttle. L'azienda avrebbe inoltre progettato e sviluppato missili balistici intercontinentali da armare con testate nucleari. Tra il 1958 e il 1961 – sulla data precisa non c'è un accordo unanime – gli Stati Uniti installarono in dieci siti italiani trenta missili Jupiter, puntati contro l'Unione Sovietica. Il progetto, top secret, fu la vera causa della crisi dei missili di Cuba nel 1962, ma l'opinione pubblica americana non ne venne informata. In teoria nemmeno il popolo italiano ne era a conoscenza, eppure qualcosa dev'essere trapelato perché si scatenò una protesta. E, in effetti, tenere a lungo la cosa segreta non era affatto semplice: complessivamente in Europa sarebbero stati installati circa settemila missili. Come se questo arsenale letale non fosse abbastanza, a dieci anni dalla fine della Seconda guerra mondiale tanto gli Stati Uniti quanto l'URSS avevano sviluppato modelli di bomba a idrogeno, mille volte più potenti degli ordigni sganciati su Londra, Berlino e Colonia.

Nel suo libro *My journey at the nuclear brink*, l'ex segretario della Difesa William J. Perry ha raccontato il terrore di un annientamento nucleare che si respirava durante la Guerra fredda; quella paura aveva «dirottato milioni di dollari in fondi federali verso il supporto al lavoro di difesa iniziato in gran segreto nella Silicon Valley».[23] Nel recensire il volume, Jerry Brown ha sottolineato che Perry sapeva bene come vari gruppi di pressione legati a «innovazioni tecniche, profitti privati, impiego delle tasse, gadget a uso civile, armi di distruzione di massa, tecnologia satellitare, computer e il sempre più esteso settore della sorveglianza» avessero contribuito a incentivare la corsa agli armamenti. Ha poi ricordato la vicenda, mai svelata prima, del team guidato da Allen Dulles cui nel 1959 era stata affidata la questione del «gap missilistico». Il Congresso, convintosi che l'Unione Sovietica avesse molti più missili degli Stati Uniti, aveva incaricato Dulles di scoprire se era vero; non lo era, ha rivelato Perry, ma ciò non aveva fermato i politici. Perry aveva persino fatto parte di un gruppo selezionato di analisti messo insieme dal presidente Kennedy durante la crisi dei missili di Cuba. Lo scopo era determinare quanto fossero pericolosi gli armamenti sovietici. Come ha raccontato Brown: «Ogni mattina, quando [Perry] raggiungeva il centro di analisi, diceva a se stesso che sarebbe stato il suo "ultimo giorno sulla terra"».[24] Intanto, in quella che sarebbe poi diventata la Silicon Valley, il laboratorio di ricerca dell'IBM faceva rapidi progressi nella progettazione di computer. L'azienda aveva ormai un ruolo cruciale nel garantire all'America la possibilità di produrre armamenti avanzati, quindi era fondamentale che si proteggesse da eventuali sabotaggi, così come dalla concorrenza.

Mentre la crisi progrediva verso la mutua distruzione assicurata, cosa di cui erano tutti consapevoli, la Olivetti si lanciava nella sfida dell'elettronica con quella che sembrava folle noncuranza. In realtà non era proprio così. Al laboratorio di ricerche elettroniche erano consci che, con la resa agli Alleati del 1943, l'Italia aveva accettato tra l'altro il divieto a progettare, produrre, importare ed esportare armi da guerra; ne era vietato anche il semplice transito sul territorio nazionale. In ogni caso, la società intendeva sviluppare computer a uso civile, quindi i dirigenti della Olivetti erano convinti che non ci sarebbero stati problemi. L'obiettivo principale, come sempre nel mondo degli affari, era surclassare la concorrenza. Forse già allora, nella mente di Roberto o Mario Tchou, si andava delineando l'idea di un personal computer da scrivania, ma nessuno ne aveva mai realizzato uno: al momento ciò che contava era creare un mainframe migliorato, più economico o più piccolo o più veloce degli altri. Possibilmente tutte e tre le cose.

Quando a Perotto dissero di prendere lima e martello e costruire la consolle, fu preso alla sprovvista. «La cosa non sembrava particolarmente esaltante, ma la presi come una delle tante stranezze di quell'ambiente.» Si mise a lavoro, e stava dando gli ultimi ritocchi quando Mario

Tchu fece notare, con il suo garbo consueto, che forse le competenze di quell'ingegnere potevano essere sfruttate in modo migliore. «Mi venne così affidato il progetto di una piccola macchina elettronica che doveva servire a convertire i piccoli nastri perforati prodotti da una nuova generazione di macchine contabili meccaniche costruite a Ivrea in schede perforate da immettere poi in un calcolatore che le avrebbe elaborate.» Decise dunque di consultarsi con gli ingeneri della sede principale, solo per scoprire l'esistenza di una profonda rivalità tra la divisione meccanica e quella elettronica; un sentimento che sarebbe sfociato in aperta ostilità negli anni seguenti. I progettisti di Ivrea non avevano alcuna intenzione di dargli una mano. Consideravano i membri del gruppo pisano come idioti «che andavano a caccia di farfalle», e non vedevano perché mai semplificargli il lavoro. Era un avvertimento per la dirigenza: persino a quello stadio, i dipendenti ritenevano che la nuova invenzione minacciasse la loro posizione. Con la consueta diplomazia, Mario Tchou suggerì di accantonare la speranza di cooperare con Ivrea: Perotto avrebbe dovuto inventarsi qualcosa.

«Anche se dovevo lavorare da solo, l'idea di essere responsabile in toto di un progetto mi diede una carica particolare» ha scritto Perotto. Intanto si avvicinava la Fiera campionaria di Milano del 1958, e tutti lavoravano come si fossero autoimposti di presenziare a quell'evento. L'obiettivo a lungo termine non era assemblare una macchina da componenti prefabbricate, ma progettarle e costruirle in proprio. Roberto aveva dato a Mario un orizzonte temporale: aveva tra i tre e i cinque anni per creare il primo mainframe d'Europa. La squadra di Tchou – cresciuta in fretta da una cinquantina di ingegneri a diverse centinaia di uomini, fino a comprendere mille persone – riuscì a produrre l'Elea prima del 1959. Il convertitore di nastri perforati di Perotto era un elemento fondamentale nello sviluppo del progetto, e fu pronto in tempo per la fiera.

Lucio Borriello, che aveva qualche esperienza ingegneristica in campo radiofonico e televisivo, era stato tra i primi assunti e ha reso merito a Mario Tchou per i rapidi progressi. Tchou, le maniche della camicia sempre arrotolate fino al gomito, «era di gran lunga il miglior manager che abbia mai incontrato».[25] Possedeva una dote rara: la capacità di intuire quali fossero le abilità di ognuno e stimolarle, ispirandoli perché fossero disposti a lavorare per tutto il tempo necessario. E in effetti alcune delle idee migliori nascevano proprio dopo l'orario di lavoro. «Per me e Mario fu naturale diventare amici, e preferivamo passare i fine settimana assieme anziché tornare a casa. Per via dell'aura di mistero che circondava il laboratorio, mia moglie mi confidò che a Pisa credevano stessimo cercando di costruire una bomba nucleare italiana.»

Un altro ostacolo da superare era legato alle valvole termoioniche, utilizzate in tutti i grandi calcolatori, inclusi quelli dell'IBM: causavano parecchi problemi. I transistor erano la soluzione, ma si trattava di una tecnologia agli albori, dal basso rendimento e con parecchie limitazioni, che proprio per questo era stata circoscritta a strumenti quali le radio portatili. Erano ancora considerati una novità. Ma, tra il 1957 e il 1958, Tchou decise che il laboratorio doveva passare interamente ai transistor. Avevano già prodotto due prototipi dell'Elea che impiegavano valvole termoioniche, e i risultati non erano soddisfacenti: bisognava fare qualcosa. Come migliorare le prestazioni della

Roberto Olivetti (a sinistra) e Mario Tchou, artefici dell'ingresso
della Olivetti nell'ambito della ricerca elettronica, 1960-1961

versione più grande e ambiziosa, l'Elea 9003? Il primo
passo era creare una nuova società, che chiamarono SGS,
per produrre i propri transistor. Franco Filippazzi, altro
pioniere del laboratorio di ricerche elettroniche, ha detto:
«Era un mondo in continua evoluzione. E, in qualche
modo, noi ci ritrovammo alla testa di quella rivoluzione.
Fu un'esperienza incredibile».[26]

Anche Ettore Sottsass, architetto e designer, avrebbe
giocato un ruolo fondamentale nelle prime conquiste del
laboratorio di ricerche elettroniche. Era stato «scoperto» da
Giorgio Soavi, che lo ha ricordato come «uno dei giovani
più belli che avessi mai visto, elegante e audace, con quello
sguardo vagamente assonnato, quasi pigro, e il vezzo di
definirsi "Sottsass junior"».[27] Quando fu necessario trovare un designer industriale per il laboratorio di Tchou,
Soavi scelse lui, sostenendo che fosse la persona giusta per

progettare il futuro. Riteneva che Sottsass avrebbe apprezzato il fascino poetico di Tchou, ingegnere gentile che combinava due rari talenti: i vasti interessi dell'inventore e l'accuratezza dello scienziato. Per Roberto fu l'inizio di una lunga amicizia. Ormai ventenne, il figlio di Adriano stava sviluppando una passione per l'architettura e l'arte che non lo avrebbe più abbandonato; negli anni a venire si sarebbe assicurato un'eclettica e invidiabile collezione d'arte. Una volta commissionò un appartamento a Milano che non aveva pareti, a eccezione del bagno: dal soggiorno si potevano scorgere diversi accessori intimi. È probabile che abbia assimilato per osmosi alcune delle tecniche manageriali di Tchou, semplicemente osservandolo mentre faceva con competenza il suo lavoro; ma di sicuro c'è di più: i due erano spesso insieme e, dopo qualche whisky, passavano interminabili serate a parlare, tanto dei prodotti da realizzare e vendere quanto di questioni esistenziali. Il genere di discussioni che, secondo Sottsass, «potevi fare solo alla Olivetti».[28]

Il documentario girato da Pietro Contadini sulla creazione di Elea 9003 fornisce importanti approfondimenti sull'esperienza di quanti lavorarono al progetto, incluso Ettore Sottsass. C'è una scena che si svolge in un laboratorio. Sottsass – basso, stempiato, capelli e baffi bianchi e un codino che gli taglia le scapole – entra nella stanza; indossa una camicia bianca aperta sul collo e un comodo maglione grigio. Tutto nel suo atteggiamento, compreso il gesticolare delle grandi mani esperte, suggerisce calma e misurata contemplazione. Rievoca il momento in cui scoprì per la prima volta la portata della sfida che lo attendeva.

«Dissi di sì, ma me ne andai terrificato, perché non sapevo bene cosa fare. [...] Progettare un qualche vecchio armadio non mi interessava granché. Continuavo a pensare a quell'ambiente, con il mistero delle sue componenti elettroniche, e a come potessi organizzare quel mistero.» Sottsass alludeva alla schiera di armadi adattati dalle centraline telefoniche e disposti in file ordinate, alti fino a tre metri. «Era come vivere in un enorme guardaroba.»[29] La sua prima idea fu quella di ridurne l'altezza, in modo che la squadra potesse vedere oltre quegli armadi anziché sentirsi come barricata. Di norma si rialzava il pavimento per lasciare spazio ai cavi di collegamento, ma Sottsass riteneva di poter raggiungere lo stesso risultato – e a un costo minore – facendo passare i cavi sopra le macchine.

Il problema era la sensazione di entrare in un ambiente gelido e vorticante, senza confini né barriere: una parentesi di nulla sul limitare di uno spazio infinito e agghiacciante. Di certo non l'esperienza migliore per un potenziale cliente, ma forse funzionava per le persone coinvolte nel progetto. Decise dunque di riprogettare gli armadi perché apparissero ancora più spaventosi, «quasi severi, come custodissero una misteriosa divinità».[30] Così usò strutture in metallo nero, cui vennero aggiunte porte in alluminio. Piazzate una a fianco all'altra il risultato era «una sorta di struttura argentata e assolutamente misteriosa; non si vedeva altro che un blocco quasi metafisico di lucido metallo, una schiera maligna e insondabile».[31] Chiamarono Adriano a giudicare il risultato. Come ha raccontato Sottsass: «Restò lì in piedi per un quarto d'ora, apparentemente immobile di fronte agli armadi, lo staff schierato alle sue spalle». Sottsass restò in attesa per quella che parve un'eternità, fino ad «avere la sensazione di non esistere nemmeno più». Poi Adriano si pronunciò: «Va bene, Sottsass. Ora, per favore, procedi spedito». E se ne andò.[32]

La collaborazione tra Sottsass e la Olivetti continuò in modo proficuo nei dieci anni successivi, ma il rapporto rischiò di interrompersi in modo brusco nel 1961: l'architetto si ammalò durante un viaggio in India, e presentava dei sintomi che i medici italiani non erano in grado di identificare. Come ha scritto Barbara Radice: «Il suo sangue cominciò a perdere densità, come si trasformasse in acqua. Viveva con un'endovena attaccata al braccio».[33] Un giorno il suo medico gli suggerì di fare testamento; l'ultima speranza era consultare il professor John Luetscher, celebre endocrinologo del Palo Alto University Hospital, in California. Lo avvisò, però, che il costo del trattamento sarebbe stato proibitivo. Sottsass era a un passo dalla morte. Nel giro di due giorni Roberto ottenne visti, documenti e biglietti, e gli fece aprire un conto bancario con credito illimitato. Sottsass venne trasferito in California e iniziò subito il trattamento sperimentale. Pian piano si riprese: Roberto gli aveva salvato la vita.[34]

L'Elea 9003 del 1959 deve il suo nome a un'innovativa scuola filosofica fiorita nel V secolo avanti Cristo nell'omonimo insediamento greco, nel Sud Italia. Il suo principale esponente fu Parmenide, secondo il quale l'essere aveva natura statica e immutabile, mentre il divenire sperimentato dai sensi era pura illusione, inconoscibile. Quella posizione sull'essenza ultima delle cose divenne la base del pensiero platonico e, più avanti, il fondamento della gnosi cristiana.

Altre aziende usavano codici numerici per identificare le proprie invenzioni, ma Adriano voleva un nome che riassumesse le sue convinzioni più profonde, e al tempo stesso contenesse un riferimento alla novità filosofica introdotta da Parmenide nel mondo antico.

In meno di due anni la sua divisione elettronica – sgangherata, casinista e formata da liberi pensatori – aveva prodotto non solo il primo computer italiano, ma il primo computer interamente a transistor della storia. La sua potenza computazionale, che andava dalle otto alle diecimila istruzioni al secondo, restò insuperata per parecchio tempo. Il prodotto della Olivetti fu seguito, a qualche mese di distanza, dal primo computer a transistor della IBM, e un anno dopo la stessa società varò la serie 7070. Il primo Elea 9003 fu installato nell'azienda tessile Marzotto e il secondo in una banca, la Monte dei Paschi di Siena, il più antico istituto di credito ancora in attività (fu fondata nel 1472) e una realtà economica fondamentale per il commercio e la vendita al dettaglio. Quel particolare modello sarebbe stato adottato da circa quaranta clienti, ma Tchou ne stava già progettando versioni migliorate. Intanto la fertile immaginazione di Roberto si era già spostata su un'invenzione ancor più radicale.

Eppure c'era un dato irritante per gli Olivetti: la mancanza di supporto economico da parte delle istituzioni nazionali, sebbene l'azienda avesse donato un Elea 9003 al ministero del Tesoro. Mario Tchou colse appieno l'ironia della cosa; come osservò in un'intervista a «Paese Sera»: «Al giorno d'oggi abbiamo raggiunto gli stessi progressi qualitativi dei nostri competitor, ma loro ricevono un ingente supporto finanziario dal proprio governo. La ricerca nel campo dell'elettronica, specie per applicazioni militari, viene sovvenzionata generosamente negli Stati Uniti. E anche la Gran Bretagna vi investe milioni di sterline. Lo sforzo compiuto dalla Olivetti è enorme, ma altre aziende possono sperare in un futuro più roseo [del nostro], perché ricevono finanziamenti pubblici».[35]

Chi avrebbe dovuto ascoltare quel rimprovero fece orecchie da mercante. Nel frattempo Adriano, che nei mesi precedenti all'uscita del computer avrebbe potuto dedicare le sue energie erculee a stringere accordi per trovare sussidi pubblici, era impegnato altrove. Non aveva rinunciato all'idea del suo movimento politico: ne aveva solo posticipato la nascita. E aveva deciso che le elezioni del 1958 rappresentavano un'ottima opportunità. Nel 1953 il suo vecchio compare Allen Dulles era stato nominato direttore della CIA, il che gli garantiva un aggancio ai piani alti. Così Olivetti aveva inviato miriadi di lettere, chiedendo di incontrare lui e altre personalità per ribadire alcuni punti. Innanzitutto non supportava né apprezzava il Partito comunista, per via della sua insistenza sul capitalismo di Stato, che lui riteneva il preludio al totalitarismo.[36] Come non si stancava di ripetere, il Movimento Comunità puntava invece a una struttura organizzata dal basso verso l'alto. Inoltre disapprovava profondamente il fatto che i socialisti, schieramento che sentiva come proprio, avessero unito le forze con i comunisti. Con il suo solito ottimismo, sosteneva che persuadendo il Partito socialista ad allontanarsi dai comunisti si sarebbe riequilibrata la situazione, proprio come speravano gli americani. Le sue lettere ruotavano tutte attorno a un unico argomento: i soldi per lanciare Comunità. Pensava di poter ottenere dei fondi dalla Ford Foundation, ma non era andata bene. Aveva contattato Gianni Agnelli, che in risposta gli aveva inviato una lettera prestampata. A quel punto, Adriano riponeva tutte le sue speranze nell'influente aiuto di Mr Dulles, della CIA.

Negli otto anni di presidenza di Eisenhower, tra il 1953 e il 1961, Dulles fu incaricato di contenere le mire dell'URSS «senza ulteriori aggravi di spesa per le forze convenzionali statunitensi, e senza rischiare una guerra nucleare», come riporta il suo profilo biografico redatto dalla CIA.[37] Il suo compito era tenere i contatti con forze sociali, lavorative, culturali e studentesche apertamente antisovietiche in tutta Europa, il che prevedeva anche sostenere, o almeno incoraggiare, i progetti di Olivetti, che Dulles amava chiamare «l'affascinante utopista». Secondo la preziosa storia dell'Italia nel dopoguerra realizzata da Paul Ginsborg, con l'avvicinarsi delle elezioni del 1958 la politica entrò in pieno fermento, persino più del solito. Olivetti voleva allontanare i socialisti dai comunisti e ridare al partito la sua indipendenza. Anche Amintore Fanfani, segretario della Democrazia cristiana e leader della corrente interna Iniziativa democratica, puntava allo stesso obiettivo, ma per attrarre i socialisti nell'area di influenza del suo partito. Propose dunque un'«apertura a sinistra», che avrebbe garantito ai socialisti un ruolo nel nuovo esecutivo. Fu una mossa sorprendente, che ebbe conseguenze inaspettate: la corrente di Fanfani si divise, e un gruppo riuscì a far eleggere per un pugno di voti Aldo Moro come nuovo segretario generale.[38] Fanfani fu sostituito anche alla guida del Consiglio dei ministri, da Antonio Segni, che però restò in carica solo un anno, a sua volta rimpiazzato dal cinquantanovenne Fernando Tambroni. Dettaglio curioso, il nuovo esecutivo si insediò a neanche un mese dalla morte di Adriano Olivetti, mancato il 27 febbraio 1960.

Durante la campagna per le elezioni del 1958 Adriano si era dimostrato infaticabile: si spostava da una zona all'altra, dalla Sardegna alla Basilicata, da Roma a Torino, determinato a dare il massimo. Renzo Zorzi, suo amico e celebre pilota automobilistico, ha dichiarato: «Per chi lo conosceva, quella fu una campagna straziante. Non aveva speranze: era timido, ritroso, incapace di demagogia e abituato a un linguaggio [qui, con tutta probabilità, il riferimento è al gergo ingegneristico] che non aveva presa su un elettorato indifferente». Contro ogni evidenza, Olivetti era convinto che pacatezza, logica e ragione sarebbero bastate a convincere gli elettori. Non immaginava nemmeno quanto torto avesse. Al posto dei tre senatori e dei sette o nove deputati che era convinto di poter fare eleggere, abbastanza per agire da forza moderatrice in Parlamento, Comunità si aggiudicò un solo seggio, quello di Adriano.[39] Un risultato a dir poco deludente, specie per un obiettivo cui aveva dedicato parte della sua vita sin dalla fuga in Svizzera. Forse si era aspettato, e non a torto, che gli Stati Uniti avrebbero apprezzato la sua brillante visione; proprio per questo aveva inviato una valanga di lettere ad Allen Dulles, e a chiunque altro gli venisse in mente. La corrispondenza con la CIA, ora di pubblico dominio, mostra come Olivetti abbia cercato più volte di mettere in chiaro la propria visione e fornire sagaci valutazioni sul pensiero politico dominante in Italia (spiegando altresì perché la sua concezione fosse decisamente superiore). Con tutta probabilità non seppe mai che qualcuno di molto vicino a lui riferiva all'Agenzia in merito ai suoi obiettivi e alle sue speranze. Un lui o una lei che parlava inglese quasi da madrelingua,[40] che «conosce bene Olivetti, e ha studiato il Movimento Communita [*sic*] da vicino», come riporta una comunicazione interna datata 5 dicembre 1957.

Ed è altrettanto probabile che Olivetti non abbia mai scoperto di essere stato dipinto per anni, da Dulles, con quel tipo di sopportazione divertita che si riserva a uno zio fuori di testa o a un inguaribile sognatore.[41] In ogni caso, i suoi scarsi risultati politici avrebbero confermato tale valutazione. Dal punto di vista degli americani, Olivetti era inutile. Quasi di certo fu in quel momento che evaporò il minimo di benevolenza che Dulles poteva aver provato nei suoi confronti. Ma pare difficile che Adriano se ne sia accorto: l'ultima lettera che scrisse, in quel giorno fatale di febbraio, era indirizzata proprio al direttore della CIA, cui continuava a ripetere le stesse argomentazioni.

Se la vita da industriale e in parte da politico (per un breve periodo era stato anche sindaco di Ivrea) di Adriano era in continua evoluzione, lo stesso può dirsi della sua vita privata. Poco dopo la nascita di Laura, con Grazia erano iniziati i problemi. Secondo Domenico de' Liguori Carino, che avrebbe sposato Lalla, il loro era un contrasto culturale. «Grazia aveva dei problemi non solo con Adriano, ma con tutti i membri della famiglia. Proveniva dalla piccola borghesia, e c'era un divario enorme tra la sua educazione limitata e l'alta società intellettuale in cui si muovevano gli Olivetti.» Di sicuro non si era rivelata il tipo di moglie che Adriano sperava: «Una padrona di casa che si sentisse una Olivetti, e si impegnasse per il bene della famiglia».[42]

Nel loro primo anno di matrimonio, il 1974, Domenico e Lalla dovettero passare ogni sera con Grazia. Quegli incontri erano una specie di rito; loro si accomodavano sempre sulle stesse sedie, e lei ripeteva ogni volta la stessa frase: «Sentite? Sono i passi di Adriano che scende le scale». La madre di Laura non era uscita di senno, sapeva benissimo che Adriano era mancato da tempo; lo diceva un po' a mo' di battuta, e un po' perché credeva di donare alla figlia almeno un briciolo di conforto.

A tre o quattro anni di distanza dal loro matrimonio, Adriano e Grazia assunsero una graziosa svizzera per fare da bambinaia a Lalla. La giovane si chiamava Heidi, e così l'ha descritta Franco Ferrarotti: «Era una ragazza meravigliosa, alta, tranquilla, sorridente, senza cultura né educazione ma carica di dolce e umana saggezza. Una persona di sani principi». Lalla le si affezionò in fretta, come anche suo padre. Tutte le estati, Adriano e Heidi avrebbero portato la piccola a Forte dei Marmi, mentre Grazia restava a Ivrea, pare senza lamentarsi. Il genero di Grazia si è detto convinto che la donna accettasse tacitamente la cosa perché attratta da un altro uomo, e che Adriano sapesse della liaison e la reputasse una soluzione ideale. Si offrì addirittura di pagar loro un viaggio in America, perché potessero capire – così disse lui – se erano «fatti l'uno per l'altra».

Milton Gendel – l'americano che si era infatuato di Vittoria, la prima moglie di Roberto – aveva esordito come scrittore ma si era presto dedicato alla fotografia di stampo surrealista. Sarebbe poi diventato famoso per gli scatti di personaggi celebri ritratti in situazioni informali. Una delle sue foto immortala la regina Elisabetta con indosso una gonna dalla fantasia scozzese, i capelli fasciati da un foulard, mentre dà da mangiare ai suoi cuccioli di welsh corgi nel castello di Balmoral. Gendel aveva combattuto nella Seconda guerra mondiale e nel 1949 si era trasferito a Napoli grazie a una borsa di studio del programma Fulbright. In seguito aveva lavorato per il Piano Marshall (scatenando voci di ogni sorta, in particolare quella – riportata anche da «Vanity Fair» – che fosse una spia), finché non aveva scoperto la passione per la fotografia, che non l'avrebbe più abbandonato. Nel 1952, l'anno in cui aveva incontrato Olivetti, viveva in quello che considerava «uno splendido appartamento che occupava un piano intero» in un palazzo romano del XVI secolo. A quei tempi non aveva un soldo, e per salvare le apparenze doveva svendere i propri averi. Un giorno si stava intrattenendo con l'architetto Bruno Zevi; a un certo punto il suo ospite si guardò intorno «mostrando un certo disgusto, perché avevo arredato l'appartamento con cianfrusaglie di ogni genere, e chiese: "Ma vivi così?". "Sì" risposi. "La settimana scorsa ho dovuto vendere la macchina. Ci siamo appena mangiati il parafango"».[43]

La sua condizione finanziaria era cambiata in modo radicale con l'arrivo di Olivetti, che lo pagava profumatamente per fare... be', non granché. Il suo unico incarico era esaminare i testi in inglese di Adriano, per assicurarsi che suonassero naturali. Un giorno Olivetti gli aveva chiesto di dare un'occhiata alla sua domanda di sovvenzione per la Ford Foundation, lunga sei pagine. Gendel l'aveva portata a casa, l'aveva tagliata fino a ridurla a una sola pagina e il giorno dopo l'aveva presentata ad Adriano. Stando al suo racconto, Olivetti «commentò: "Un lavoro ammirevole. È davvero concisa. Ma non mi hai lasciato molta libertà". No, non ottenne alcun finanziamento».

Sebbene avessero stili tanto diversi, i due erano presto diventati amici. E tutto sarebbe filato liscio, se Gendel non si fosse innamorato. Vittoria era ancora la nuora di Adriano, quindi lui si recò nel suo ufficio per presentare le dimissioni. «Dissi: "Ingegnere, credo di dovermene

andare". Lui continuò a parlare come se nulla fosse, ignorando quello che avevo appena detto. Alla fine domandai:
"Per caso non ha sentito quello che ho detto?". "Dottor
Gendel" mi rispose, "non ho alcun talento nel gestire le
questioni familiari. Possiamo tornare al nostro lavoro?"»[44]

Dopo pochi anni Grazia si stancò dell'accordo raggiunto con Adriano. Stando alle parole del suo futuro
genero: «Tutti sapevano, ma nessuno parlava». Heidi fu
licenziata. E fu probabilmente in quello stesso periodo
che la madre di Grazia chiamò Franco Ferrarotti, chieden-
dogli di scrivere alcuni articoli che criticassero Adriano,
il grande amatore, per aver sedotto la baby sitter della
figlia. «Cosa che, ovviamente, rifiutai di fare» ha ricordato Ferrarotti. Heidi tornò in Svizzera, ma la relazione
continuò. All'inizio del febbraio del 1960 la giovane
doveva aver appena scoperto di essere incinta. Quando
Adriano partì da Milano, quel sabato pomeriggio, aveva
in programma di raggiungere Gstaad, dove Heidi faceva la
bambinaia. Per due anni, nelle sue lettere, le aveva scritto
che l'avrebbe sposata, ed era pronto a far avverare quella
promessa, in un modo o nell'altro. Lalla all'epoca aveva
nove anni. Stando a quanto ha raccontato a Domenico,
aveva una ragione particolare per ricordare con angoscia
la morte del padre: quel giorno avevano litigato, subito
prima che lui partisse, e lei si era convinta che fosse morto
per colpa sua.

Heidi rimase sveglia fino a tardi, ad aspettare un
innamorato che non sarebbe arrivato mai. Alla fine, preoccupata, telefonò a Grazia. «Adriano non è arrivato!»
le disse. Secondo Franco Ferrarotti, l'altra «ruggì nella
cornetta: "È morto!". Era furente. Una scena degna di
una tragedia greca, e lo dico da scrittore».

12

Puntare in alto

Durante il viaggio in America del 1925, una delle poche aziende che Adriano Olivetti non aveva potuto visitare si trovava a Hartford, in Connecticut. Si trattava dell'impeccabile Underwood, leader indiscussa nel mondo delle macchine da scrivere. A quel tempo gli avevano negato il permesso di varcarne le porte, eppure l'impianto lo attirava ai limiti dell'ossessione. Aveva camminato per tutto il giorno attorno al perimetro irregolare della fabbrica, facendo avanti e indietro come se, in qualche modo, potesse scorgere ciò che si celava all'interno. Ne aveva fissato i muri in mattoni rossi, quasi che – per usare le sue parole – «nascondessero un segreto che mi sentivo spinto a scoprire».[1]

Trentaquattro anni dopo, però, Adriano era all'apice del successo e la sua azienda poteva acquisire quella che era stata la compagnia più famosa al mondo nel settore delle macchine da scrivere. L'occasione si presentò al momento opportuno: il risultato disastroso del movimento alle elezioni del 1958 era stato una straziante delusione personale, e in più gli aveva attirato critiche anche in seno alla sua stessa famiglia. La rivista «Fortune» scrisse: «Dopo diverse scenate e un rabbioso scambio di lettere, si è infine riunito il consiglio di amministrazione. Nonostante la conferma di Adriano a presidente, Giuseppe Pero (da tempo leale direttore amministrativo) è stato nominato amministratore delegato, con il compito preciso di contenerlo. [...] Sconfitto, Adriano si è allontanato dagli affari aziendali e Pero gli è subentrato con un programma di austerity: ha ridotto i costi operativi, negato alcuni dei bonus previsti e proposto dei cambiamenti [...] nel sistema di benefit per i lavoratori».[2]

È possibile che simili tagli – che portarono tra l'altro alla chiusura di un fondo teso a finanziare piccole imprese emergenti nel Canavese e degli apprezzati ma costosi campi vacanze – abbiano ricevuto la tacita approvazione dello stesso Adriano; ma, se la verità fosse venuta a galla, lui non se la sarebbe di certo sentita di togliere qualcosa a qualcuno, men che meno il lavoro. Se proprio andava fatto, preferiva non essere presente. Nel frattempo aveva assunto, senza alcun entusiasmo, il suo incarico di deputato a Roma. Una fotografia lo ritrae alla Camera, le braccia poggiate sul banco, mentre si guarda attorno come a chiedersi per quale motivo fosse lì. Entro un paio di mesi era tornato a Ivrea, e ben presto fu di nuovo al comando dell'azienda.

Proprio in quel periodo gli fece visita un dirigente della Underwood, per avanzare un'offerta: la sua compagnia intendeva distribuire negli Stati Uniti le calcolatrici e le macchine contabili della Olivetti, subentrando così in un'attività particolarmente redditizia. L'idea fu presto accantonata, ma al contempo trapelò la notizia che la Underwood era sul mercato, e Adriano decise di prendere tempo. Milton Gendel ha raccontato di aver chiesto all'ingegnere perché avesse deciso di comprare l'azienda americana. «Oh, non puoi capire» aveva risposto lui. «Per me la Underwood è come la Mecca per gli arabi. Così, quando ho sentito che forse era in vendita, ho fatto quel che mi suggeriva mia madre se c'era da affrontare un problema spinoso: ho preso la Bibbia e ho infilato uno spillo tra le pagine. Aprendola ho letto – non ricordo le parole esatte, ma il senso era quello – che chi non risica non rosica. E così l'ho comprata.»[3]

Il problema era che da anni, alla Underwood, la visione manageriale lasciava molto a desiderare. Gord Hotchkiss ha scritto che la compagnia utilizzava ancora, alla fine della Seconda guerra mondiale, macchinari di cinquant'anni prima; l'impianto era fatiscente e la dirigenza aveva smesso da tempo di sondare nuovi mercati. Secondo Hotchkiss «le compagnie di successo […] si siedono sugli allori. In genere non cercano la prossima grande novità finché la linea o le linee di prodotti esistenti non iniziano a perdere colpi, ma a quel punto è troppo tardi».[4] Secondo «Fortune»: «Quando alla fine si scoprirono le reali condizioni della Underwood, ci furono momenti di panico. In pratica, nelle settimane successive all'acquisizione, i più alti dirigenti dell'Olivetti fecero i pendolari attraverso l'Atlantico. Erano in uno stato di profondo abbattimento».[5] Ugo Galassi, che sarebbe presto diventato il nuovo presidente della Underwood, era a letto con la febbre in un albergo di New York quando Adriano piombò nella sua stanza. «Urlò: "So che stai troppo male per affrontare la questione, ma dobbiamo farlo. Stiamo buttando dei soldi, non c'è un minuto da perdere"».[6]

Ciononostante, la Underwood aveva ancora una nomea di un certo peso, tanto in patria quanto all'estero. Sempre secondo «Fortune»: «Negli Stati Uniti aveva una rete di distribuzione che la Olivetti avrebbe impiegato anni a costruirsi, con le sue sole forze. E, soprattutto, possedeva affermate consociate estere – in particolare la redditizia Adrema Werke, in Germania – che valeva la pena mantenere in attività».[7] Insomma, l'acquisto della Underwood poteva rivelarsi la porta d'ingresso al mercato statunitense.[8] Era una svolta epocale, perché non era mai successo che un'azienda italiana ne acquisisse una americana; e, non a caso, nell'autunno del 1959 il governo degli Stati Uniti provò ad affossare la fusione promuovendo una causa in base alla normativa antitrust: qualcuno guardava con terrore ai possibili sviluppi dell'operazione, e voleva fermarla. Mentre la causa andava avanti, la Olivetti iniziò a saldare i pagamenti con tre rate: due entro la fine del 1959 e una terza nel febbraio del 1960, che coincise quasi con la morte di Adriano. Inoltre, per pura coincidenza, la nuova Olivetti Underwood avrebbe dovuto quotarsi alla borsa di Milano nella prima settimana di marzo del 1960: il giorno in cui spirò, Adriano stava facendo gli ultimi preparativi per il grande momento.

Nel settembre del 1960 «Fortune» prevedeva un futuro roseo per la nuova partnership. Sebbene la Underwood avesse fatturato 14 milioni di dollari in meno nell'ultimo esercizio e servisse parecchio denaro per modernizzarne gli impianti, i dati erano comunque incoraggianti; gli incassi complessivi della divisione statunitense della Olivetti ammontavano a 18 milioni annui, che combinati con i 75 milioni registrati dalla Underwood nel 1959 davano una previsione di guadagno lordo di circa 90 milioni di dollari.[9] Ciò significava che l'Olivetti Underwood avrebbe raggiunto il livello di competitor americani quali la Royal McBee e la Smith Corona Marchant, se non quello

La catena di montaggio della Olivetti nel 1958

di giganti delle macchine per ufficio come la IBM, che incassava 1,3 miliardi di dollari all'anno. Se in un primo momento i membri della famiglia avevano avanzato delle riserve, ora cambiarono idea: non potevano essere più ottimisti. «Adriano ha messo abbastanza carne al fuoco» si diceva tra Ivrea e Milano, «da assicurarci di che mangiare per i prossimi dieci anni.»[10]

Sotto la guida di Adriano, l'Olivetti non avrebbe certo rischiato di crogiolarsi nell'autocompiacimento che aveva affondato l'Underwood. Da sempre attento ai segnali del mercato, comprese avvisaglie tanto lievi da non destare preoccupazione negli osservatori meno acuti, Adriano metteva tutte le proprie energie nello sviluppo di nuove idee. Ciò valeva anche per il laboratorio di ricerche elettroniche, sebbene al momento contribuisse in modo marginale ai profitti, con incassi legati più che altro a canoni di noleggio. Nella primavera del 1958 Adriano fece trasferire il laboratorio a Borgolombardo, poco fuori Milano, all'interno di una struttura più spaziosa (che, comunque, non sarebbe stata quella definitiva). Quel miglioramento, e la notizia che l'impianto di Hartford avrebbe contribuito alla realizzazione dei computer italiani, rese tutti euforici.

Già nel 1959 Adriano iniziò a sondare nuovi mercati oltre la cortina di ferro: i paesi del blocco sovietico, Russia inclusa, offrivano un enorme potenziale di crescita. Stava persino valutando di esportare i suoi prodotti tecnologici nella Cina comunista di Mao Zedong, come afferma un autorevole studio su Mario Tchou e il progetto Elea 9003 realizzato da Giuseppe Rao, funzionario assegnato tra l'altro all'ambasciata italiana di Pechino ed esperto della materia.[11] Quello era il progetto più audace e più pericoloso di tutti.

Solo poche persone sapevano che il matrimonio dell'affascinante e in apparenza imperturbabile Mario Tchou era andato a rotoli. Lui e la moglie si erano separati dopo pochi anni, a quanto pare di comune accordo, e lui aveva intrapreso una relazione con una giovane artista, Elisa Montessori, che sposò. Di lì a poco nacquero due figlie.

Anche la situazione sentimentale di Roberto era in fermento, sebbene non avesse ancora compiuto passi definitivi. E qui entrò in gioco Gendel. Per l'americano le cose andavano a gonfie vele in ufficio, ma molto meno a casa. Vittoria, che un tempo si lamentava con lui dei problemi che aveva con Roberto, ora si lamentava con gli amici dei problemi che aveva con lui. Proprio allora lei scoprì di essere incinta di due gemelli. Dapprima disse che il padre era Gendel, poi però decise di tirare in ballo Roberto. E siccome lei e Olivetti si erano separati già da un po', dovette ricorrere a uno stratagemma: si fece raggiungere a St. Moritz, senza dubbio con una qualche scusa strappalacrime, e passò il weekend con lui. Qualche tempo dopo lo chiamò per comunicargli la notizia.

«Vittoria mi disse: "Tu non c'entri nulla con questi bambini"» ha raccontato Gendel. «Poi, ma l'avrei scoperto solo in seguito, i genitori di lei organizzarono un incontro con Roberto. C'era anche Riccardo, il fratello di Vittoria.» La ragazza si ostinava a non voler ammettere chi fosse il vero padre. «Così Roberto portò Riccardo in un'altra stanza, e con tutta calma gli chiese: "Chi è il padre?". E Riccardo, prontamente: "Oh, quel Gendel". "Poteva andare peggio" sembra abbia replicato Roberto.» La questione pareva risolta.

Nel frattempo Roberto si era innamorato di Anna Nogara, giovane e brillante attrice che avrebbe sposato a Londra nel 1960. Nel 1958, poco dopo la nascita dei gemelli, lui e Milton si incontrarono per caso a una festa a Roma. Gendel ha raccontato che, mentre si stava riempiendo il piatto, Roberto gli disse: «Spostiamoci in quell'angolo a parlare». Si sedettero, iniziarono a mangiare, poi Roberto alzò lo sguardo: «Ora discutiamo dei *nostri* figli». Gendel sorrise. «Pensai che era davvero straordinario.»[12]

Alla morte di Adriano il ruolo di presidente passò a Giuseppe Pero, ma per il laboratorio di ricerche elettroniche non cambiò granché. Stando a quanto ha scritto Pier Giorgio Perotto: «Roberto Olivetti era l'unico rappresentante dell'alta direzione che seguisse con assiduità i nostri lavori. Anche dopo la morte del padre [...] contribuì a proteggere le attività dalla ridda di voci e di discussioni che mettevano in dubbio la validità della nostra esistenza». Roberto si interessava con sincera passione a ogni sviluppo, «per cui si era creato tra noi un clima di amicizia e di solidarietà, quasi da gruppo di cospiratori».[13] Lui e Tchou continuavano a incontrarsi anche la sera, per discutere; di solito cenavano nella casa di Mario, progettata da Sottsass: la prima avventura architettonica del designer.

Anche Elisa – lontana parente della celebre pedagogista, Maria Montessori – seguiva con coinvolgimento quelle chiacchierate. Nipote del senatore a vita Meuccio Ruini, che nel 1943 aveva cofondato in clandestinità il partito Democrazia del lavoro, aveva sviluppato una visione personale, distaccata e disincantata, della politica nazionale. Riteneva, per esempio, che la mentalità da industriale di Adriano non gli permettesse di capire appieno i politici, che invece «pensano come Machiavelli». Elisa ha inoltre ricordato che suo marito, all'epoca, parlava spesso di realizzare un computer per il mercato dei privati. Una visione in anticipo di almeno dieci anni sul resto del mondo. «Mi mostrò una scatola di fiammiferi e disse che un giorno sarebbe stato tutto lì dentro [riferendosi all'enorme Elea].»

Stando a quanto ricostruito da Giuseppe Rao, Tchou riprese da dove Adriano si era interrotto: contattò l'ambasciata cinese, che aveva intanto avviato degli studi sui computer. Pianificò anche un viaggio in Cina nell'estate del 1961, e ovviamente l'itinerario prevedeva una tappa a Pechino. Quando Roberto e Anna – che non erano ancora andati in luna di miele – scoprirono del programma di Mario ed Elisa decisero di raggiungerli. L'idea era di incontrarsi direttamente là, con tutta probabilità a Pechino, ma per gli Olivetti sorse un problema: avevano infatti già programmato una visita negli Stati Uniti, e si erano anche procurati i visti, ma si sentirono dire che se fossero andati prima in Cina «l'America non li avrebbe fatti entrare». Anche per Mario ed Elisa spuntarono dei problemi, ma di tipo diverso: furono avvisati, forse dalle autorità italiane, che se fossero entrati in Cina non avrebbero più potuto abbandonare il Paese. Le competenze tecniche di Mario facevano gola al regime di Mao, e avendo lui origini cinesi correva il rischio che quel rimpatrio fosse definitivo. Così le due coppie decisero di incontrarsi a Hong Kong.

Roberto e Anna arrivarono nel giorno stabilito, ma dovettero aspettare quasi tre settimane perché si presentassero anche Mario ed Elisa. Stando a quanto ha raccontato lei, stavano provando a immaginare «improbabili soluzioni per far entrare Mario in Cina senza che dovesse mostrare il passaporto». Una delle idee era sfruttare l'abilità nautica di Roberto, e utilizzare una barca per portare in segreto Tchou nel Paese. Come ha ricordato Anna: «All'epoca non avevamo figli, quindi ci dicemmo "Andiamo!". Sembrava divertente». Elisa, però, era meno ottimista. Disse a Mario: «Tu puoi andare, ma io devo pensare ai nostri bambini [che erano rimasti a Milano]. Che ne sarebbe di loro, senza di me?». Alla fine nessuno dei quattro mise piede in Cina: decisero di rientrare tutti in Italia, separatamente. Il 7 novembre, però, Roberto non era ancora tornato, quindi Anna chiese a Mario – appena arrivato, dopo una tappa a New York – di farle da accompagnatore per una serata a teatro. Stando alla stessa Anna, mettevano in scena una qualche pièce di Brecht. Durante l'intervallo i due incontrarono un amico, che fece una battuta: «Anna, sei andata in Cina e sei tornata con un cinese?». Risero di gusto. Due giorni dopo Mario Tchou morì. Aveva solo trentasette anni.[14]

In quel difficile periodo non erano solo i viaggi tra Stati Uniti e Cina a riservare difficoltà: il clima tra Occidente e blocco comunista si stava infatti facendo sempre più teso. Nell'ottobre del 1961 l'Unione Sovietica infranse una sorta di «tacita moratoria» sui test per lo sviluppo di armamenti nucleari, facendo detonare una bomba all'idrogeno da cinquanta megatoni, la più potente mai sperimentata. I sovietici stavano inoltre sviluppando due nuovi modelli di missili balistici intercontinentali. Come ha scritto William Perry: «L'opera d'intelligence tecnologica diventò un'assoluta priorità per il governo [statunitense]».[15] Quello stesso mese, in Germania, la crisi tra le due superpotenze portò a un confronto diretto. Già da tempo l'accesso a Berlino Est era motivo di accese discussioni tra URSS e Stati Uniti, e il clima si andava surriscaldando. Una mattina di agosto i berlinesi si erano svegliati con la città tagliata in due da una barriera di filo spinato, che impediva il transito tra i due settori; presto fortificata, con tanto di torrette di guardia e pattuglie con i cani, quella barricata sarebbe poi diventata tristemente celebre come Muro di Berlino. Per garantire il passaggio erano stati lasciati alcuni varchi dotati di posti di blocco, uno dei quali – il checkpoint

Charlie – fu al centro della crisi di ottobre. Dei diplomatici americani tentarono di entrare a Berlino Est, ma vennero fermati; l'Unione Sovietica schierò i carri armati sul suo lato, e gli Stati Uniti risposero per le rime. I mezzi pesanti si fronteggiavano a soli novanta metri di distanza, le armi pronte a far fuoco. Intanto il presidente Kennedy aveva presentato al Congresso una bozza che prevedeva un bilancio triplicato, chiedendo di investire miliardi di dollari in spese militari; e, cosa ancor più significativa, voleva che si stanziassero dei fondi per individuare in tutta la nazione edifici adatti all'impiego come rifugi antiatomici. Secondo l'Office of the Historian – ente del dipartimento di Stato che redige la documentazione storica ufficiale della nazione – in quel momento «una mossa sbagliata [...] avrebbe potuto portare alla guerra».[16] Nessuna delle due parti voleva arrivare a tanto, quindi la crisi si risolse in fretta, lasciando però i due contendenti in una posizione di stallo. Il confronto al checkpoint Charlie avvenne tra il 27 e il 28 ottobre. Di lì a due settimane, il 9 novembre, morì Mario Tchou.

Stando al racconto di Elisa Montessori, quella mattina iniziò come tutte le altre. Mario si svegliò per primo, poi si alzò lei, che si occupò dei figli e preparò la colazione al marito. «Mangiava sempre le stesse cose: due uova in camicia, un succo di pompelmo e caffè senza zucchero.» Nel pomeriggio Mario aveva un appuntamento a Ivrea, che in macchina distava circa due ore, per discutere di un'importante miglioria software per l'Elea 2003; uscì di casa per risolvere alcune questioni, tornò attorno alle 10.30 e subito dopo partì per il Piemonte. Come avrebbe in seguito riportato «La Stampa», il suo autista – il ventottenne Francesco Frinzi – era un guidatore esperto, e l'auto su cui viaggiavano era una nuovissima Buick Skylark, modello di lusso acquistato per il direttore della società e importato dalla Svizzera quello stesso anno. In Italia ce n'erano solo altre due. Si trattava di una coupé, evoluzione campione di vendite della decappottabile, ma la sua caratteristica più spettacolare era la lunghezza – quasi cinque metri – enfatizzata dalle eleganti linee orizzontali e dalla forma aerodinamica. Ed era dotata di tutti i comfort più recenti: interni in morbido vinile, sedile posteriore a divanetto, alzacristalli elettrici, freni di ultima generazione e un potente motore V-8. A quel tempo sulle strade italiane si vedevano perlopiù Topolino e 600, modelli lunghi circa tre metri, quindi è probabile che sfrecciando sulla Milano-Torino la Skylark attirasse l'attenzione. Tchou si sistemò sul sedile posteriore, proprio dietro l'autista, deciso ad approfittare del viaggio per lavorare un po'.

Allora come oggi, il percorso più veloce per arrivare a Ivrea dal capoluogo lombardo prevedeva di passare sul tratto dell'A4 detto Milano-Torino, e uscire a Santhià. Ai tempi quell'autostrada correva ancora su un'unica carreggiata, dotata di tre corsie; quella centrale, per i sorpassi, era chiamata spesso «corsia suicida», per via dei frequenti frontali anche letali. Oltretutto lo svincolo per Santhià era spesso teatro di gravi incidenti, perché si passava su un cavalcavia posto sopra i binari ferroviari e la visuale sulle auto in arrivo nell'altro senso di marcia era davvero limitata, per non dire nulla. Il solo testimone individuato dell'incidente che uccise Mario risultò essere anche l'unico sopravvissuto all'impatto: l'ottantasettenne Carlo Tinesi, alla guida dell'autocarro – un OM Leoncino da due o tre tonnellate – coinvolto nel frontale. Disse che stava viaggiando verso Milano e aveva appena imboccato il cavalcavia quando aveva visto la Buick nella corsia centrale. L'auto aveva appena sorpassato un altro camion e stava tornando nella sua corsia quando l'uomo alla guida ne aveva perso il controllo. La Skylark aveva sbandato di lato, troppo vicina a lui per riuscire a evitarla, e aveva centrato il muso del Leoncino con la fiancata lato guidatore. Per i due uomini a bordo non c'era stato niente da fare. «La Stampa», quotidiano di Torino che dedicò due articoli all'incidente, scrisse: «Le cause precise dell'incidente non potranno forse mai esser chiarite, ma soltanto ricostruite attraverso ipotesi e con la testimonianza del camionista bergamasco Carlo Tinesi».[17]

Più tardi, quello stesso giorno, bussarono alla porta di Elisa Montessori; lei andò ad aprire tenendo per mano Nicoletta, che aveva tre anni. In piedi sulla soglia vide Roberto e Anna, impietriti. «Che ci fate qui? Cos'è successo?». Fu Roberto a rispondere. «È successa una cosa terribile, non sappiamo come dirtelo…» Era pallido. «È morto?» domandò Elisa, prima di crollare. Sua figlia, presa dallo spavento, fece pipì sulle scarpe di Roberto. Erano venuti per portarla a Santhià; Elisa montò sulla loro macchina e, forse realizzando davvero cosa fosse successo, iniziò a tremare violentemente. Roberto, come suo solito, si era già preoccupato di tutto: i corpi di Mario e Francesco erano stati portati all'obitorio, l'azienda era stata allertata ed erano arrivati i dirigenti. A Elisa fu risparmiato il calvario di identificare il marito morto, triste compito assolto in precedenza da qualcun altro, e tutti i documenti erano stati firmati. Quella sera stessa andarono a Borgolombardo, mentre Elisa cercava di venire a patti con l'idea di essere diventata vedova e di poter contare, ormai, solo su se stessa.

I resti della Buick Skylark dentro cui morirono Mario Tchou e il suo
autista, il giorno dopo l'incidente: 10 novembre 1961

Al pari degli altri dipendenti del laboratorio di ricerche
elettroniche, Giuseppe Calogero fu sopraffatto dalla notizia. Come ha poi raccontato: «La camera ardente [...] fu
allestita al pianterreno della fabbrica di Borgolombardo,
dove ormai producevamo il nostro calcolatore tutto a
transistor. Al funerale sei di noi, tra cui Ottavio Guarra-
cino e io stesso, portammo a spalle la bara. Mi accorsi che
singhiozzavo per la prima volta nella mia vita e mi pare di
ricordare che davanti a me Ottavio facesse lo stesso. Noi
ragazzi di Barbaricina avevamo perso il nostro Mentore.
Era finita l'era del lavoro gioioso, e ora avremmo dovuto
affrontare le difficoltà che la vita ci stava preparando. E
sarebbero state tante».[18]

Quella sera, sulla via del ritorno, Roberto si fermò in
un bar e si imbatté in un altro membro dello staff del
laboratorio. Chiacchierarono per un po'; poi, subito prima
di ripartire, Olivetti chiese: «Che faremo adesso?». Se
ricevette una risposta, non è dato sapere.[19]

Il primo computer da scrivania al mondo, l'Olivetti Programma 101, fu progettato da un team di quattro uomini guidati dal giovane e brillante ingegnere Pier Giorgio Perotto. Nei mesi successivi alla morte di Mario Tchou, Roberto dovette trovare da solo una risposta alla sua domanda. Quanto a Perotto, sognava «una macchina amichevole alla quale delegare quelle operazioni che sono causa di fatica mentale e di errori, una macchina che sapesse imparare e poi eseguire docilmente, che immagazzinasse dati e istruzioni», e il cui utilizzo fosse alla portata di chiunque.[20] Sembrava un'idea assurda, ma – come ha scritto lui stesso – talvolta, nella vita, «la decisione più folle finisce con l'esser quella più conservativa». Radunò alcuni ingegneri che la pensavano allo stesso modo e, forte dell'immediata approvazione del progetto da parte di Roberto, iniziò a confrontarsi con gli ardui problemi che aveva davanti. Come rimpicciolire una memoria grande quanto un campo da tennis – o comunque quanto un fusto di birra – per infilarla dentro a una scatola di fiammiferi? E, partendo dall'invenzione delle schede perforate, come trasformare le complicate questioni legate alla programmazione in semplici passaggi che tutti potessero capire?

Prima dell'invenzione dei semiconduttori, le schede di memoria erano prodotte sfruttando nuclei magnetici di ferrite; erano «strani dispositivi a metà strada tra una collana e un tessuto», decisamente troppo costosi. Così pensarono alla «linea magnetostrittiva, un dispositivo nel quale l'informazione si conserva [...] circolando lungo un anello di un opportuno materiale trasmissivo. Ci venne l'idea di utilizzare un filo di acciaio per molle, che si rivelò adattissimo». Per quanto riguardava la

Il team che, nel 1965, lanciò il primo rivoluzionario desktop
computer. Nella foto compaiono: Pier Giorgio Perotto (seduto, a
sinistra), Giovanni De Sandre (seduto, a destra), Gastone Garziera
(in piedi, a sinistra) e Giancarlo Toppi

stampante, Perotto sapeva che Franco Bretti, un altro
progettista della Olivetti, ne aveva sviluppata una – poi
accantonata – da collegare alle macchine da scrivere. I
due si incontrarono per discutere, e alla fine Beretti si unì
al gruppo. «Stampante e tastiera della futura macchina»
furono «opera sua.»

«Restava l'organizzazione strutturale della macchina»
prosegue Perotto, «con i problemi delle piastre destinate
a sostenere i circuiti elettronici, dell'impianto elettrico,
dell'alimentatore, ed un'infinità di altre cose. Tutto
quanto doveva stare in spazi ridottissimi e si profilavano

problemi mai affrontati prima.» Per sua fortuna, Perotto riuscì a coinvolgere l'ingegner Edoardo Ecclesia, responsabile della progettazione della struttura elettrica per tutti i prodotti Olivetti. Da tale collaborazione nacque «una tecnologia innovativa per i circuiti stampati di alta complessità». La sfida più difficile fu forse la creazione del linguaggio di programmazione: servirono parecchi tentativi prima di ottenere una soluzione soddisfacente.

Avevano iniziato a lavorare al progetto nel 1962, ed erano ancora alle prime fasi di sviluppo quando una serie di problematiche esterne rischiò di mandare tutto all'aria. Il primo fattore fu la recessione del 1962-1963, che diede un duro colpo all'azienda. Di certo non la si poteva prevedere quando Adriano aveva deciso di comprare l'Underwood, ma resta il fatto che, secondo Perotto, il figlio di Camillo non avrebbe perfezionato l'acquisizione se avesse prima visitato gli impianti statunitensi. Si dice che, quand'era volato a Hartford dopo la firma, si fosse rimproverato di non aver dato ascolto agli ingegneri anziché agli avvocati: quasi tutti i macchinari erano obsoleti, e anche l'impianto era irrimediabilmente datato e inefficiente. Ma ormai era fatta: di lì a qualche anno sarebbe stato necessario trasferire tutto in una nuova sede.

Così i debiti della società erano aumentati, mentre il valore delle azioni in borsa colava a picco. Ha scritto ancora Perotto: «Da quota 11.000 [lire] degli inizi del '62 si era ridotto a poco più di 2.900 lire dell'agosto '63, e la discesa sarebbe continuata nei mesi successivi per arrivare nel marzo del '64 a circa 1.500 lire: un vero crollo». A peggiorare le cose, nel novembre del 1963 – all'età di settant'anni – venne a mancare il fedele e affidabile Giuseppe Pero, che aveva gestito le fortune

Inaugurazione dell'impianto Olivetti Underwood a Toronto.
Da sinistra a destra: Lanfranco Amato, Roberto Olivetti,
Gianluigi Gabetti e Guido Treves

finanziarie dell'azienda fin dal 1920, amato e apprezzato
da tutti i membri della famiglia. Chi avrebbe potuto
prenderne il posto? Nel frattempo, dopo anni trascorsi
in Sud America, Silvia era tornata a Ivrea, ed era pronta a
riprendere il suo vecchio ruolo di arbitro. Nel raccontare
la nascita del P101, Pier Giorgio Perotto chiarisce anche
che i vari rami della famiglia Olivetti – proprietaria del
70 per cento del pacchetto azionario – si erano sempre
scontrati sulla gestione della società. Secondo l'ingegnere,

«tutti in una certa misura condividevano la perplessità e la preoccupazione per la politica e le idee di Adriano, considerate troppo avveniristiche e pericolose, forse con la sola eccezione del figlio Roberto»; d'altra parte, finché lui era rimasto in vita, «la sua forte personalità, il suo carisma, e le indubbie doti imprenditoriali riuscirono a contenere e a nascondere contrasti e problemi». Ora, però, era tutto in mano al figlio giovane e inesperto, che condivideva le stesse folli idee del padre. Con la morte di Adriano i vecchi attriti si trasformarono dunque in uno scontro aperto. Silvia pretese che si mettesse fine alle pazzie; e, per farlo, confidava in un vecchio amico: Bruno Visentini, avvocato, industriale e politico, che tra l'altro era già stato sottosegretario alle Finanze. Era convinta che Visentini non li avrebbe mai traditi. Così, con le migliori delle intenzioni, Silvia mise la società sulla via del disastro.

Se Roberto peccava di inesperienza, lo stesso valeva per Silvia, che senza dubbio non aveva mai sentito la celebre massima degli imprenditori: quando una compagnia si accorge di un cambiamento in arrivo, è già troppo tardi. Né avrebbe mai afferrato quale tempesta perfetta di funeste coincidenze, in apparenza scollegate, avrebbe ridotto in ginocchio l'azienda di famiglia. Tutto era iniziato, come abbiamo detto, con la recessione europea del 1962, che aveva fatto calare il valore delle azioni Olivetti proprio mentre la società scopriva il costo reale – in termini di investimenti necessari – dell'acquisizione della Underwood. Poi accadde qualcosa di strano: le banche sembravano irragionevolmente riluttanti a concedere prestiti alla società. Rifiutare prestiti a un'azienda grande e importante come l'Olivetti, persino in tempi di crisi economica, sembrava un comportamento incomprensibile. Roberto passò gran parte del 1963 a viaggiare per l'Europa, deciso a gettare le basi per un consorzio continentale consacrato alla *new wave* dell'elettronica, ma non ebbe successo. Agli eredi di Camillo – il resto del pacchetto azionario era in mano a dirigenti e altre persone collegate in qualche modo alla società – fu chiesto un aumento di capitale; molti, non disponendo della somma necessaria, decisero di aprire linee di credito mettendo a garanzia le proprie azioni, che però si stavano rapidamente svalutando. Secondo Alberto Galardi, architetto e marito di Mimmina, «l'improvviso crollo del prezzo delle azioni svalutò in modo drastico il valore delle nostre quote. Con una repentinità inaudita, le banche che avevano finanziato gli aumenti di capitale della famiglia» riscossero i loro prestiti. Il mercato era in subbuglio, si mormorava che la compagnia stesse fallendo. «L'Unità» scrisse: «Ieri nella sala di contrattazione delle Borse circolava questa voce: "Chi vuol fare un buon affare acquisti le Olivetti". La speculazione, ossia, si sta gettando a capofitto ad acquistare questo titolo in forte ribasso. A chiusura delle Borse, ieri, le Olivetti hanno recuperato 6 punti: pochissimo nei confronti dei 238 persi negli ultimi due giorni».[21]

Come prezzo da pagare per ottenere capitali aggiuntivi, nel maggio del 1964 la famiglia Olivetti fu costretta a farsi da parte e lasciar entrare nella compagine societaria il cosiddetto Gruppo di intervento, guidato dalla FIAT; inoltre la divisione elettronica dell'azienda fu ceduta alla General Electric. Secondo il «Financial Times», l'azienda – che troppo a lungo aveva indugiato in «quello che spesso era parso più un esperimento sociale e artistico che un'impresa» – venne acquistata dalla cordata di soccorso a un prezzo irrisorio. Oggi parleremmo di acquisizione ostile. Era una cosa triste, scrisse il «Financial Times»: ora l'Olivetti «era solo un'azienda».[22]

E il rapporto con la General Electric si rivelò ben diverso da una fusione o collaborazione. Come ha scritto Perotto: «In un primo tempo all'interno della divisione pensammo più che a una cessione a qualche forma di accordo paritetico. A pensare questo eravamo indotti dall'energica smentita della direzione Olivetti a un volantino emesso dalle commissioni interne, nel quale si affermava che erano state prese le decisioni di "abbandonare l'attività elettronica e di ricerca [...]"». Lo stesso Roberto – «della cui buona fede non avevamo ragione di dubitare» specifica Perotto – accolse con favore l'accordo: anche secondo lui avrebbe garantito nuove prospettive alla divisione. Le cose si sarebbero rivelate ben diverse, come scoprì lo stesso Perotto quando, insieme a una delegazione di colleghi, venne invitato a visitare i sorprendenti laboratori della GE a Phoenix, in Arizona, dove venivano sviluppati i mainframe computer della linea GE 600. Mentre attraversava gli impianti e si confrontava con gli americani, venne infatti «preso dai più funesti presagi sul destino della divisione elettronica in generale e della attività del mio gruppo in particolare». A quanto pareva, agli ingegneri della GE non interessavano le ricerche portate avanti in Italia: «Io mi stavo infatti occupando [...] di piccole macchine e [...] di tutte quelle apparecchiature che potevano costituire un ponte tra la informatica dei grandi elaboratori e i tradizionali prodotti di Ivrea [...]. D'altra parte era ai miei occhi chiaro che alla General Electric nulla importava delle piccole macchine». Anzi, gli americani sembravano intenzionati a dimostrare quanta poca credibilità avessero i prodotti italiani, «al di fuori del design» e di pochi altri settori. Come divenne chiaro un anno dopo, quando furono rese pubbliche le clausole della vendita, la GE voleva solo una base commerciale in Italia per la distribuzione dei suoi computer. La compagnia statunitense non aveva infatti avviato una collaborazione paritaria: aveva acquistato il 75 per cento del capitale sociale per quanto riguardava le attività del laboratorio Olivetti. Di lì a qualche anno il nome dell'azienda italiana venne tolto dal marchio. Era tutto finito, ma Perotto e il suo gruppo lo sapevano già da molto tempo.

Anche il Gruppo di intervento si muoveva sulla stessa direttrice: non solo l'elettronica non aveva un futuro alla Olivetti, ma era addirittura considerata una macchia sul curriculum aziendale, un «neo» sul volto della compagnia. Quando furono resi pubblici i dettagli dell'acquisizione, Vittorio Valletta – il Professore della FIAT – dichiarò che quel neo andava eradicato.[23] Qualcuno doveva intervenire per salvare la società dalla rovina. Perotto si sentiva ingannato, ed era furioso per l'ipocrisia con cui si era distrutta una divisione elettronica di prim'ordine. Alcuni anni dopo avrebbe dichiarato: «Ci hanno mentito».[24]

Intanto i contabili della GE raggiunsero gli impianti italiani e iniziarono a compilare uno scrupoloso inventario dei prodotti e macchinari acquisiti dalla loro società. Bisognava fare qualcosa per salvare il P101, che altrimenti sarebbe stato condannato. Qualcuno – talvolta identificato con Roberto, talaltra con Gastone Garziera – ebbe la brillante idea di definirlo «calcolatore meccanico» anziché «elettronico», di modo che restasse in azienda: lo stratagemma funzionò. Il gruppo di Perotto non fu trasferito alla compagnia americana: rimase all'Olivetti, e il P101 fu salvo. Più o meno. In ogni caso, il team di sviluppo aveva vissuto mesi difficili: «Ci trovavamo in territorio straniero, trattati come indesiderabili proprio da quelli coi quali avremmo dovuto collaborare, da una parte; e, dall'altra, Ivrea aveva abbondantemente dimostrato di non sapere cosa farsene di noi». Il futuro era segnato: l'era dell'ingegneria meccanica stava tramontando, e in fabbrica paura e risentimento erano palpabili. Forse era già iniziata un'opera di sabotaggio industriale. Perotto e il suo gruppo si rintanarono in un ufficio in disparte, attenti a non attirare l'attenzione sulle loro attività; arrivarono persino a dipingere di nero tutte le finestre del laboratorio.

Ha scritto l'ingegnere: «Non voglio ora raccontare la cronaca di quei mesi di lavoro, né ricordare le difficoltà, le frustrazioni, i momenti di sconforto [...]. Importante è che arrivammo all'autunno del 1964 con la sensazione netta di avercela fatta. Non avevamo però mai visto funzionare la macchina tutta intera, ma solo le sue parti separatamente». Così, nel novembre del 1964, Perotto caricò tutte le componenti nel bagagliaio della sua automobile – occupavano uno spazio poco più grande di una scatola da scarpe – e le portò a Ivrea. L'apparecchio fu presto assemblato e, dopo pochi giorni di messa a punto, iniziò a funzionare. Era arrivato il momento di testare qualche programma e fare delle dimostrazioni. Uno dei primi cui venne mostrata la macchina fu Natale Capellaro, il celebre progettista della Divisumma. «Dimostrammo alcuni calcoli che venivano più frequentemente fatti negli uffici con sequenze manuali con la Divisumma 24 e che la macchina realizzò automaticamente, stampando con grande velocità lunghe sequenze di risultati. Capellaro osservò con grande attenzione le fasi del lavoro, accarezzò la macchina delicatamente, come se volesse sentirne palpitare i meccanismi sotto le sue dita sensibili di progettista, e restò a lungo in silenzio, come assorto. Quando si riprese, mi batté una mano sulla spalla e disse: "Caro Perotto, vedendo funzionare questa macchina, mi rendo conto che l'era della meccanica è finita"».

L'ultimo scoglio consisteva nel disegnare la scocca esterna del nuovo prodotto, la cui prima incarnazione ricordava ancora un calcolatore per ufficio (il monitor sarebbe arrivato solo diversi anni dopo). Il computer utilizzava schede traforate magnetiche – l'equivalente dei successivi floppy disk – per caricare istruzioni che venivano montate nella memoria interna, e potevano anche essere stampate. Ci sarebbe stato tempo per migliorare la creazione: il team di Perotto voleva sviluppare e lanciare sul mercato uno strumento facile da usare, che potesse stare su una scrivania ed essere sollevato o trasportato, ma che – a detta degli stessi inventori – offrisse comunque un'incredibile rapidità di elaborazione. Ci volle un po' per trovare il designer giusto, ma alla fine ci riuscirono; si trattava di Mario Bellini, del gruppo di Sottsass, che per la Olivetti avrebbe seguito diversi progetti all'avanguardia e avrebbe raggiunto la fama grazie al suo talento poliedrico. Bellini intuì subito quale fosse la strada da prendere: nel creare il suo progetto doveva tener conto delle abitudini e delle sensazioni dei futuri utilizzatori, oltre che del suo impiego. Per l'involucro esterno decise di sfruttare l'alluminio pressofuso, così da ridurre al minimo il peso; inoltre modellò la sagoma in modo che aderisse il più possibile ai meccanismi interni, per limitarne le dimensioni. I tasti sagomati accoglievano alla perfezione i polpastrelli; prese d'aria simili a branchie facilitavano la ventilazione interna; una specie di «lingua» protesa in avanti fungeva da supporto per le mani; uno scomparto simile a una «palpebra» ospitava le spie luminose. Quel nuovo elemento dell'attrezzatura da ufficio era tanto raffinato ed elegante quanto facile da usare; e si sarebbe presto ricavato un posto nella collezione del Museum of Modern Art di New York, tra le vette del design industriale.

Nel frattempo, all'interno della Olivetti si erano diffuse voci sulla nuova macchina, nonostante il gruppo di Perotto avesse tentato di mantenere il segreto, se non altro perché il progetto doveva ancora essere brevettato. Con tutta evidenza non si erano impegnati abbastanza. L'ingegnere Roberto Battegazzorre – figlio di Giuseppe, per oltre vent'anni alla direzione del commissariato di polizia di Ivrea – ha ricordato che il padre, molto riservato e di solito restio a parlare delle sue indagini in famiglia,

Giuseppe Battegazzorre e Adriano Olivetti alla festa di Natale
della polizia di Ivrea, 1958-1959

293

una mattina del tardo 1964 o della primavera del 1965 uscì di casa e rimase fuori tutto il giorno. Quando tornò disse alla moglie e al figlio che aveva fatto il suo primo viaggio in elicottero, una novità per quei tempi.

«Poco alla volta, i motivi di quel viaggio vennero a galla» ha scritto l'ingegnere. «Mio padre ci disse che pochi giorni prima il prototipo del Programma 101 era stato trafugato dai laboratori Olivetti.[25] E grazie a un informatore aveva scoperto che stavano portando il computer in Svizzera.» All'epoca il traffico di oggetti rubati tra l'Italia e la Svizzera era molto attivo. I contrabbandieri portavano la merce – che spesso consisteva in sigarette – oltre le Alpi utilizzando sentieri di alta quota semiabbandonati. La traversata poteva durare diversi giorni, ma la fatica era ben ripagata. In quel caso specifico, erano già passati parecchi giorni dal furto, e c'era il rischio che i ricettatori avessero già piazzato il prototipo. A quel punto, rintracciarlo sarebbe stato parecchio difficile, se non impossibile. Non c'era dunque tempo da perdere. Avevano noleggiato un elicottero e Battegazzorre vi era montato su assieme all'informatore e al responsabile della sicurezza alla Olivetti. L'uomo aveva con sé svariati milioni di lire, contenuti in una ventiquattrore, e senza dubbio portava anche una pistola.

Il gruppo aveva avuto fortuna: avevano localizzato la banda su un sentiero, arrestato i componenti, recuperato il prezioso prototipo e consegnato i soldi. Nessuno, stampa compresa, ne seppe nulla. L'incidente rivelò che qualcuno esterno all'azienda – forse un rivale in affari, o il governo di una potenza straniera – moriva dalla voglia di sapere cosa si celasse sotto la scocca di quel nuovo congegno. E qualcun altro, all'interno della società, stava spiando ogni mossa di Perotto e del suo team. Ancora una volta erano arrivati a un passo dal perdere il loro prezioso apparecchio; dovevano innalzare l'attenzione, altrimenti non l'avrebbero mai mostrato al pubblico. Il loro obiettivo era presentarlo alla Fiera mondiale di New York, inaugurata nel 1964 ma organizzata su due semestri, il secondo dei quali era in programma nell'estate 1965.

Anche Visentini e i suoi dirigenti avevano dei piani per quella manifestazione, che però non riguardavano i computer. Mentre la divisione elettronica veniva smantellata, la società investiva energie e capitali nella progettazione e produzione di due macchine meccaniche per l'ufficio. La prima era la Logos 27, una calcolatrice elettromeccanica con stampa integrata; la seconda era una macchina contabile basata su un sistema di programmazione estremamente ingegnoso, ma esclusivamente meccanico. Come ha scritto Perotto: «In un certo senso queste macchine avevano mutuato dai calcolatori elettronici alcuni concetti di logica organizzativa, ma la traducevano in termini di lamiera, alberi ruotanti, arpionismi, ingranaggi». Si trattava di strumenti estremamente complessi e richiedevano una messa a punto precisa per funzionare, oltre a enormi investimenti su macchinari e fabbricati. Natale Capellaro non era coinvolto in prima persona nel progetto, ed era convinto che si trattasse di una sfida persa in partenza: quei meccanismi non avevano alcuna speranza di competere in velocità con i dispositivi elettronici. Andava ripetendo che i prodotti si sarebbero trasformati in un costoso fallimento, ma nessuno gli diede ascolto.

La Fiera mondiale di New York veniva descritta da chiunque in termini superlativi: 80 nazioni partecipanti,

140 padiglioni, 110 ristoranti e 45 grandi aziende in uno spazio di quasi un chilometro quadrato nel Queens, a Flushing Meadows Park. Come ovvio, la scena fu quasi monopolizzata dalle corporation americane e dai loro prodotti. I temi – «Pace attraverso la comprensione», e «Le conquiste dell'uomo su un mondo che si fa sempre più piccolo in un universo in espansione» – furono incarnati da un design futurista di stampo quasi fumettistico, con costruzioni incastonate in un paesaggio dominato da prati, sentieri, laghetti e fontane su cui torreggiava una riproduzione della Terra in acciaio inossidabile alta come un edificio di dodici piani. Oltre cinquanta milioni di persone visitarono la fiera tra la primavera del 1964 e l'autunno del 1965, restando a bocca aperta davanti al padiglione sferoidale dell'IBM, alla torre in fiberglass della 7-Up e ai ristoranti progettati dall'architetto Saarinen, con innovative coperture a cupola e mobili in vetroresina.

Allo stand Olivetti si poteva ammirare un'immensa selezione di Logos 27, addizionatrici, macchine contabili e da scrivere. Nell'estate del 1965 arrivò in fiera anche il P101, ma fu in pratica nascosto in una piccola stanza sul retro del padiglione principale. Con tutta probabilità, i primi visitatori lo trovarono per puro caso; eppure la voce si sparse, e ben presto sempre più persone iniziarono a infilarsi in quel piccolo spazio per ammirare e provare la novità. Convinte che fosse collegato a un elaboratore più grande, nascosto dietro una parete, le persone si stupivano scoprendo che era tutto lì. Volevano divertirsi a esplorarne le potenzialità. In breve i commessi della Olivetti assoldati per presentare i prodotti meccanici furono trasferiti al P101, e furono assunti nuovi inservienti per gestire la folla. Lo stesso Perotto, che si teneva in disparte gironzolando tra i padiglioni, venne reclutato per mostrare che su quel computer potevano girare anche dei giochi. Ne inventò uno su due piedi e, con sua enorme gioia, perse. Forse, però, la soddisfazione più grande fu un ordinativo di cinque P101 da parte della NBC, che voleva sfruttarli per calcolare i risultati delle elezioni, da trasmettere a milioni di telespettatori nell'area metropolitana di New York. Quotidiani e riviste del calibro di «Fortune», «The New York Times», «The Wall Street Journal», «Business Week» e altri si sforzavano di trovare formule adatte per descrivere la nuova invenzione: «Il primo desktop computer al mondo»; «La macchina che colma il divario tra gli enormi calcolatori convenzionali e le calcolatrici da scrivania». Qualcuno preannunciò, mostrando una certa preveggenza, che ci sarebbe stato «un computer in ogni ufficio ben prima che due macchine in ogni garage». L'idea brillante che un decennio prima aveva preso forma nelle menti di Adriano Olivetti, suo figlio Roberto e Mario Tchou otteneva ora il plauso universale. L'azienda fu sommersa di lettere e telefonate.

La sfida successiva, seppur gratificante, costrinse la squadra a fare le ore piccole. Avevano assemblato circa una dozzina di esemplari dimostrativi, ma passare alla produzione di massa era un altro paio di maniche. Bisognava risolvere con urgenza i problemi organizzativi e tutta una serie di altre questioni. Se, una volta testate in diversi uffici, fosse saltato fuori che le nuove macchine non funzionavano o non erano affidabili, il team sarebbe stato attaccato da chi lo osteggiava all'interno dell'azienda. E non c'erano addetti ai controlli di qualità sugli esemplari da inviare ai clienti.

Fu dunque necessario l'ennesimo salvataggio dell'ultimo minuto, e furono costretti ancora una volta a comportarsi da cospiratori nella loro stessa azienda. Aspettarono che calasse la sera e l'impianto fosse chiuso, poi con una scusa si fecero aprire dalle guardie e raggiunsero l'area dell'edificio dove le macchine, già montate, erano pronte per essere spedite negli Stati Uniti. Le testarono una dopo l'altra, rimuovendole dagli imballaggi, per assicurarsi che funzionassero. «Lavorammo tutta la notte e ancora quella successiva, a provare, a riparare, a sostituire» ha raccontato Perotto. Il primo lotto partì una settimana dopo, «perfettamente funzionante».

Il Programma 101 fu il primo desktop computer commerciale programmabile. Un prodotto rivoluzionario, dotato di tastiera, periferica integrata per la stampa di dati e istruzioni e un lettore di schede magnetiche, che una volta programmate permettevano di memorizzare informazioni e comandi. Erano supporti in plastica economici e semplici da usare, con una banda magnetica da un lato e un'area su cui scrivere dall'altro; per utilizzare i programmi salvati bastava inserirle. La loro capacità, appena 240 bytes, sembra ridicola per gli standard di oggi, ma all'epoca si trattava di un'innovazione enorme, in termini di velocità, rispetto ai calcolatori meccanici. Inoltre, a differenza dei computer mainframe, il P101 poteva essere sistemato in un ufficio e non aveva bisogno di un team di tecnici in camice bianco per funzionare. Lo si poteva piazzare su una scrivania (pesava circa ventisette chili), era facile da usare e, una volta acquistato, era del cliente. Costava 3000 dollari nel 1965, pari a circa 24.500 dollari del 2016; non esattamente «economico», ma abbastanza abbordabile da far gola agli acquirenti interessati. Se ne

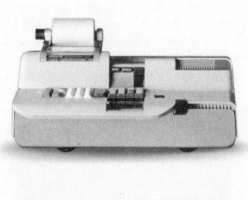

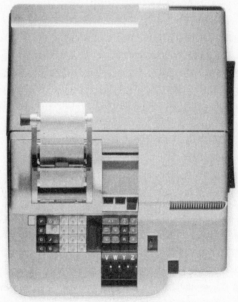

Il P101, il primo desktop computer al mondo,
visto dall'alto e di lato, 1965

vendettero circa 44.000 esemplari. Insomma, il P101 fu un successo.

Anche la NASA, che preparava le missioni di allunaggio del programma Apollo, ne comprò dieci esemplari. David W. Whittle, programmatore del Johnson Space Center, ha affermato: «Per l'Apollo 11 avevamo un desktop computer [...] un Olivetti Programma 101. Era una specie di super-calcolatore. Poteva addizionare, sottrarre, moltiplicare e dividere [e] anche ricordare una sequenza di queste operazioni, registrata su una scheda magnetica [...]. Così si poteva scrivere una sequenza di programmazione e caricarla. [...] L'antenna ad alto guadagno del modulo lunare non era granché intelligente: non sapeva localizzare la Terra [...]. Dovemmo installare quattro diverse serie di comandi sul Programma 101». Il computer fu utilizzato anche dall'aviazione statunitense durante la Guerra del Vietnam, per «calcolare le coordinate per il bombarda-mento degli obiettivi dei B-52 Stratofortresses». I militari se l'erano appuntato.

A quel punto, la cosa più urgente era brevettare il P101; una decisione che si rivelò saggia già a due anni di distanza, nel 1967, quando l'americana Hewlett-Packard fece uscire un desktop computer che ne riprendeva il design in tutti gli aspetti essenziali. In pratica la concor-rente si limitò a cambiare il nome e inserire il proprio logo sugli imballaggi. L'Olivetti fece causa per violazione di copyright e fu risarcita con quasi un milione di dollari.

Per Perotto, il P101 era «soltanto un primo isolato mattone» di una luminosa strada verso il futuro. L'audacia, l'accortezza e l'astuzia che lui e il suo team avevano messo in campo portò a un primato sorprendente e duraturo rispetto ai competitor; un gap che l'ingegnere valutava in almeno cinque anni. David Olivetti ne ha stimati addirittura sette; un'eternità nello spietato mondo del business. Sette anni in cui consolidare la propria posizione sul mercato globale, servendosi magari dell'emergente tecnologia dei semiconduttori. Quella sarebbe stata la mossa giusta: l'Olivetti si sarebbe affermata come leader mondiale del settore, e Ivrea si sarebbe trasformata in una sorta di Silicon Valley all'italiana.

Già nel settembre del 1959, pochi mesi prima della morte di Adriano, Roberto – proiettato verso il futuro – aveva firmato un accordo con Fairchild Semiconductor International, compagnia attiva nel campo dei semiconduttori, per avviare attività congiunte di ricerca e sviluppo; in breve tempo, ciò avrebbe condotto alla produzione di personal computer su vasta scala. Richard Hodgson, dirigente della Fairchild, ne era stato entusiasta: la sua azienda si sarebbe assicurata una posizione di predominio sul mercato europeo, e l'Olivetti avrebbe messo le mani su una tecnologia innovativa in grado di consolidare il suo primato. I due si erano subito trovati in sintonia. Hodgson trovava il giovane italiano sensibile e «colmo di giovanile vitalità»; Roberto lo considerava un potenziale degno successore di Mario Tchou. Tuttavia, presto avevano dovuto scontrarsi con le prime obiezioni; dirigenti e azionisti – che secondo Hodgson avevano a cuore solo i loro profitti immediati – presero a ostacolarli. Anche Visentini guardava con perplessità all'accordo, e alla fine non se n'era fatto nulla.

Il sorprendente – per non dire autolesionistico – rifiuto dell'Olivetti ad approfittare del proprio vantaggio balzò immediatamente agli occhi di Perotto, che presto se ne

Roberto Olivetti, a destra, durante una cena con Richard Hodgson,
pioniere nel campo dei semiconduttori, 1959

sarebbe andato per fondare la propria azienda. L'Olivetti
aveva deciso di puntare tutto sulla Logos 27, calcolatrice
elettromeccanica che, come abbiamo visto, doveva essere
perfettamente messa a punto anche solo per funzionare,
e in ogni caso non avrebbe mai potuto competere con le
macchine elettroniche. «In sostanza la Olivetti reagiva ai
primi segnali della incombente rivoluzione microelettro-
nica, con una politica quasi di resistenza passiva, facendo
il minimo possibile e lasciandosi trascinare dagli eventi»
ha scritto Perotto. La società stava già perdendo la sua
posizione di predominio nel settore dei calcolatori e la
Fairchild Semiconductor, vista l'aria che tirava, decise
di sfilarsi dall'accordo nel 1968. L'azienda, come ha evidenziato Perotto, si stava limitando a «giocare in difesa».
Se Adriano fosse stato ancora vivo, secondo l'ingegnere,

«avrebbe promossa l'integrazione e l'amalgamazione [tra innovazione elettronica e tradizione meccanica dell'Olivetti], rendendo impossibile l'improvvida alienazione fatta dai suoi miopi successori». E invece continuò a sprecare il suo enorme potenziale. Il momento propizio era ormai passato, per sempre.

Gli storici dell'informatica, in rete come in altre sedi, hanno spesso bistrattato il Programma 101. Un autore l'ha liquidato quale semplice calcolatore, rifugiandosi dietro la definizione usata dall'azienda e dimostrando scarsa consapevolezza delle ragioni che avevano portato a quella denominazione intenzionalmente impropria. Altri l'hanno descritto come «non destinato al mercato di massa»; evidentemente la vendita di 44.000 esemplari non basta a guadagnarsi quell'etichetta. Nel Watson Laboratory della Columbia University, tra il 1948 e il 1954, si era sviluppato un embrionale personal computer, ma non si erano ancora fatti significativi passi avanti nel contenerne le dimensioni: una singola unità occupava un gigantesco box poggiato sul pavimento; inoltre il suo prezzo salato – equivalente a 55.000 dollari di oggi – lo rendeva inavvicinabile per i privati. Il Computer History Museum ritiene che la palma di primo desktop computer della storia debba andare al British Kenbak-1, che però fu messo in commercio nel 1971 (quindi sei anni dopo il P101) e vendette solo 250 unità. Nel libro *Computing. A concise history* di Paul E. Ceruzzi, curatore del National Air and Space Museum, i nomi P101 e Olivetti non compaiono nemmeno nell'indice. La nascita della Apple di Steve Jobs risale 1976. Insomma, sembra che gli ingegneri elettronici dell'Olivetti avrebbero avuto persino più tempo di quanto ne sognassero per produrre nuovi e avanzati modelli della loro sensazionale invenzione. Per quanto riguarda l'IBM, nel 2011 il vicepresidente Bernie Meyerson ha dichiarato che sia stata la sua società a inventare il personal computer, ma il loro PC uscì solo nel 1981.[26]

Nessuno sembra riconoscere il ruolo giocato da Roberto Olivetti in questo processo, forse anche a causa della sua personalità: odiava parlare in pubblico, era piuttosto schivo e preferiva «fare del bene di nascosto», come dicevano i suoi amici. Addirittura, anziché difendersi dalle accuse ingiuste sceglieva spesso di restarsene in silenzio e lasciar correre. E non a caso i membri della famiglia, ormai estromessi dalla Olivetti, riversarono su di lui frustrazioni e risentimento. Dalla loro prospettiva limitata, tutto sembrava indicare che fosse un incompetente mosso da una rovinosa determinazione a portare avanti un progetto inutile e finanziariamente pericoloso. Se solo fosse stato un novello Adriano… Ma non lo era. Non era carismatico né persuasivo, e non aveva il senso degli affari. Aveva deluso la famiglia, era tutta colpa sua. In realtà, l'unico errore di Roberto fu capire cos'avrebbe dovuto fare l'azienda per sopravvivere.

13

Lo strano caso della seconda morte

«Lo so, lo so» assentì Poirot, pieno di comprensione. «Vorreste veder chiaro in tutta questa storia. Vorreste sapere esattamente che cosa è accaduto e come è accaduto. E voi, dottor Gerard? Avete detto che non c'è niente da fare... che qualsiasi prova risulterà sempre insufficiente? Con ogni probabilità è vero. Però vi accontentereste di lasciare che tutto finisca in niente?»

Agatha Christie, *La domatrice*

Non mancano certo le ragioni per spiegare l'incapacità dell'Olivetti nel capitalizzare i successi ottenuti durante il suo periodo trionfale. Secondo Perotto, tutto era riconducibile all'ottusità dei dirigenti, che si aggrappavano a «una visione arcaica, vetero-industriale, del potere».[1]

Per altri l'inizio della fine va ricercato nell'autunno del 1959, quando Adriano Olivetti – ignorando chi lo sconsigliava in merito – aveva comprato l'Underwood, finendo per lasciare ai suoi eredi un buco finanziario cui essi non vollero o non seppero trovare soluzione. Chi sostiene tale tesi tende anche a ritenere che, con tutta probabilità, Adriano sia morto all'età di cinquantotto anni per la troppa gioia, avendo raggiunto l'obiettivo di tutta la sua vita. Un'ipotesi a dir poco inverosimile, spesso seguita dall'osservazione che il suo stato di salute era precario, e sarebbe morto comunque.

La terza argomentazione poggia sulla morte di Mario Tchou, avvenuta solo un anno dopo. Per spiegare l'incidente si tende a mettere in risalto che in quella giornata di novembre pioveva e c'era nebbia, che l'asfalto era scivoloso e l'autista non fu in grado di gestire quella potente auto americana: i freni avevano bloccato le ruote, ed era stata la fine. Frinzi non avrebbe dovuto superare il camion mentre scendeva dal cavalcavia.

Ed eccoci alla quarta argomentazione: la famiglia non capiva che i computer erano il futuro. D'altra parte all'epoca non lo capiva nessuno: Adriano e Roberto erano in anticipo sui tempi.

Quinta argomentazione: Roberto non era come Adriano, non ne possedeva il carisma e, altrettanto importante, non aveva la fiducia dei familiari. Non condivideva in modo efficace la propria visione con parenti e azionisti. Tutto sommato era un debole.

La sesta: l'azienda stava per fare bancarotta, e gli istituti di credito sono bravissimi a lasciare per tempo le navi che affondano.

La settima: l'assetto sociale dava a tutti i membri della famiglia Olivetti uguale influenza. Invece avrebbero dovuto nominare un unico responsabile e lasciare che fosse lui a decidere.

L'ottava: solo una politica di tagli e la revoca dei benefit concessi ai dipendenti avrebbero potuto salvare la società. Ma Olivetti non riusciva a licenziare nessuno, quindi non c'era speranza.

La nona: la divisione elettronica era stato un vezzo costoso, che un'azienda grande come l'Olivetti non poteva permettersi.

Conclusione: peccato per le macchine da scrivere

meccaniche, ma la società perse con onore, e poi così va il mondo.

Più volte si è fatto ricorso a simili ragionamenti per spiegare la tempesta perfetta che colpì gli Olivetti, un'ondata dopo l'altra, nel periodo antecedente e successivo alla morte di Adriano. In ogni caso, negli anni seguenti sono emersi abbastanza dubbi da meritare un'inchiesta. Perché nessuna di quelle teorie riesce a spiegare tutto, ed è semmai possibile dimostrare che molte sono frutto di falsi miti e rappresentazioni fallaci. Una situazione che ricorda un po' la storiella dei ciechi e dell'elefante, in cui a seconda della prospettiva cambia l'interpretazione dei fatti: chi tocca la proboscide penserà di avere di fronte un serpente, chi tasta l'orecchio si convincerà che si tratti di un enorme ventaglio, e così via. Allora la coda diventa una corda, la zampa il tronco di un albero, la zanna una lancia… È una parabola antica, diffusa tra i buddhisti, gli induisti e persino nei testi del giainismo, e serve a spiegare qualcosa di apparentemente ovvio: si può avere ragione su un dettaglio e torto nel complesso.

Un'analogia altrettanto interessante la si può trarre dal film *Rashomon*, diretto da Akira Kurosawa nel 1950: un capolavoro senza pari nel dipingere diverse versioni plausibili di uno stesso evento. Viene commesso un omicidio, ma le ricostruzioni dei testimoni e delle persone coinvolte portano a conclusioni divergenti su quanto accaduto. Lo stesso accade alla storia dell'ascesa e del declino dell'Olivetti, scomposta come da un prisma in cospirazioni, gelosie, invidie, vendette e – soprattutto – desiderio di non sapere. Un po' come il personaggio di uno dei racconti di Alice Munro, che «portava la tendenza a non interferire a livelli estremi».[2] O come scrive Barzini in *The Italians*:

un uomo può cercare di difendersi dalle maree della storia solo «tenendo la bocca chiusa e pensando agli affari suoi».[3] È curioso che simili meccanismi di difesa emotiva riescano a perpetuarsi attraverso le generazioni, diventando però sempre meno efficaci e persino illusori. Nessuno meglio di Pirandello ha saputo rappresentare le distorsioni create da un simile gioco di specchi, come ci ricordano i titoli di due sue opere: *Questa sera si recita a soggetto* e *Così è se vi pare*. Pirandello «abbatte per sempre i confini tra realtà e finzione, pazzia e sanità mentale, passato e presente» ha scritto John Hooper. «Le opere teatrali di Pirandello mirano a disorientare il pubblico, più volte tratto in inganno. Vengono erose certezze apparenti, presunti fatti si rivelano illusioni: in breve, i suoi lavori ricordano da vicino ciò che si prova vivendo in Italia.»[4]

Prendiamo ad esempio la prematura scomparsa di Adriano Olivetti, a soli cinquantotto anni. All'apparenza, la spiegazione della sua morte appare logica, lineare: proprio come il padre, soffriva spesso di crolli nervosi, sopraffatto dal bisogno di concedersi un po' di oblio e riposo mentale dopo mesi vissuti al ritmo stancante che si imponeva. Nel 1950, quando era nata Lalla, aveva vissuto uno di questi episodi e si era ripreso solo dopo diverso tempo. È possibile che assumesse pillole contro l'ipertensione. E, visto ciò che stava accadendo nel febbraio del 1960, è plausibile che sia stato vinto da un infarto o da un'emorragia cerebrale, come sostenuto da un medico svizzero il cui giudizio venne molto citato. Solo uno tra i tanti resoconti apparsi sui giornali specificò che il dottore non poteva dirlo con certezza, e raccomandò alla famiglia di far esumare il corpo per un'autopsia;[5] la maggior parte degli articoli avvalorava quel verdetto.

E nessuno ha messo in dubbio quella ricostruzione, se non di recente. Nel 2013 è andata in onda per la prima volta una miniserie televisiva in due puntate, che ha messo in scena una versione romanzata della sua vita: *Adriano Olivetti – La forza di un sogno*. È stata prodotta dalla RAI, con Luca Zingaretti (brillante attore diventato famoso per aver interpretato il commissario Montalbano) nel ruolo del protagonista. Il docufilm mostra anche il viaggio in treno compiuto da Adriano per arrivare in Svizzera, e suggerisce che sia stato assassinato. Lo troviamo seduto in uno di quei vecchi scompartimenti tipici dei treni europei, che accoglievano anche cinque o sei passeggeri in una specie di saletta con tanto di porta. Mentre il treno valica le Alpi e attraversa una serie di gallerie, qualcuno entra in quell'ambiente, immerso nella penombra. Vediamo Adriano scansarsi, il collo scoperto; lo sconosciuto compie un gesto repentino, poi sparisce. Olivetti prova ad alzarsi, barcolla e cade a terra, morto. In una prima versione l'agguato veniva mostrato meglio, mentre in quella definitiva è solo suggerito: è stata Lalla a chiederlo. Non sappiamo perché, ma possiamo immaginare che la figlia di Adriano non volesse alimentare nuove critiche alla famiglia, persino a distanza di cinquant'anni.

La stessa Lalla ha ricordato che, quando era bambina, sentiva ogni notte dei passi pesanti sotto la finestra della sua camera da letto: era la loro guardia del corpo, ospitata in un alloggio sopra il garage, che faceva il suo giro di ronda. Non che Adriano avesse mai fatto granché ricorso a quel bodyguard, o avesse prestato particolare attenzione alle telefonate con minacce di morte che – si dice – aveva ricevuto nelle settimane precedenti alla sua scomparsa. Pare che considerasse l'acquisizione della Underwood un affare come un altro, e ne ignorasse le potenziali insidie. Ma se l'accordo prevedeva che il nuovo impianto assemblasse componenti elettronici costruiti in Italia, è improbabile che – presto o tardi – non sia suonato un campanello di allarme in una fabbrica piena di ingegneri meccanici. E ora sappiamo che qualcuno all'interno della società fu poi complice del furto del P101: viene logico pensare che un compratore particolarmente interessato abbia sborsato una cifra esorbitante per averlo. Sappiamo inoltre che Luigi Perotti, l'autista di Adriano, teneva una pistola in una custodia rigida all'interno della macchina, anche se il suo principale non ne era a conoscenza. Sappiamo che il giorno del funerale di Adriano il suo studio e quello di Dino vennero messi a soqquadro per rubare qualcosa, anche se non sappiamo chi fossero i malintenzionati o cosa stessero cercando. Nessuno parve voler dare alla cosa troppo peso, ma di certo qualcuno ne fu turbato. Michele Soavi, il nipote di Adriano che ha prodotto il docufilm, un giorno stava girando alcune scene a Ivrea quando un anziano signore gli si avvicinò. «Ero la guardia di Adriano» disse. L'uomo che di notte faceva avanti e indietro in giardino. «So che è stato assassinato.» Se ne andò prima che Soavi, scioccato, potesse chiedergli il nome.

L'omicidio in treno è un classico dei romanzi polizieschi, una soluzione narrativa utilizzata in pratica da quando è stato inventato quel mezzo. Forse perché il treno offre diverse soluzioni per tendere un agguato e poi sparire con facilità. *I 39 scalini*, thriller di Alfred Hitchcock girato nel 1935, è ambientato in parte proprio su treno: un uomo (interpretato da Robert Donat) accusato ingiustamente vi sale cercando di salvarsi la vita. La trama prevede segreti militari e fughe repentine all'ultimo minuto. Qualcosa di analogo accade in *Assassinio sul treno* di Agatha Christie, e ovviamente in un'altra sua opera che è stata spesso rivisitata: *Assassinio sull'Orient Express,* un vero e proprio modello di riferimento per il genere poliziesco. Gran parte dell'azione si svolge nei corridoi delle carrozze, dove non mancano mai le occasioni per contatti ravvicinati e indesiderati. Un colpo secco con la punta avvelenata di un ombrello, una pugnalata inferta sotto il costato, uno strangolamento rapido e violento... sono tutte possibilità intriganti per uno scrittore di gialli. Di solito l'assassino si allontana dalla scena del delitto e scende indisturbato alla stazione successiva, sparendo tra la folla. Dettaglio curioso, la CIA sviluppò un'arma particolarmente maneggevole e perfetta per essere usata in un corridoio simile: una pistola che sparava dardi avvelenati, studiati apposta per simulare un attacco cardiaco. Venne mostrata nel 1975 da William E. Colby, direttore dell'Agenzia, durante un'audizione di fronte alla commissione presieduta dal senatore dell'Idaho Frank Church (l'antesignana dell'attuale Senate Select Committee on Intelligence, organismo del Congresso che sovrintende appunto alle attività d'intelligence). La pistola sparava un piccolo dardo contenente una tossina letale, inodore e insapore, dall'effetto quasi immediato e difficilissima da rilevare in sede di autopsia, perché smaltita in fretta dal corpo umano. Anche i russi hanno creato uno strumento del genere, e il sospetto che l'abbiano in effetti utilizzato è molto forte: a sollevarlo sono stati alcuni infarti sospetti. La vicenda è raccontata in modo eccellente da Serhii Plokhy in *The man with the poison gun*.[6] Nella sua testimonianza, Colby affermò di ritenere

1975: il senatore Frank Church (a sinistra) mostra alla commissione che presiede la pistola a dardi avvelenati della CIA. Alla destra siede il vicepresidente della commissione, John G. Tower

improbabile che la CIA avesse mai sfruttato l'arma, ma dichiarò anche che non poteva esserne certo: la maggior parte dei documenti in merito era stata distrutta.

La vedova di Adriano avrebbe potuto fugare simili speculazioni autorizzando l'autopsia sulla salma del marito, ma così non fu. Disse che la più grande paura di Adriano era di essere sepolto vivo, per questo voleva che la bara restasse aperta per due giorni dopo la sua dipartita. Un desiderio che fu rispettato: morì un sabato notte, ma non fu sepolto prima del mercoledì successivo. È possibile che nel frattempo sia stata in effetti eseguita un'autopsia? Una domanda che non troverà mai risposta, lasciandoci il dubbio che qualcuno non abbia voluto insistere sulla questione.

Nel libro *The annals of unsolved crime*, Edward Jay Epstein – autore di diverse inchieste, compreso un best seller dedicato al resoconto della Warren Commission sull'omicidio del presidente Kennedy – ha identificato tre categorie di crimini irrisolti. La prima riguarda morti dovute, in apparenza, a cause naturali. Epstein prende ad esempio il caso di Mahmoud al-Mabhouh, leader di Hamas deceduto a Dubai nel 2010. Sul suo corpo non c'erano segni evidenti di violenze, quindi il coroner concluse che era morto per cause naturali. Poi si scoprì che era stato seguito da un gruppo di persone sospette, e Hamas insisté perché si facesse l'autopsia. Venne fuori che gli era stata somministrata una sostanza paralizzante, e poi era stato soffocato con il suo stesso cuscino. Il coroner dichiarò dunque che si trattava di un omicidio dissimulato, «teso a riprodurre la morte per cause naturali durante il sonno».[7] La morte di Adriano sembrava di certo naturale e, anche se ebbe effetti disastrosi sull'azienda, non vennero eseguite ulteriori indagini. Tre anni più tardi fu la volta di Pero, la cui rapida dipartita ricade nella stessa categoria. Si trattò in entrambi i casi di «omicidi eccellenti», necessari e dunque giustificabili?[8] Non lo sapremo mai.

La seconda categoria individuata da Epstein è in sostanza una variante della prima: «L'incidente organizzato».[9] Lo scrittore mostra quanto difficile possa rivelarsi appurare le cause del disastro quando un aereo esplode in volo, e magari esiste la possibilità che uno dei passeggeri fosse l'obiettivo di assassini sconosciuti (come nel caso di Enrico Mattei, che esamineremo a breve). Ma lo stesso vale per gli incidenti stradali; specie in Italia, Paese pieno di guidatori sconsiderati. Anzi, è forse un esempio ancor più efficace di come si possa organizzare un omicidio e farlo passare per incidente. Non sorprende, dunque, come più volte sia emerso il sospetto che la morte di Mario Tchou fosse stata preparata in modo accurato. Carlo De Benedetti, che nel 1978 assunse il ruolo di presidente dell'Olivetti e restò in carica per vent'anni, ha affermato nel 2013 di essere convinto che Tchou fosse stato assassinato.

Vale forse la pena riesaminare il clima politico nel novembre 1961. Alla morte di Adriano, la Guerra fredda si giocava soprattutto attorno ai missili balistici intercontinentali con testate nucleari schierati in tutto il Vecchio Continente, comprese la Turchia e l'Italia; ciò portò alla crisi dei missili di Cuba nel 1962. La morte di Tchou, che seguì da vicino la crisi di Berlino, può dunque ricadere anche nella terza categoria di omicidi irrisolti menzionata da Epstein: «Crimini di Stato che i governi rendono praticamente impossibile risolvere. Ciò che farebbe accusare un singolo cittadino di "intralcio alla giustizia", se compiuto dai governi può passare per difesa della sicurezza nazionale. Si possono secretare o distruggere documenti, sequestrare e intimidire testimoni, distruggere prove fisiche e prendere [...] altre misure per proteggere un segreto di Stato».[10]

Nel libro *Nato's secret armies*, Daniel Ganser afferma che l'Italia ebbe un governo fantoccio, il cui ruolo era proteggere gli interessi americani, per molti anni dopo la fine della Seconda guerra mondiale. Mentre William Perry evidenzia lo stretto legame tra il controllo degli ingegneri elettronici e la preparazione a una guerra nucleare, nel caso arrivasse. A ciò si affianca il terrore di una distruzione di massa che dirottò ingenti fondi federali a sostenere il lavoro di difesa svolto in gran segreto nella Silicon Valley. Ricordiamo cos'ha scritto Jerry Brown nel recensire il volume: «Come tutti, Perry è al corrente dei legami, segreti o palesi, che collegano innovazioni tecniche, profitti privati, impiego delle tasse, gadget a uso civile, armi di distruzione di massa, tecnologia satellitare, computer e il sempre più esteso settore della sorveglianza».[11]

Nel 1959 accadde uno strano episodio che illustra alla perfezione quest'ultimo punto e prefigura ciò che sarebbe successo a Olivetti nel 1960 e a Tchou nel 1961. Il protagonista della vicenda è Dudley Buck, un brillante e giovane ingegnere americano che lavorava alla divisione elettronica del MIT e, in segreto, anche per la National Security Agency (NSA) prendendo parte a progetti top secret che andavano dai satelliti spia ai primi supercomputer. All'epoca della sua morte Buck lavorava per Lockheed, e il suo compito era progettare sistemi di comando rapido per i missili nucleari.

Per sviluppare connessioni tra computer sempre più veloci, Buck aveva in precedenza studiato un sistema chiamato *criotrone*, che aveva però un grande limite: funzionava solo se immerso in elio liquido. Alla fine aveva abbandonato il progetto. Ma nel 1958 tutti «cercavano di costruire computer grazie al criotrone: IBM, RCA, Raytheon, GE e soprattutto l'NSA». Durante un breve periodo di distensione tra America e URSS, un team di scienziati sovietici visitò gli Stati Uniti e fu loro concesso di esaminare le idee rivoluzionarie di Buck sulla tecnologia di guida dei missili. Dopodiché ripartirono.

A distanza di un mese il trentaduenne Buck ebbe un'influenza con febbre alta, e morì nel giro di poco. Anche Louis Ridenour, vicepresidente della Lockheed e in precedenza responsabile scientifico per l'aeronautica militare, morì all'improvviso a causa di un'emorragia cerebrale. Aveva quarantasette anni. Entrambi avrebbero dovuto partecipare a un incontro dell'NSA Scientific Advisory Board sul supercomputer che la National Security Agency stava sviluppando in segreto. Gli autori del libro *The cryotron files* ritengono – e la ricostruzione sembra logica – che i sovietici abbiano orchestrato la morte dei due per fermare o rallentare il progetto.[12] Tuttavia, come capita a tanti fra coloro che indagano sugli spietati giochi di potere internazionali, non sono stati in grado di provare le loro teorie. Un problema che esiste oggi come all'apice della Guerra fredda, e sempre per le stesse ragioni.

Il quotidiano «The Economist», in un suo recente articolo sul tema del furto di proprietà intellettuali da parte dei cinesi, ha evidenziato come il nocciolo della questione sia rappresentato «dal cuore dell'*information technology*, fondamento della produzione, del collegamento in rete e del potere distruttivo dei sistemi di armi avanzate». Chi sviluppa le soluzioni più sofisticate in tale campo si garantisce «un vantaggio incontestato». Al contrario, se si resta indietro su quel fronte, si verrà «prosciugati di tecnologie essenziali da rivali stranieri supportati dal loro Stato».[13] Durante la Guerra fredda l'attenzione era tutta rivolta all'interesse nazionale e ai traguardi nella corsa agli armamenti, che erano questione di vita o di morte. Inoltre l'IBM aveva beneficiato a lungo dei fondi governativi necessari per restare in vantaggio rispetto all'Unione Sovietica. In quel momento l'azienda stava lavorando a un sistema computerizzato di difesa aerea, con il vantaggio di poter accedere alle ricerche pionieristiche del MIT. E che si tratti di affari o armi, gli Stati Uniti puntano sempre a primeggiare: «La paura più grande per il Paese era essere surclassato».[14] Quell'incredibile collaborazione rese l'IBM un'azienda importante non solo dal punto di vista militare, ma anche all'interno del mercato nazionale, per la vendita di computer. Nel 1964 la compagnia presentò una serie di computer con software interscambiabili, e assunse oltre centosettantamila dipendenti tra ingegneri e impiegati. Però anche i giganti possono sentirsi a disagio di fronte a un'azienda emergente che si fa largo alla svelta in un nuovo campo, e alla preoccupante possibilità di perdere i propri segreti commerciali. Segreti essenziali per l'IBM, tanto da difenderli al pari dell'interesse nazionale.

C'era anche un'altra questione di cui preoccuparsi, che andava sotto il nome in codice Tempesta; qualcosa di così segreto che per anni se ne è ignorata persino l'esistenza, e che riguardava la cyber security. Già durante la Seconda guerra mondiale si era scoperto che tutti i macchinari per l'elaborazione di informazioni emettono flebili onde radio. Queste onde, grazie all'equipaggiamento giusto, possono essere registrate e riprodotte, in modo da leggere i messaggi inviati. Ciò è essenziale in piena guerra di informazioni, con un nemico che può intercettare i nostri segnali, decodificarli e usare quei dati contro di noi. Ciò che si riteneva un problema limitato a un'area di pochi metri attorno alla fonte, si mostrò presto come ben più grave: la CIA scoprì che le telescriventi Bell potevano leggere quei segnali a quattrocento metri di distanza. Anche gli scienziati giapponesi si erano accorti della cosa. Quanto ai sovietici, non si limitarono a piazzare la cifra scandalosa di quaranta microfoni all'interno dall'ambasciata statunitense a Mosca, ma installarono una rete di antenne sul soffitto per intercettare anche i messaggi cifrati. Per il momento gli Stati Uniti erano consci del pericolo, ma non sapevano come evitarlo. Questa l'atmosfera che circondava l'audace incursione dell'Olivetti nel mondo dell'elettronica. Tutto ciò che era inaspettato poteva generare allarme, e Adriano e i suoi ingegneri erano proprio nel mirino.

Sembra dunque logico, come suggerisce *La forza di un sogno*, che l'entrata dell'azienda nel campo dell'elettronica abbia portato alla morte di Adriano Olivetti. Nel film quest'ipotesi non viene portata alle sue estreme conseguenze, ma potrebbe rivelarsi altrettanto calzante per gettare luce sulla scomparsa di Mario Tchou. Anzi, è proprio la seconda morte a sollevare interrogativi su entrambe. La storica acquisizione della Underwood da parte dell'Olivetti aveva messo l'azienda di Ivrea nella posizione unica, e allo stesso tempo paradossale, di società italoamericana pronta a vendere informazioni potenzialmente strategiche al nemico. Ho chiesto a Elisa Montessori se, secondo lei, il marito sapeva di poter violare dei segreti militari: ha risposto di sì. Dal punto di vista degli americani, una società statunitense stava per trasformarsi nella porta di accesso sovietica a segreti potenzialmente fondamentali. Se i movimenti di Tchou erano controllati, cosa molto probabile, si era di certo saputo che nell'estate del 1961 aveva provato a entrare in Cina per proporre un accordo al Paese. Gli Stati Uniti potevano forse permettere che la cosa continuasse?

Il tentativo di contattare Unione Sovietica e Cina deve essere considerato un errore enorme da parte di Adriano, in termini di valutazione politica. Se riteneva ancora che Allen Dulles e la CIA fossero bendisposti verso di lui e le sue idee, be', si illudeva: dopo i pessimi risultati del suo movimento alle elezioni del 1958, Adriano era passato da possibile alleato a socialista alleato dei comunisti. Aveva perso ogni influenza, e ciò avrebbe portato a sforzi ben coordinati e altamente sofisticati per intralciare i suoi piani e quelli della sua azienda. A tutti i costi.

Per quanto riguarda l'incidente in cui morì Mario Tchou, il resoconto ufficiale avvalora la teoria secondo cui la Buick stava tentando un sorpasso; l'autista aveva visto sbucare di colpo il Leoncino e aveva tentato di tornare nella propria corsia, ma era troppo tardi. L'auto era stata centrata in pieno. C'è, però, un elemento cui prestare attenzione: nessuno, a parte l'uomo al volante dell'autocarro coinvolto, vide cos'era successo in effetti.

Quell'incidente ne ricorda uno simile, nel quale fu coinvolto un camion e che costò la vita a un celebre generale americano. Anche in questo caso si parlò per anni di errore umano dell'uomo al volante. Mi riferisco alla morte del generale George Patton nel 1945, alla fine della Seconda guerra mondiale. Proprio come Adriano e Mario, Patton aveva nemici temibili, comprese alcune fazioni statunitensi che lo volevano morto perché «minacciava di rivelare la collusione tra Alleati e russi, costata parecchio agli americani in termini di vite umane» come ha scritto Tim Shipman.[15] Nondimeno, la versione secondo cui la morte del generale fu un incidente è stata accettata finché una ex spia dell'OSS, Douglas Bazata, non rivelò di averlo ucciso per ordine del proprio direttore, il generale Donovan, detto Wild Bill. Pare che Donovan abbia affermato: «Abbiamo un enorme problema con questo grande patriota: è fuori controllo, dobbiamo salvarlo da se stesso».[16]

Per il momento nessuno si è fatto avanti per assumersi la responsabilità della morte di Tchou, ma esistono comunque diverse teorie in proposito. Come abbiamo visto, la Buick Skylark era una macchina di lusso; impossibile non notarla in mezzo a FIAT 500 e vecchie Due Cavalli, con i loro parafanghi leggeri che sbattevano come gonne agitate dal vento. Anzi, la Skylark poteva essere avvistata mentre procedeva sull'autostrada da alcuni chilometri di distanza, e non sarebbe stato un problema avvertire qualcuno via radio del suo avvicinamento, proprio come nel caso di Patton. Magari l'autista di un mezzo pesante, pronto a prendere posizione. E in merito a Tinesi, l'uomo alla guida del Leoncino, sorgono spontanee almeno due domande. Nell'inestimabile documentario di Contadini sull'Elea 9003, a un certo punto viene mostrata una foto del luogo dell'incidente, l'unica di cui disponiamo. Si vede la strada, ed è chiaro che l'incidente deve essere avvenuto sul tratto d'asfalto *prima* o *dopo* il ponte, perché solo lì il percorso è in pendenza. Inoltre la carreggiata è chiaramente divisa in tre corsie: due sul lato della Buick, l'ultima per il senso di marcia in cui viaggiava Tinesi. Secondo logica, la Buick aveva tutto lo spazio per superare il camion usando la seconda corsia, e ciò mette in dubbio che il suo autista abbia perso il controllo del mezzo mentre cercava di rientrare nella corsia giusta.

La fotografia, inoltre, ritrae l'auto e il camioncino al momento dell'impatto. Il secondo è posizionato in modo tale da colpire la prima ad angolo retto, il paraurti anteriore allineato perpendicolarmente al lato danneggiato della Buick. L'immagine della macchina è stata mostrata anche a Jose Zamara, proprietario dell'officina Zamara's Auto Body a Rockville, nel Maryland, spesso consultato dalla polizia in casi simili. Zamara conosce molto bene quel modello della Buick, dato che da ragazzo ne assemblò una tutta da solo, e ha spiegato che è priva di telaio strutturale: ogni pezzo veniva montato agganciandolo a un altro. Un dettaglio confermato dal manuale del Center for Auto Safety di Ralph Naders, pubblicato nel 1970; al suo interno, l'auto è descritta come strutturalmente leggera, e si precisa che in occasione di un cappottamento il tettuccio si era schiacciato uccidendo i passeggeri. Ovviamente all'epoca le cinture di sicurezza non erano ancora obbligatorie. Entrambi i sedili frontali erano inoltre progettati per reclinarsi in avanti, così da facilitare l'accesso a quello posteriore; in caso di incidente, però, era frequente che cedessero, e che i passeggeri seduti dietro si ritrovassero così proiettati contro il parabrezza.

A giudicare dai danni subiti dalla Buick, Zamara si è detto dubbioso che fosse stata centrata ad angolo retto, e la colpa dell'incidente fosse da attribuirsi al suo guidatore. Anche se, negli scontri laterali, è notoriamente difficile valutare questo aspetto. Secondo l'esperto, la Skylark fu colpita sulla fiancata da un autocarro proveniente in direzione opposta, che la urtò viaggiando tra i 70 e i 90 chilometri all'ora. L'impatto fu così violento da distruggere lo sportello lato guidatore e tutto ciò che si trovava dietro a esso. I segni indicano in modo chiaro che il Leoncino aveva scontrato l'auto avanzando dalla parte anteriore a quella posteriore, e causando danni ingenti al retrotreno, che fu sollevato da terra. Le prove, dunque, non sembrano supportare l'ipotesi di uno scontro dovuto a un testacoda o alla perdita di controllo dell'auto, né l'eventualità di altre collisioni secondarie. Il lato passeggero della Buick rimase intatto, il paraurti e il cofano non subirono danni. L'impatto si concentrò, con incredibile precisione, sul lato del guidatore.

Ci sono anche altri motivi per ritenere sospetta la versione accreditata. Il verdetto della polizia fu che Frinzi era ubriaco. Secondo Roberto Battegazzorre, suo padre Giuseppe arrivò sulla scena prima che la Buick venisse rimossa e trovò entrambe le vittime già distese sul sedile posteriore; aprendo la portiera del lato passeggero fu investito da una pesante zaffata di alcol. La cosa, però, lo insospettì: nessuno dei due beveva. All'epoca era notoriamente difficile ottenere informazioni su un incidente dall'unità della stradale responsabile del tratto specifico, ma si sapeva che quell'uscita era progettata male: ogni settimana si contava qualche impatto.[17] E se un impiegato dell'Olivetti era coinvolto, farsi «perdonare» dagli agenti di zona gli sarebbe costato una macchina da scrivere nuova. Fausto Lanfranco, un ingegnere che lavorava nel laboratorio di ricerche elettroniche, ha dichiarato: «Eravamo convinti che Tchou fosse stato ucciso, questo è certo». Chi ne era convinto, nello specifico? «Tutti. Era una sensazione diffusa.» Poi ha aggiunto: «Forse anche Adriano [era stato ucciso]».[18]

A proposito della morte di Tchou, Bruno Amoroso e Nico Perrone hanno scritto in *Capitalismo predatore*: «Tuttavia abbattuta la quercia [Adriano] restarono i cespugli in crescita che lui aveva seminato e curato. Mario Tchou portò avanti il suo progetto con successo e questo, molto più delle altre attività industriali, era una spina nel fianco della concorrenza europea e statunitense. Si trattava inoltre di un settore sensibile per gli aspetti militari e di sicurezza che conteneva, e che il clima di Guerra fredda certamente esasperava. Tutto procedette bene fino a quando, il 9 novembre 1961, questo giovane ingegnere morì a 37 anni in uno strano e tragico incidente stradale. Anche in questo caso – evenienza che suscitò qualche dubbio fra amici e collaboratori – l'evento fu rapidamente archiviato come incidente: si trova nel mucchio dei misteri italiani protetti degli *omissis* espliciti o impliciti del potere in Italia».[19]

La sequela di eventi che portò l'Olivetti a chiudere i progetti di ricerca sui computer, proprio mentre l'azienda era all'apice del suo successo, si sviluppò a partire da una serie di sfortunati fattori. Fattori che, come si è visto, affondavano le radici nel fatto che una società italiana collegata a uno storico e celebre marchio statunitense cercasse di mettersi in contatto prima con l'Unione Sovietica e poi con la Cina, per scambiare informazioni in ambito tecnologico in piena Guerra fredda. Ciò che era implicito nelle morti di Adriano Olivetti, Mario Tchou e Franco Frinzi divenne esplicito nel 1963, quando il Gruppo di intervento composto da alcune aziende italiane guidate da FIAT e Pirelli fece chiudere la divisione elettronica. L'Olivetti avrebbe ripreso a lavorare sui computer qualche anno dopo, ma non riuscì mai a recuperare il distacco accumulato.

Quell'acquisizione fu in effetti ideata per distruggere la società, e fu facilitata dal fatto che molti membri della famiglia non avessero colto un dato fondamentale: gli apparecchi meccanici da cui dipendevano le loro entrate stavano per diventare obsoleti. Chiunque se ne fosse reso conto avrebbe di certo compreso che la divisione elettronica veniva svenduta a un'azienda americana solo per essere smantellata, e avrebbe forse intuito le ragioni per cui ciò accadeva. Non sarebbe stato l'unico caso in cui aziende come la FIAT e la Pirelli, determinanti nel Gruppo di intervento, restituivano un favore agli americani. Un altro indizio importante. Quelle società avevano beneficiato degli ingenti aiuti economici previsti dal Piano Marshall, e ogni buona azione merita di essere ripagata. Poi, nella primavera del 1964, Valletta si rivolse agli azionisti sostenendo che la divisione elettronica dell'Olivetti era una macchia, «un neo da estirpare».[20] Silvia, priva di una solida formazione finanziaria, si sarebbe fidata delle rassicurazioni di Visentini, anche se David Olivetti ha dichiarato che «lui era parte del problema». Uno dei pochi a sapere come stessero davvero le cose era Mario Caglieris, dirigente di alto livello coinvolto nella vendita alla General Electric, e che quindi aveva accesso a informazioni riservate. Caglieris, celebre per la sua cautela, tenne a lungo per sé ciò che sapeva; ma nel corso di un'intervista registrata nel 2000 con Matteo Olivetti, il figlio di David, disse che Cuccia aveva subito pressioni esterne per chiudere la divisione elettronica, e che tali richieste erano partite dall'intelligence americana e dall'IBM.[21] Le stesse influenze politiche di cui parla nel suo report l'Harvard Business School. Se Caglieris sapeva tutto ciò, è possibile che altre figure – più in alto nella scala gerarchica – ne fossero a conoscenza. In particolare Roberto Olivetti, che però si portò la verità nella tomba. Perché, si è domandato Carlo De Benedetti, Visentini aveva dipinto la situazione finanziaria della società come «ben peggiore di quanto non fosse»?[22] Gli indizi c'erano tutti, ma non furono presi in considerazione.

Resta anche il dubbio su quanto in effetti capissero i membri della famiglia Olivetti dell'intricato sistema di partecipazioni societarie che, come ha spiegato John Hooper, avvantaggia le grandi imprese e rappresenta «quasi di certo la più strana forma di cultura aziendale all'interno delle grandi economie occidentali». Tutto ruota attorno a patti parasociali segreti. Come ha illustrato

Hooper, alcuni grandi investitori – di norma banche o altre imprese – «si mettono d'accordo per avere il controllo di un'azienda quotata. E non gli serve nemmeno ottenere la maggioranza del pacchetto azionario: di solito basta possedere un terzo o persino un quarto delle quote». Il vantaggio offerto da un sistema simile è che garantisce all'azienda la tranquillità finanziaria necessaria a progettare il proprio futuro; ma se i membri del patto non trovano un accordo, il rischio è «arrivare alla paralisi». «Ciò è vero soprattutto se la società in questione si trova al centro di una rete di partecipazioni incrociate, con parte delle quote in mano a un'azienda di proprietà pubblica. Simili reti sono un'altra caratteristica tipica del capitalismo italiano. Per anni la banca d'investimento milanese Mediobanca e il suo [...] presidente Enrico Cuccia furono al centro di un'intricata ragnatela di partecipazioni incrociate. L'influenza del riservatissimo Cuccia permeò il ristretto universo del capitalismo italiano, che si può riassumere tutto nell'espressione intraducibile di "salotto buono". Due parole che evocano un'immaginaria e raffinata sala in cui i giganti dell'industria italiana incontrano i titani della finanza, per stringere accordi.»[23]

L'intricata relazione che all'epoca legava, a livello personale e finanziario, Cuccia, la FIAT e gli Agnelli; l'enorme influenza politica esercitata da Valletta, a lungo ai vertici dell'azienda torinese; gli accordi sotto banco degli anni Cinquanta, rimasti segreti per decenni: sono tutti elementi ben documentati da Alan Friedman nel suo rivoluzionario studio delle reti di potere in Italia. Le sue ricerche portarono a galla per la prima volta, nel 1988, l'esistenza di questi patti di sindacato segreti. Friedman ha scritto che «ciò diede alla cricca di Agnelli un potere pari a quello delle banche statali in Mediobanca, sebbene avessero partecipazioni marginali».[24] E lo stesso vale per il Gruppo di intervento, che prese con facilità il controllo di un'azienda di famiglia, estromise i vecchi azionisti e dirigenti e mise al potere i propri uomini.

Secondo la figlia di Roberto, Desire, si sarebbe potuto evitare il disastro se suo padre fosse stato più duro. D'altronde, come ha ricordato David Olivetti: «Nel nostro universo non c'era bisogno di essere duri. Adriano conosceva il mondo del business, e ci aveva messi al riparo da esso. Non scoprimmo quali problemi celasse finché non ci lasciò, e Roberto dovette farsene carico». Poi ha aggiunto una considerazione sul carattere predatorio del capitalismo italiano. «Non ci avevano educati a quel modo. Inoltre si erano sviluppate forze che lavoravano assieme, mentre noi eravamo in competizione con la FIAT; non per il tipo di produzione, ma per il modo in cui operavamo: a causa della nostra filosofia aziendale. Se andate alla FIAT vedrete che la fabbrica è circondata da mura. Noi non avevamo mura.»[25]

Un ulteriore fattore da tenere in considerazione è il motivo per cui i maggiori industriali italiani avrebbero voluto intervenire, chiudendo uno dei più importanti progetti della Olivetti e prendendo il controllo della società. L'anno in cui il presidente Kennedy assunse il suo incarico, il 1961, fu anche quello in cui in Italia si teorizzò per la prima volta l'«apertura a sinistra», che avrebbe permesso ai socialisti di entrare nella compagine di governo assieme alla Democrazia cristiana. Un'ipotesi che scatenò violente discussioni tra sostenitori e detrattori. Confindustria era ferocemente contraria all'iniziativa, preoccupata del «potere crescente che avrebbero avuto i lavoratori se i socialisti fossero entrati nel governo». Paul Ginsborg ha scritto che «i conservatori controllavano la gran parte dei quotidiani del Paese. Come accaduto spesso nella storia italiana, settori cruciali delle classi abbienti voltarono le spalle a ogni ipotesi progressista e a un più equo rapporto con le altre forze sociali».[26] Adriano Olivetti aveva mostrato al mondo cosa poteva fare il capitalismo illuminato, sposando la causa dei lavoratori e schierandosi contro «il capitalismo predatore». Bisognava fermare la Olivetti. Anche in questo caso, è improbabile che la famiglia lo abbia compreso appieno.

Un simile sconvolgimento del panorama politico, qualcosa di davvero epocale, non mancò di essere rilevato dal dipartimento di Stato americano e da Allen Dulles, ancora alla CIA. David Talbot, il biografo di Dulles, ha osservato che la Central Intelligence Agency «riservava un'attenzione particolare all'Italia» sin dai tempi del suo intervento nelle elezioni del 1948, e lavorava di nascosto per impedire l'apertura a sinistra. La campagna di James Angleton contro la sinistra si fece sempre più accesa, tramutando Roma – per citare ancora le parole di Talbot – in «un campo di battaglia fondamentale nello scacchiere della Guerra fredda». L'ex ambasciatrice Luce scriveva lunghe lettere al presidente Kennedy, dicendosi contraria a ogni ammorbidimento della posizione statunitense. Secondo lei «il governo italiano filoccidentale ha tenuto per ben diciassette anni un piede sulla buccia di banana di Mosca». Se i socialisti, che sostenevano i comunisti, avessero vinto, «il Partito comunista italiano avrebbe trattato il futuro dell'Italia con l'Urss».[27] Kennedy guardava con favore a una soluzione di centrosinistra, ma ciò non era necessariamente vero per quanti prestavano servizio presso l'ambasciata americana a Roma. «Vernon Walters, l'attaché militare, invocò l'intervento armato nel caso in cui si fosse formato un governo di centrosinistra.»[28]

Ma, stando a Claudio Celani, esperto di antiterrorismo e questioni italiane, c'era anche una ragione più oscura dietro lo sforzo dell'imprenditoria nazionale teso a fermare i socialisti. Secondo Celani il presidente della Repubblica Antonio Segni era molto legato al colonnello Renzo Rocca, alto funzionario del SIFAR – il Servizio informazioni forze armate – che lavorava con Borghese, il Principe nero, e Gladio. Stando a Celani, «Rocca riferì a Segni che l'establishment finanziario ed economico aveva previsto una crisi catastrofica se i socialisti fossero entrati a far parte del governo. In realtà, pochi grandi monopolisti (quelle stesse famiglie che avevano sostenuto il regime di Mussolini) avevano paura che il nuovo governo avrebbe introdotto riforme volte a incrinare il loro potere nei settori immobiliare, energetico, finanziario e nella pianificazione economica». Dopo aver lasciato il SIFAR, il colonnello Renzo Rocca andò a lavorare per la FIAT.

Anche il mercato azionario, con il tracollo del 1962, offrì l'ennesima occasione per una partita al classico: «Testa vinco io, croce perdi tu». Nel suo libro del 1988, Friedman ha osservato che la borsa valori di Milano, tutto sommato una piccola realtà, era «infestata da insider trading, personaggi che avrebbero già fatto scattare indagini e cause penali in Gran Bretagna e negli Stati Uniti».[29] E, fatto strano, dopo che i membri della famiglia Olivetti furono costretti a vendere le loro azioni a un prezzo stracciato per ripagare i prestiti delle banche, il titolo riacquistò valore. Quando ormai era passato di mano.

Torniamo ora al report dell'Harvard Business School, secondo il quale la Olivetti era un'azienda strutturalmente solida e l'acquisizione dell'Underwood – ufficialmente considerata la principale fonte del dissesto finanziario dell'azienda – «nel marzo del 1964, a un paio di mesi dalla nascita del nuovo gruppo, stava generando profitti». Inoltre «l'Olivetti usò solo un cinquantesimo del credito messo a disposizione dal Gruppo d'intervento; una cifra che ammontava a poco più di sei milioni di dollari su oltre trecento».[30] Gli infuriati membri della famiglia Olivetti ottennero un ben misero ricavo per il prezzo che furono costretti a pagare.

Un ricercatore di Harvard andò anche a trovare il riservato dottor Cuccia, ma un uomo della Olivetti era già stato lì prima di lui. Si trattava del dottor Nerio Nesi, nominato responsabile dei servizi finanziari alla giovane età di trentatré anni. «Ricordo che Roberto Olivetti mi mandò a chiedere dei soldi a Mediobanca; lì, mi disse, avrei incontrato uno dei più grandi banchieri d'Europa. Mi avrebbe concesso solo dieci minuti. Ottenuto l'appuntamento, iniziai a raccontargli – con la passione che caratterizzava tutti noi in quel periodo – cosa significasse la Olivetti, i computer, gli apparecchi meccanici, il fenomeno dei lavoratori agricoli che diventavano operai, la grande visione culturale che animava il tutto. Dopo soli cinque minuti, nemmeno dieci, mi fermò: "Caro dottor Nesi, mi guardi. Tutto questo non conta nulla. Nulla! Ciò che importa è il valore delle azioni in borsa. Arrivederci". Così tornai da Roberto e gli chiesi: "Sono tutti così i banchieri?". E lui: "Perché, pensavi che fossero differenti?".»[31]

A distanza di anni, Nesi non riusciva ancora a capacitarsi che il governo italiano si rifiutasse di agire, anziché supportare le ricerche della Olivetti come si faceva negli Stati Uniti, in Francia e in altre parti del mondo. «Nessuno capì mai pienamente cosa stesse succedendo all'interno della nostra divisione elettronica, o dell'azienda. Scrissi lettere al governo, per provare a spiegare cosa si stesse perdendo l'Italia. È un peso che mi porto sull'anima, nel cuore e nel cervello, come una grande occasione persa.»[32]

Quando il ricercatore dell'Harvard Business School si mise a indagare sulla stessa vendita, venne a galla una storia un po' diversa. Giorgio Cappon, direttore generale e poi presidente dell'IMI (l'Istituto mobiliare italiano, un ente pubblico per il medio e lungo credito) dichiarò: «Ci occupammo dell'Olivetti su richiesta della Banca d'Italia, che aveva avanzato delle preoccupazioni. In un primo momento pensammo che la situazione della compagnia fosse tremenda. Facemmo uno studio congiunto con Mediobanca, e arrivammo alla conclusione che la compagnia avesse bisogno di più soldi di quanti gliene servivano in realtà. Giravano un sacco di voci. Quando arriva una crisi, noi banchieri siamo portati a pensare che qualcosa non vada, ma non era il caso dell'Olivetti. Gli aspetti psicologici erano più importanti di quanto credessimo al tempo».[33]

Il ricercatore di Harvard chiese poi a Cuccia perché avesse creato quel piccolo Gruppo di intervento, formato da aziende pubbliche e private, per occuparsi della questione, anziché intervenire tramite Mediobanca o l'IRI. Cuccia rispose che «i politici volevano che l'IRI [...] rilevasse parte dell'Olivetti», ma il gruppo fu creato per «ragioni politiche».[34]

Ragionando in maniera logica, si intuisce come tutti questi eventi in apparenza casuali siano invece collegati da un *fil rouge* nascosto, visibile solo retrospettivamente. Perotto aveva capito che l'innovativa e audace impresa da lui lanciata si era fatta dei nemici all'interno dell'azienda, e forse aveva portato persino a episodi di sabotaggio industriale, come suggerirebbe il furto del prototipo del P101 poco prima del suo debutto newyorkese. Anche l'irruzione negli studi di Adriano e Dino durante il funerale del primo – un mistero mai risolto – potrebbero configurarsi come embrionali tentativi di sabotaggio. Le rivalità interne, però, non bastano a spiegare *in toto* quanto successo in seguito. Se la corsa di Adriano a costruire il computer e il suo ingresso in territorio statunitense attraverso l'acquisizione dell'Underwood avevano scatenato preoccupazioni ai piani alti, allora la sua morte – avvenuta soli tre mesi dopo – può essere vista come il primo tentativo per chiudere per sempre la Olivetti, vista come società informatica canaglia. Quando fu chiaro che l'obiettivo non era stato centrato, e che Mario Tchou aveva raccolto la sfida con un successo strabiliante, tanto da voler concretizzare i contatti con i cinesi, ciò poté bastare a decretare la sua fine. E c'era sempre a disposizione il gruppo criminale di Gladio, l'esercito segreto creato dalla NATO, che aspettava senza nulla da fare. Poi arrivò, Perotto con il suo rivoluzionario desktop computer, il primo al mondo. Era arrivato il momento di chiudere una volta per tutte la divisione elettronica, e nemmeno questo fu difficile.

Carlo De Benedetti ritiene che americani e russi abbiano fatto pressioni su Valletta per «fermare Olivetti. Questo è certo». «Poi costrinsero l'azienda a vendere la divisione elettronica. Nessuno lo vuole ammettere, ma sono in molti a pensarla così.» Secondo De Benedetti anche l'IBM, compagnia vicina al governo e all'intelligence militare statunitensi, doveva essere coinvolta. «L'informatica, all'epoca, era monopolio dell'IBM; sarebbe stato inimmaginabile che la sua posizione venisse messa in discussione da un'azienda italiana». Prendendo in considerazione tutti questi fattori «è facile capire perché l'Olivetti venne fermata».[35]

L'interferenza russa pare sia iniziata sul serio dopo che Carlo De Benedetti venne nominato presidente della Olivetti, nel 1978, e riportò l'azienda sul mercato dei personal computer con il modello M20, uscito nel 1982. Roberto Battegazzorre ha raccontato che, ai tempi, gli stranieri che si spostavano in Italia con l'auto di proprietà dovevano consegnare la targa per riceverne una italiana. A un certo punto suo padre si meravigliò di quanti russi stessero facendo richiesta di una nuova targa nella sua piccola cittadina. Quella sorveglianza andò avanti a lungo. Era necessario ripensare i computer, il cui difetto di progettazione consentiva di captare – se non leggere direttamente – messaggi cifrati, eliminando le deboli emissioni di onde radio. La NATO stava finanziando il programma Tempest proprio per quello scopo. Si scoprì che l'Olivetti, che si era in segreto aggiudicata un appalto, aveva trovato una soluzione, battezzata MSG 720 B.

Il fatto era noto solo a poche figure chiave all'interno dell'azienda. Una era Maria Antonietta Valente, segretaria cinquantunenne entrata in azienda quando aveva sedici anni, e che aveva sempre lavorato lì; in quel momento lavorava all'ufficio per le relazioni economiche con i Paesi dell'Est. Sposata e con due figli, alla Valente fu intimato di andare in pensione anticipata. Solo pochi amici sapevano che aveva una relazione con un altro membro di quell'ufficio, Roberto Mariotti, scapolo di trent'anni amante della bella vita e sempre a corto di soldi. E anche a Maria un po' di soldi facevano comodo, ma per un motivo diverso: voleva regalarsi un lifting facciale e un intervento chirurgico per asportare il grasso indesiderato, così da essere più attraente per Roberto.

Il fato parve voler favorire entrambi. Maria iniziò infatti a ricevere misteriose telefonate sul telefono di casa, in via Galluzia 3, a poche centinaia di metri dalla sede dell'Olivetti a Ivrea. A quanto pareva Victor Dimitrev, funzionario sovietico del ministero del Commercio di Mosca, era in realtà una spia: voleva acquistare i progetti dell'Olivetti su un particolare detonatore. Lei si disse interessata, ma spiegò di non poterlo aiutare: non si intendeva di attrezzatura militare. Poi saltò fuori il progetto Tempest. La Valente sapeva che gli archivi dell'Olivetti contenevano venticinque cartellette zeppe di informazioni NATO top secret legate alle ricerche della società. Dimitrev le fece la sua offerta: 250.000 dollari americani, a consegna avvenuta. Lei e Roberto decisero di dividere il ricavato, e si decise per il luglio del 1989.

Maria non avrebbe toccato i documenti originali: sapeva che una piccola azienda di Ivrea si era specializzata nella realizzazione e custodia di duplicati in microfilm per simili dossier segreti; lei se ne sarebbe procurata una copia. Contattò il proprietario dell'impresa, senza sapere che si trattava di un ex poliziotto. L'uomo allertò le forze dell'ordine, e insieme prepararono una trappola. Maria fu arrestata in flagrante, sorpresa durante lo scambio, il 10 luglio del 1989. Mariotti invece era già fuggito a Mosca, aveva cambiato nome e si era sposato con una bellezza russa. La Valente, soprannominata la Mata Hari dell'Olivetti, fu condannata a quattro anni agli arresti domiciliari. Quando ascoltò il verdetto, scrollò le spalle. «Quattro anni non sono un problema» disse. «E allora? Mio marito sa già dove trovarmi.»[36]

L'attacco portato negli anni Sessanta all'Olivetti, e in particolare al suo futuro di successo nel campo dei computer, non fu un caso isolato. Come precisato da alcuni funzionari statunitensi degli Affari esteri che avevano prestato servizio a Roma, gli Stati Uniti avevano vinto, quindi si comportavano come i Paesi vincitori facevano da secoli: in sostanza avevano assunto il controllo sugli interessi politici, scientifici ed economici dell'Italia. Oppure, come ha sostenuto Gastone Garziera, già membro della divisione elettronica e del team di Perotto e ora guida presso il piccolo Museo Olivetti di Ivrea: «A quei tempi, in Italia, non accadeva nulla che gli americani non volessero».[37] Per raggiungere i propri scopi, la superpotenza non si preoccupava di gratificare, lusingare, corrompere o costringere con la forza.

Il risultato era una combinazione tossica, un panorama tanto labirintico e impenetrabile da rivaleggiare, per tortuosità e astuzie, con la rete di partecipazioni incrociate che per decenni ha tenuto al sicuro i grandi azionisti nel mondo degli affari italiano. Nessuno riuscì davvero a comprendere fino in fondo quella rete di influenze. Per fare un esempio, nel 1964 un giornalista americano, Victor K. McElheny, riferì che in Italia gli scienziati «in cerca di un clima più favorevole alla ricerca» si stavano scontrando con «le strutture fossilizzate» all'interno del governo e delle università, che perpetuavano lo *status quo*. Per di più, scrisse McElheny, alcune leggi erano «usate per perseguire diversi responsabili scientifici e scienziati di primo piano, preoccupati dal fatto che tutto ciò possa danneggiare seriamente la ricerca».[38] Era facile additare i politici italiani come responsabili della situazione, ma in lontananza, sullo sfondo, c'erano i veri burattinai, che tiravano fili invisibili e manipolavano un gioco di specchi i cui riflessi si perdevano all'infinito.

Solo di recente, grazie al rinnovato interesse di accademici liberi di indagare e pubblicare le proprie scoperte, si è deciso di riesaminare alcuni casi ormai considerati chiusi. Uno dei più rilevanti è quello di Enrico Mattei, dirigente pubblico incaricato di liquidare l'AGIP (Azienda generale italiana petroli), ente statale fondato da Mussolini per gestire, in regime di monopolio, l'estrazione, la lavorazione e la distribuzione in Italia dei carburanti fossili. L'intenzione era lasciare la gestione di quella risorsa vitale nelle mani del consorzio per il Medio Oriente formato dalle cosiddette Sette sorelle, tra le quali spiccavano compagnie come la Exxon (al tempo ancora divisa in Standard Oil of New Jersey e Standard Oil of New York), la British Petroleum (che allora si chiamava Anglo-Persian Oil Company) e la Royal Dutch Shell. Dopo aver accettato l'incarico, però, Mattei si convinse che era nell'interesse del Paese salvare l'AGIP, rafforzandola anziché smantellarla. Creò dunque l'Ente nazionale idrocarburi – o ENI, di cui l'AGIP divenne la struttura principale – e provò a negoziare dei contratti con il consorzio. Trovandosi la strada sbarrata si rivolse all'Unione Sovietica. Secondo Epstein: «Non solo si offrì di pagare il petrolio in valuta forte, ma avviò la costruzione di un oleodotto che attraversava l'Est Europa, per far sì che il greggio potesse essere distribuito in Italia».[39] Una situazione che preoccupava molto il neopresidente

John F. Kennedy, il quale fece organizzare un colloquio con Mattei per il novembre del 1962. I due uomini, però, non si incontrarono mai.

Nell'ottobre di quello stesso anno l'aereo su cui viaggiava Mattei esplose mentre si preparava all'atterraggio, segnando la fine dei tre occupanti. Come ha osservato Epstein, a quel tempo non era affatto facile ricostruire perché un aereo fosse precipitato: alla fine di una prima inchiesta, il tutto fu archiviato come incidente. Il che, però, non mise fine alle voci. Poi, nel 1970, il giornalista Mauro De Mauro fu incaricato di svolgere alcune ricerche di approfondimento per il film *Il caso Mattei*: sparì nel nulla e il suo corpo non fu mai ritrovato. Anche due investigatori della polizia, che erano sulle tracce dei presunti rapitori di De Mauro, furono uccisi. Dalla mafia, si disse. Solo decenni più tardi nuove analisi sui corpi riesumati delle vittime del disastro e sulla carcassa dell'aereo hanno stabilito che a bordo era stata piazzata una bomba. Nel suo libro, Epstein si dice convinto che i responsabili fossero membri dei servizi segreti francesi.[40] Come per la morte del generale Patton, anche in questo caso vale il detto: le colpe antiche gettano lunghe ombre.

Il giornalista italiano Marco Pivato ha scovato altri due casi, risalenti agli anni Sessanta, in cui il percorso di figure cardine dell'Italia del dopoguerra venne fermato dalla stessa combinazione di forze misteriose. In *Il miracolo scippato*, Pivato ricostruisce la storia di Domenico Marotta, celebre chimico nominato direttore dell'Istituto superiore di sanità. Egli non solo rafforzò quell'ente, ma contribuì alla creazione del primo impianto italiano per la produzione della penicillina. Marotta finì per minacciare gli interessi farmaceutici del Regno Unito e degli Stati

Uniti, ed entrò in contrasto con personaggi potenti del proprio Paese. Nei primi anni Sessanta una campagna mediatica di attacchi mirati e insinuazioni portò a un suo processo. Sebbene fosse evidente che le accuse erano frutto di montature, lo scienziato fu condannato a sei anni di prigione, sentenza successivamente ridotta. Solo vent'anni più tardi, nel 1986, il verdetto finale stabilì che si era trattata di «un'incomprensibile vendetta politica».[41]

Un altro caso citato da Pivato, ed ennesimo esempio delle manipolazioni americane per pilotare le vicende italiane negli anni Sessanta, è quello di Felice Ippolito: scienziato, politico, nonché uno dei primi in Italia a guardare con entusiasmo agli usi pacifici dell'energia nucleare. Laureatosi in ingegneria civile, la passione lo portò a interessarsi a un altro campo: nel 1950 gli fu affidata la cattedra di Geologia applicata all'Università Federico II di Napoli. Le sue ricerche sull'uranio lo resero un'autorità nel campo dei reattori nucleari, il cui uso promuoveva, tanto che di lì a dieci anni diventò segretario generale del Comitato nazionale per l'energia nucleare (il CNEN). In quella posizione giocò un ruolo fondamentale nell'allestimento di alcuni reattori in Italia. Poi, nell'estate 1963, fu accusato di irregolarità amministrative. Venne arrestato, portato in tribunale e condannato all'assurda pena di ben undici anni di carcere. «I fatti contestati sono dubbi e di modesta entità, mentre la condanna è pesantissima, e molti ritengono che la vicenda giudiziaria sia una farsa per togliere di mezzo Ippolito e stroncare la nascente industria nucleare italiana in favore della potente filiera petrolifera»: questo il commento alla vicenda riportato su Wikipedia.

Manca però un dettaglio in questa ricostruzione: ovvero la supposizione – ragionevole – che gli interessi americani vi abbiano giocato un ruolo non secondario. Nel bel mezzo della Guerra fredda alcune figure attive in settori cruciali quali l'elettronica, l'industria petroli- fera, l'energia nucleare e la farmaceutica – personaggi come Olivetti, Tchou e Mattei – morirono in circostanze misteriose o furono imprigionate. L'unica conclusione cui è logico giungere è che gli interessi politici ed economici degli Stati Uniti fossero determinanti nell'influenzare le vicende italiane, in stretta collaborazione con imprese e fazioni politiche della penisola.

Dopo l'enorme successo del P101, Roberto Olivetti – che per primo aveva creduto nelle potenzialità del personal computer, si era impegnato a realizzarne un modello e aveva dimostrato che c'era mercato per quel prodotto – fu posto a capo di una nuova divisione sistemi, sotto cui confluirono l'impianto di San Bernardo, dove si produ- cevano i P101 e le macchine contabili, e la fabbrica di San Lorenzo, che assemblava le telescriventi.[42] Ma se Roberto si era illuso che la General Electric, una volta entrata nella proprietà dei laboratori di elettronica, facesse avanzare il programma sui computer, be' dovette ricredersi: il nuovo assetto sociale, con il 75 per cento alla GE e il 25 in mano all'Olivetti, rese subito chiaro quali fossero gli equilibri tra le due. In forza di quell'enorme divario la divisione fu chiusa nel 1970. La situazione si fece paradossale, quasi una barzelletta: la GE si era trasformata in una sorta di perverso ufficio di collocamento per gli ingegneri dell'Olivetti, che o capivano come stessero le cose e se andavano, oppure si sentivano dire che per loro non c'era lavoro.

Uno dei dirigenti che segnò a lungo le sorti dell'azienda e che pochi ricordano con piacere fu Bruno Visentini:

parlamentare, ministro e abile oratore, portato alla ribalta nella Olivetti da Silvia, la sorella di Adriano. Fu presidente dell'azienda quasi ininterrottamente per vent'anni, dal 1964 al 1983; in quello stesso arco di tempo ricoprì anche alcuni importanti incarichi governativi, in particolare quelli di ministro delle Finanze (1974-1976) e del Bilancio (1979), e dovette quindi restare spesso a Roma. A tutti era chiaro, però, che lasciava a Ivrea qualcuno di fiducia, per assicurarsi – come si è ampiamente dimostrato – che la compagnia non ripetesse *mai più* certi errori.

Alla luce di tutto ciò è dunque interessante che proprio Visentini abbia nominato, nel 1967, amministratore delegato Roberto Olivetti, da cui ci si poteva aspettare ogni genere di iniziativa avventata. Secondo David Olivetti, però, una spiegazione esiste. Ha infatti dichiarato: «Verso il 1966-1967 mio padre [Dino] non era felice alla Olivetti: lì le sue idee venivano ignorate. Voleva avviare una sua azienda e portare con sé Roberto. Credo che Visentini volesse evitarlo a tutti i costi, e per farlo restare a Ivrea gli affidò quel compito, che però facevano in due. C'era infatti un secondo amministratore delegato, Bruno Jarach, uomo di Visentini che aveva il compito di tenere in riga Roberto».

Tutto sembrava volgere al meglio: Roberto Olivetti trionfava, tanto da comparire sulla copertina di «Life» come nuovo comandante in capo dell'azienda. Tuttavia, in quell'ambientazione da romanzo giallo che è il mondo economico italiano, con i suoi accordi segreti, i conflitti di interessi, le pugnalate alle spalle e gli intrighi oscuri, nulla va mai a finire bene. Di tutti i ruoli ambigui che Roberto si trovò obbligato a recitare, quello fu di certo il più difficile. In un certo senso lui e Dino erano gli unici membri della famiglia Olivetti a esercitare ancora una qualche influenza sulle sorti dell'azienda, a parte forse Silvia; la zia però stava invecchiando, e con tutta probabilità era rabbonita dalle rassicurazioni della spia che aveva inconsapevolmente messo al potere. Se Roberto aveva ottenuto un ruolo di primo piano era solo grazie alla pubblicità ricevuta, a livello internazionale, con il successo del P101, che aveva scatenato malumori interni all'azienda; in nessun caso gli avrebbero permesso di portare avanti quel progetto.

Roberto dev'essersi accorto di avere una funzione puramente rappresentativa, di essere in sostanza un fantoccio invischiato nelle trame di un'oscura cospirazione nata da forze misteriosi e potenti. Qualcosa su cui nessuno sano di mente si sarebbe messo a indagare, né avrebbe affrontato, se teneva alla propria vita. Una situazione non certo inusuale, in Italia. Basti pensare al consiglio elargito da una delle autorità in questioni del genere: Francesco Guicciardini, giurista, diplomatico e storico fiorentino del XVI secolo, che in un periodo di grandi tumulti diede prova di enorme equilibrio; lo stesso di quei boscaioli che cavalcano, saldi, imponenti tronchi lanciati lungo le rapide di un fiume. Guicciardini scrisse che il segreto era essere sinceri con i sinceri, dissimulare con chi dissimula e possedere la saggezza necessaria a distinguere queste due tipologie umane. Non stupirà, dunque, sapere che Roberto si interessasse di psicologia. In un contesto in cui la maggior parte delle persone dava prova di doppiezza, saperne cogliere i segni poteva essere fondamentale.

Inoltre, sempre secondo Guicciardini, gli uomini dovrebbero celare le proprie mire se intendono prosperare in tempi difficili. Un marinaio esperto come

Roberto non poteva certo ignorare gli usi metaforici del verbo «navigare»: serviva occhio attento per interpretare il corso dei mutevoli venti della politica, e una realistica consapevolezza dei propri limiti se li si voleva cavalcare. Fu forse proprio in quegli anni che un'ombra di cautela prese ad aleggiare sul suo sorriso; quello di un uomo che custodisce già troppi segreti.

Con tutta probabilità, Roberto era consapevole che, prima o poi, Visentini avrebbe cercato il modo di buttarlo fuori, a costo di inventare un pretesto qualsiasi. David, che per alcuni anni fece parte della dirigenza, ha confermato che il presidente si aggrappava anche alle scuse più insignificanti pur di distruggerlo. Durante un incontro al quale Roberto non era presente, Visentini «si mise a sparlare di lui per una qualche sciocchezza, e io [David] presi democraticamente le sue difese, senza starci a pensare troppo. Una settimana più tardi ricevetti un messaggio dalla segretaria di Visentini: voleva che lo raggiungessi nel suo ufficio. Ci andai, mi sedetti di fronte alla scrivania e lui allungò verso di me una lettera. Non ricordo le parole esatte, ma in buona sostanza dichiaravo di non aver mai detto ciò che in effetti avevo detto, per difendere Roberto. Voleva che la firmassi, così il mio commento sarebbe stato eliminato dal verbale. Rifiutai, e lui andò su tutte le furie». David era convinto che Visentini non fosse la scelta giusta per la carica di presidente, perché gli mancava l'esperienza necessaria. Veniva consigliato da Valletta e dal suo gruppo, «e loro gli dicevano come portare avanti l'azienda, ovvero evitando di portarla *avanti*. Era l'ennesimo esempio di una persona che, pur ricoprendo una posizione di potere alla Olivetti, lavorava alla sua distruzione».[43]

Seguendo le carriere di alcuni dirigenti quando il Gruppo di intervento ebbe fatto del suo peggio si scoprono anomalie interessanti. Gli uomini su cui avevano puntato Adriano, Roberto e Mario scomparvero, mentre altri si fecero strada appena la FIAT prese il controllo dell'azienda. Quando Adriano l'aveva assunto – nel 1959, alcuni mesi prima di morire – Gianluigi Gabetti era un giovane banchiere; presto sarebbe diventato un importante consulente finanziario. Nel corso di un'intervista tenutasi il 5 maggio 2016, a Torino, Gabetti ha ripercorso nel dettaglio il periodo del suo ingresso in azienda e gli eventi che portarono all'acquisto della Underwood. In evidente difficoltà, ha spiegato di non aver mai sconsigliato ad Adriano quell'affare, convinto – così ha detto – che fosse lui a dover decidere. Nel 1965 sarebbe diventato, su nomina di Visentini, presidente della Olivetti Corporation of America; nel 1971 avrebbe ottenuto il posto di direttore generale dell'IFIL, la holding finanziaria della famiglia Agnelli, e sarebbe a lungo rimasto un fidato consigliere finanziario dell'Avvocato.

Per Ottorino Beltrami, membro della cerchia ristretta di Adriano e alla guida della divisione elettronica prima del «golpe», si sarebbe invece portati a immaginare un licenziamento in tronco. Al contrario, gli venne proposto di mantenere la propria posizione anche dopo la vendita alla General Electric; in teoria con l'incarico di sviluppare l'attività del laboratorio, in realtà – come avrebbe scoperto Perotto – per affossarlo. E quando Visentini revocò a Roberto Olivetti la carica di amministratore delegato, nel 1971, la carriera di Beltrami fece un balzo in avanti ancor più sensazionale: fu assunto per rimpiazzare il suo precedente capo. Dev'essere stato umiliante, per il figlio di

Adriano. E, come se non bastasse, fu costretto a restare a guardare mentre quell'uomo – il Comandante – indebitava la società fino quasi a distruggerla.

Le prove parlano da sole. Beltrami aveva ricevuto il preciso mandato di chiudere la Olivetti, o almeno di impedire che intralciasse ancora gli interessi americani, e lo stava eseguendo alla lettera. In passato aveva servito l'intelligence militare italiana, e con tutta probabilità anche i nazisti; di certo aveva lavorato al Piano Marshall, quindi per la CIA, e forse sapeva persino di Gladio e delle sue connessioni con la mafia. Che ruolo svolse, facendo il doppio gioco, quell'affabile e diplomatica ex spia nei machiavellici schemi che si andavano dipanando? E cosa disse a Adriano in quell'ultimo, fatidico viaggio in treno, per far sì che l'umore di Olivetti passasse dal vivace ottimismo all'inquietudine?

Quando Carlo De Benedetti sostituì Beltrami, nel 1978, «era l'ultima possibilità per l'azienda. Se non fosse stato favorevole a compiere investimenti, probabilmente avrebbero dovuto dichiarare bancarotta» ha commentato David Olivetti. Dopo sette anni di amministrazione Beltrami la società perdeva circa dieci milioni di dollari al mese, e i suoi debiti superavano il miliardo. Come ha scritto John Tagliabue sul «New York Times»: «La produttività e il morale negli impianti avevano toccato il fondo e gli aggressivi rivali statunitensi e giapponesi stavano spazzando via dal mercato le macchine da scrivere meccaniche e le calcolatrici dell'Olivetti». A sei anni dall'ingresso di De Benedetti l'azienda aveva introdotto con successo una nuova linea di macchine da scrivere elettriche, era di nuovo in corsa nella produzione di computer e le vendite, pari a 2,3 miliardi di dollari, le avevano permesso di riprendere la sua posizione come seconda azienda di macchine per l'ufficio in Europa, dopo l'IBM.[44]

Una delle prime mosse di De Benedetti come amministratore delegato fu chiamare Roberto nel consiglio d'amministrazione, anche se non aveva soldi da investire. «Era stato trattato molto male dalla sua famiglia» ha raccontato De Benedetti. «Cercavano di farlo passare per incompetente, per un incapace. È difficile immaginare il perché.»[45] La visione dei familiari di Roberto era condivisa da Gabetti. «Era debole» ha dichiarato, sorprendendosi di dover motivare quell'affermazione. «Perché non aveva soldi» ha aggiunto, quasi fosse ovvio.[46]

Cosa provava Adriano per il suo unico figlio maschio? Non lo sappiamo, ma possiamo intuire almeno in parte i suoi sentimenti grazie a un'intervista rilasciata nel 1959, poco prima di morire. Disse che Roberto era un «mix» tra sé e Gino Martinoli. «Uniteci, mescolateci, e salta fuori Roberto.» Inoltre definì il figlio come «pieno di un'energia di ferro» e di «vitalità».[47] Viene da chiedersi quanto una simile visione, con Roberto raffigurato quasi come una sua estensione, abbia influito sul loro rapporto. La figlia di Roberto, Desire, è giunta alla conclusione che il padre si sforzasse di essere sempre all'altezza delle aspettative; un obiettivo irrealistico, che lo faceva solo soffrire. Allo stesso tempo si sentiva chiamato a difendere e proteggere le conquiste del padre, se non altro per tutte quelle persone cui garantivano uno stipendio. Passò gran parte del 1963 a viaggiare per il Vecchio Continente, nel tentativo di costituire un consorzio internazionale – che avrebbe chiamato Società elettronica europea – per salvare la divisione elettronica.

Purtroppo non ebbe fortuna, e non riuscì nemmeno a ottenere prestiti dalle banche di quei Paesi, comprese quelle svizzere. Stessa sorte toccata a Dino, impegnato a New York sul medesimo fronte.

«È probabile che Roberto sia stato un uomo solo» ha scritto Roberto Saibene, «ma, almeno a quei tempi, non gli mancava la fiducia in sé [...]. Guidava veloce, sciava con foga e navigava in solitaria, arrivando a raggiungere la Corsica dalle coste italiane in gommone».[48] Saibene avrebbe potuto aggiungere che era anche una specie di architetto mancato: aveva una predilezione per lo stile Bauhaus, ammirava le creazioni di Sottsass e, se aveva bisogno di una sedia, la disegnava da sé.

Nel 1966 rivolse la sua attenzione all'Underwood, dove aveva campo libero. La sua prima decisione fu spostare l'impianto, sostituendo l'antiquata fabbrica di Hartford con un nuovo edificio a Harrisburg, in Pennsylvania. Voleva affidare l'incarico all'architetto giusto e si rivolse a Louis Khan. Come si è già notato in precedenza, la Olivetti era famosa per commissionare la progettazione degli spazi di lavoro ad architetti celebri, e Khan acconsentì estasiato. Dovette però accettare la richiesta di sfruttare soprattutto spazi aperti, così da poter intervenire con eventuali modifiche anche in corso d'opera.

L'impresa sembrava ardua, ma Frank Lloyd Wright aveva già dimostrato che era possibile con almeno due delle sue creazioni. Innanzitutto il Larkin Administration Building, il cui ambiente principale a open space era circondato da corridoi a balconata che si affacciavano dai diversi piani. E poi il rivoluzionario Johnson Wax Administration Building, del 1939, con l'area per gli uffici costituita da un'ampia stanza rettangolare senza finestre, sostituite da tubolari in vetro che lasciavano passare la luce ma non offrivano alcuna visuale sull'esterno, e che aveva utilizzato anche per il soffitto. Lo spazio di lavoro era scandito da file di slanciate colonne in cemento, spesso definite «a fungo» o «a foglia di ninfea», per la loro forma allargata sulla sommità.[49]

Louis Kahn realizzò una struttura basata su una serie di «unità» affiancate, ognuna delle quali assomigliava a «un piatto quadrato con gli angoli tagliati, poggiato in cima a colonne relativamente sottili». Gli interni, vasti e perlopiù vuoti, si rifacevano al design a foglia di ninfea che aveva reso celebre e inconfondibile il Johnson Wax Administration Building. Sul tetto furono piazzati splendidi lucernari traslucidi, che però davano problemi pratici con pareti alte nove metri: era complicato pulirli da neve, ghiaccio e polvere. In ogni caso, quegli spazi dalla semplicità raffinata e quelle facciate minimaliste erano perfette tele bianche, pronte a ospitare i futuri dipendenti e la scritta «olivetti underwood», senza maiuscole.

La sfida successiva, per l'architetto che si celava dentro Roberto, venne dalla necessità di costruire, a Ivrea, piccoli appartamenti per i dirigenti e i dipendenti in visita, che avevano a disposizione solo pochi alloggi. Scelse il lieve declivio di una collinetta, nel cui contesto Roberto Gabetti e Aimaro Oreglia d'Isola inserirono un basso edificio a mezzaluna. Dalle sue ampie vetrate frontali, gli ospiti potevano godere di una splendida visuale aperta su prati e alberi; mentre la parte posteriore dell'edificio – incassata nel pendio – ospitava l'accesso per le macchine. Il tetto, con la sua peculiare forma curva, fungeva da largo viale pedonale. Al progetto fu assegnato il titolo prosaico di Unità residenziale ovest, ma il complesso fu presto rinominato Talponia dai cittadini di Ivrea. L'effetto della facciata in vetro giustapposta al prato fiorito è sorprendente; richiama alla mente i progetti di Wright integrati in ambienti in pendenza e con una vista simile, perfetta traduzione del suo principio secondo cui un edificio non dovrebbe dominare il paesaggio, ma lasciarsi abbracciare da esso.

Il meno riuscito degli edifici che Olivetti pensò in quegli anni era forse la Serra, costruito tra il 1967 e il 1975. Si trattava di un complesso polivalente con: albergo; centro culturale dotato di cinema, spazio espositivo e sala conferenze; centro sportivo completo di piscina, sauna e palestra; ristorante, bar e via dicendo. Non sorprende che il risultato finale sembri un guazzabuglio privo di regole. E, come se non bastasse la scoraggiante complessità del progetto, si aggiunse una sfida ulteriore: poter raggiungere ogni area dell'edificio da qualsiasi altro punto. Per tentare di portare a termine il compito, i progetti vennero corretti più volte. Poi si scoprì che il sito scelto per l'edificio, proprio al centro della cittadina, ospitava reperti archeologici, e furono necessari nuovi aggiustamenti per proteggere ciò che si trovava al di sotto della struttura. Forse il team di giovani architetti veneziani, Iginio Cappai e Pietro Mainardis, intendeva riprendere il design di una macchina da scrivere, ma le continue modifiche soffocarono l'intento originale. Eppure sembra che nessuno abbia messo in dubbio la realizzazione di quell'enorme struttura in vetro e cemento, con tanto di tetto in tegole, persiane verdi e facciate di un tenue terra di Siena bruciata.

La Serra era ovviamente pensata quale benevolo dono alla città; ma, come ha dichiarato l'architetto Luca Marrighini nel documentario sull'Elea 9003: «Alla gente [questi] edifici parevano astronavi aliene».[50] A modo suo, la città ha fatto i conti con quella struttura: ora è vuota. Le vetrate sono coperte di graffi e i muri sbiaditi ricoperti di graffiti. Le persone del posto ci girano attorno come se non esistesse.

Quando Roberto lasciò l'azienda, uno dei suoi obiettivi era la creazione di quella che ora è una fiorente realtà: la Fondazione Adriano Olivetti di Roma. Anche in quel caso la sua presidenza fu osteggiata dalla zia Silvia, che però, almeno per una volta, venne scavalcata. Nel 1977 Roberto divenne amministratore delegato di una società finanziaria allestita per promuovere lo sviluppo industriale nel Sud. Provò anche a candidarsi per il Partito repubblicano, ma non venne eletto. Intanto portò avanti i suoi interessi per l'editoria, l'arte, la navigazione e le teorie di Freud e Jung. E instaurò una salda relazione con Elisa-Maria Bucci Casari, con la quale sarebbe restato per il resto della vita. Carlo De Benedetti, che frequentava spesso, si è detto convinto che Elisa fosse la donna giusta per lui: «Roberto era molto timido. Lei lo aiutò parecchio». Elisa organizzava cene e feste vivaci con amici che appartenevano al mondo della politica e dell'arte romana; amava andare in barca e si buttava a capofitto nelle cose, proprio come Paola. Un'ottima cosa per il loro rapporto. Secondo De Benedetti: «Lo portò in giro e si occupò di lui fino alla sua morte». Si sposarono senza clamore qualche anno prima della sua dipartita.

Roberto morì nella primavera del 1985. Negli ultimi anni sembra aver fatto pace con il passato, ma tra lui e i familiari si era creato un certo freddo distacco, forse inevitabile. C'è chi ritiene che nutrisse rancore, ma la figlia non è di questo avviso; piuttosto, l'ha descritto come perennemente triste o malinconico, quasi «avesse davanti una sorta di ombra». Aveva sempre fumato, e negli ultimi anni quel vizio gli prese la mano: arrivò a due pacchetti al giorno. «Lo supplicai di smettere» ha raccontato Desire. «Mi misi in ginocchio. Dissi: "Tra una settimana andiamo a sciare. Puoi arrivare a dieci sigarette al giorno?".» Ci provò, ma «ovviamente» una settimana non era abbastanza. E ricominciò come prima.

Secondo Desire, il padre si era accorto che qualcosa non andava dal punto di vista fisico ma, stoico come sempre, ignorò la cosa. «Poi un giorno, mentre era a letto, si girò sul fianco e si accorse di avvertire qualcosa di strano.» Una lastra rivelò «un'enorme massa all'interno di uno dei polmoni», che fu rimossa nel 1983. «Gli tolsero oltre metà polmone.» A Desire dissero che gli restavano al massimo due anni di vita. Lei stava per iniziare i corsi al dipartimento di architettura della University of Pennsylvania, ma rimandò per stare col padre.

Roberto passò i due anni successivi a fare avanti e indietro dagli ospedali, tra operazioni e chemioterapia, ma non servì a nulla. Quando il cancro raggiunse la gola si fece pallido e magro; non riusciva a deglutire e, a volte, nemmeno a parlare. Negli ultimi giorni, a chi lo andava a trovare diceva che si stava riprendendo e avrebbe lasciato l'ospedale il giorno successivo. Morì nel sonno, il 25 aprile 1985.

Inge Feltrinelli è convinta che, in tutti gli anni Cinquanta e Sessanta, ci siano state ben poche persone del suo valore. «In un Paese che non si cura molto dell'etica politica, Roberto era integro e coerente. Sarebbe stato un eccellente ministro, ma non era destinato a quello: era troppo onesto, troppo gentile, troppo intelligente. Era un uomo di mondo, affascinante e affabile, ma allo stesso tempo autentico e con una moralità rigorosa, per non dire un puritano. E poi era un uomo di cultura.» Era perspicace, lungimirante e tenace. Non ci sarebbe stato nessun P101, nessuna rivoluzione nel mondo dei personal computer senza Roberto Olivetti, che convinse il padre ad avviare le ricerche, scoprì Mario Tchou, lo lasciò libero di fare le cose a modo suo, sovvenzionò il laboratorio, ne guidò le ricerche, mentì per il bene della sua divisione e tenne a bada le critiche interne all'azienda. Nessuno potrebbe dire che la sua vita sia stata un fallimento. Come ha scritto Inge Feltrinelli, era una stella. Tuttavia lo sforzo di evitare che la divisione elettronica chiudesse e l'essere costretto a guardare l'azienda che veniva fatta a pezzi furono prove troppo dolorose per lui. Ecco l'ennesima vittima della Guerra fredda. Quando morì aveva cinquantasette anni.

Oggi il Convento è disabitato. Le finestre sono sbarrate e l'intonaco cade a pezzi. Un teatro che avrebbe dovuto occupare il terreno di fronte giace incompiuto. I campi da tennis lì vicino, circondati da una rete di ferro, non vengono più usati e sono invasi dalle erbacce. Un grande vuoto aleggia attorno alle imponenti vetrate degli impianti in via Jervis. Una volta erano lo sfondo per foto che ritraevano i dipendenti in arrivo sulle loro biciclette, parcheggiate una accanto all'altra lungo la strada. I pesanti cancelli di metallo che segnavano l'entrata agli edifici di mattoni rossi di Camillo sono chiusi e nessuno li controlla. Le edicole oltre l'ingresso, dove una volta si vendevano «La Stampa» e molti altri quotidiani, sono un triste promemoria di questi anni di abbandono, come il lungo silenzio delle saracinesche abbassate da tempo per l'ultima volta.

Queste fabbriche dalle ampie facciate in vetro, con le travi portanti arrugginite e i davanzali ricoperti di polvere e rifiuti, sono muti testimoni del lavoro che in passato veniva svolto al loro interno. Ogni tanto si vede qualche macchina parcheggiata lì davanti, ma pochi percorrono quel tratto di via Jervis. La via prende il nome da Willy Jervis, ingegnere dell'Olivetti che combatté con i partigiani di Giustizia e libertà, fu catturato dalle SS, torturato e fucilato nell'agosto 1944.

Quella stessa atmosfera pesante e stranamente inquietante aleggia sul cimitero di Ivrea. A giudicare dai fiori freschi, chi riposa qui non è stato dimenticato; eppure, persino in un mattino assolato, con le Prealpi che si intravedono in una lontananza grigiazzurra, si avverte quell'identica sensazione di lugubre irrealtà. Come nel famoso quadro di Böcklin, *L'isola dei morti*, con i suoi cipressi, le colonne e i frontoni, gli archi e le pesanti lapidi di pietra, l'atmosfera cupa. Si procede attraverso vialetti fin troppo larghi, lungo file su file di tombe che ospitano le ceneri di cittadini del passato, ciascuna con la foto del defunto, e si è pervasi da un sentimento di perdita e turbamento.

La tomba di Adriano Olivetti è difficile da trovare; è una specie di minuscolo giardino, o di aiuola, nascosta tra cespugli di ortensie a foglia di quercia, rose di Sharon e piante sempreverdi. Quasi tutte avrebbero bisogno di una bella potata. Da un albero in fiore piovono piccoli petali rosa sopra una semplice croce di legno. Il nome di

Adriano è inciso sul braccio destro, quello di Grazia sul sinistro. Di fronte c'è una statua di basalto nero, alta tre metri, che raffigura san Francesco. Indossa un saio dagli strani dettagli orientaleggianti: potrebbe quasi essere un Buddha. All'altezza della cinta, un bassorilievo a mosaico spande bagliori blu, oro e arancio: si vede una figura centrale con gli occhi dilatati e la bocca spalancata in un urlo di incredulità; dietro di lui, altri due soggetti a lutto mostrano la stessa espressione angosciata. La luce del sole non riesce a penetrare in quest'angolo buio invaso dal muschio, un luogo solitario che solo di rado accoglie qualche visitatore.

Le vite dei tre uomini – Adriano, Camillo e Roberto – sono sospese, perché sospesa è la loro storia. Perché il loro lavoro fu deliberatamente ostacolato, interrotto, abbandonato, confuso o rubato, stretto da tralci nascosti che vanificarono ciò che era stato avviato con tanta cura, energia e buona volontà. Quanto all'azienda, tutti i progressi intermittenti, i cambi di direzione e struttura, la vendita di divisioni e la ridistribuzione dei lavoratori non sono valsi che una nota a piè pagina nei libri di storia industriale. Anche l'Olivetti è finita nel dimenticatoio.

Forse, però, non del tutto. «Almeno ora possiamo parlare della famiglia Olivetti, di quello che ha fatto» ha detto Nerio Nesi. «Per troppo tempo il nome di Adriano Olivetti e di quelli che lavorarono per lui è stato rimosso dai vari governi, senza distinzioni di partito; cancellato dal più importante ordine al merito dell'ambito lavorativo. Ci veniva detto che un esperimento come quello di Adriano Olivetti *non poteva* ripetersi. Questo era l'approccio. Questo era il problema. Il fatto che se ne torni a parlarne sempre più spesso è un buon segno.»[51]

Un'altra buona notizia è l'inclusione della Città industriale Olivetti nella rosa di siti selezionati dall'UNESCO come patrimonio dell'umanità, perché ritenuti degni di essere preservati. Nel luglio del 2018 l'Organizzazione delle Nazioni Unite per l'educazione, la scienza e la cultura ha menzionato l'altissimo livello delle opere architettoniche presenti, e l'esemplare progetto sociale che esprimeva «una visione moderna della relazione tra produzione industriale e architettura».

Beniamino de' Liguori Carino, direttore della Fondazione Olivetti, è convinto che i risultati raggiunti siano stati persino superiori. La Città Olivetti incarnava «un'eredità per tutta l'umanità». Aveva avuto successo perché aveva dato vita a una relazione positiva e persino ideale tra l'uomo e il suo lavoro. Come ha detto Massimo Fichera: «La fabbrica non solo come produttrice di beni, ma come produttrice di *bene*».[52]

A posteriori non si fatica a comprendere l'antipatia con cui vennero accolte le idee di Adriano Olivetti, come anche quelle di un altro grande riformatore sociale, John Ruskin, che fu il primo a vedere nell'architettura un riflesso del disagio della società. Lo storico dell'arte Kenneth Clark ha scritto che, per capire l'orrore suscitato dai primi saggi di Ruskin sul capitalismo e i suoi effetti deleteri, apparsi negli anni Cinquanta dell'Ottocento, bisogna considerare «la politica economica ortodossa». Ovvero «la teologia dell'unica religione valida nel XIX secolo [...]. Essa occultava, o giustificava, il fatto che poche persone stessero accumulando molti più soldi di quanti potessero loro servire, sfruttando i poveri. Mettere in dubbio quella teologia era una minaccia per la pace dei sensi di tutti i padroni».[53]

Gandhi diceva spesso che Ruskin lo aveva ispirato, e Tolstoj lo considerava uno dei più grandi riformatori sociali del suo tempo. Secondo Clark, «non solo gli obiettivi, ma anche lo stile degli attacchi dei primi socialisti inglesi è inequivocabilmente ruskiniano».[54] Uno di quei primi socialisti si chiamava William Morris: artista, scrittore, designer di tessuti e uomo d'affari, legato alla Confraternita dei preraffaelliti e al movimento inglese Arts and Crafts. Come Adriano Olivetti, anche Morris era figlio di genitori benestanti; ma questo non è l'unico parallelo tra le loro donchisciottesche, dolorose, inesauste e stravaganti parabole di vita.

Anche i loro temperamenti erano simili. Henry James descrisse Morris come «basso, corpulento, molto trasandato e grossolano nel vestire [...]. Dai [...] modi nervosi e irrequieti, era spontaneo e pragmatico» nell'esprimersi. Le somiglianze con Adriano sono evidenti. E il pensiero di Morris, come quello di Adriano, «andava dritto al punto ed era encomiabile in quanto a buon senso». J.W. Mackail, il primo biografo di Morris, ha messo in evidenza i suoi molti tratti ammirevoli. Era «operoso, onesto e imparziale», e dimostrava di possedere «forte consapevolezza delle responsabilità familiari». Proprio come Adriano. Entrambi, pur essendo capaci di amicizie durature e affetti profondi, erano, in definitiva, inaccessibili da un punto di vista emotivo. Mackail scrisse che Morris non permetteva alle persone di «penetrare al nocciolo del suo io».[55] Ebbene, si potrebbe dire lo stesso per Adriano.

Le somiglianze continuano anche sul versante delle convinzioni profondamente radicate in entrambi. Fino all'ultimo giorno di vita, Olivetti e Morris furono dei rivoluzionari, con una prospettiva antimperialista. Al contempo, per loro il socialismo di Stato e l'accentramento del potere erano una maledizione. Quello a cui puntavano era mettere il potere nelle mani delle comunità locali. Come scrisse Morris: «Ciò che intendo per socialismo è la condizione sociale in cui non ci siano più né ricchi né poveri, né padroni né uomini che lavorano per i padroni, né ozio né troppo lavoro [... una società] in cui tutti possano godere di eguali condizioni di vita [...] e abbiano la piena consapevolezza che fare del male a uno significa far del male a tutti: la realizzazione ultima del significato della parola *commonwealth*».

Nella veemenza con cui per tutta la vita Olivetti cercò di collegare arte e tecnologia, possiamo sentir risuonare una delle frasi più celebri di Morris: «Se vuoi una regola aurea che vada bene a tutti, eccola: non tenere in casa nulla che tu non sappia utile o non ritenga bello». Entrambi consideravano importanti le macchine solo finché restavano al servizio dell'umanità. L'idea che, prima o poi, potessero tramutarsi nei «nostri padroni anziché i nostri servi» faceva orrore a tutti e due. Il che rende piuttosto scontata la potenziale reazione di entrambi di fronte allo spettro dell'intelligenza artificiale. In sostanza, tanto Olivetti quanto Morris sono stati alfieri di uno stesso messaggio: «Ripudiare il capitalismo e sostituirlo con istituzioni più eque», come ha scritto Fiona MacCarthy in *William Morris. A life for our time*. Morris unì «la tradizione del socialismo come critica alla politica economica» con «l'antica tradizione antindustriale», come fece anche Olivetti. Figure del genere appaiono una o due volte in un secolo, e sono figlie del proprio tempo quanto dei tempi a venire. Sono «viaggiatori del tempo». Per citare ancora una volta Morris: «Se altri riescono a vedere ciò che ho visto io, allora possiamo chiamarla visione anziché sogno». Qualcosa, nell'eterna giovinezza e nella pacata fermezza di Adriano Olivetti, potrebbe risultare spaventoso. E si potrebbe dire lo stesso dell'espressione dei suoi occhi chiari, fanciulleschi e penetranti.

Ringraziamenti

Come ho già scritto, questo libro è nato per semplice curiosità: sono rimasta colpita da alcuni dei necrologi di Roberto Olivetti. Non solo perché il suo peso all'interno dell'azienda era stato maggiore di quanto credessi, ma anche perché era mancato a soli cinquantasette anni. Quegli articoli non citavano la causa di morte, ma avevano comunque catturato la mia attenzione.

Nemmeno la fondazione di Roma intitolata ad Adriano Olivetti mi ha dato informazioni in merito al decesso; però mi ha messo in contatto con Desire (il nome si pronuncia come il termine inglese *desire*, e non Desirée, alla francese), l'unica figlia di Roberto, che ha circa l'età di mia figlia. Tutto a un tratto mi si è presentata alla mente una miriade di nuove idee. In pratica, la prima domanda che le ho fatto è stata: «Com'è morto tuo padre?». Perché ero sicura che si fosse «schiantato contro un muro», per citare le mie stesse parole. «Pensavamo tutti che sarebbe finito così» ha risposto lei con una franchezza sorprendente, prima di descrivere la malattia che lo aveva ucciso. Poi mi ha raccontato della crisi finanziaria seguita alla morte di Adriano, nel 1960, e di quelle di mercato causate – così si era detto – dall'incapacità di agire di Roberto.

I membri della famiglia lo consideravano irresoluto, ed erano convinti che gli mancassero la persuasività e la forza interiore del padre. Poco prima del nostro incontro, la miniserie televisiva *Adriano Olivetti – La forza di un sogno* aveva proposto una ricostruzione della vita del nonno di Desire, avanzando per la prima volta la tesi che CIA e IBM ne avessero attivamente influenzato la vicenda umana e professionale, impedendo che la società compisse la transizione dalla meccanica all'elettronica. Quella con Desire fu la prima di molte conversazioni, e le devo più di un ringraziamento sincero per avermi dato la giusta impostazione in uno studio che potrebbe essere sottotitolato: *Ascesa e declino di una grande illusione*.

Roberto aveva dei cugini americani: i figli di Dino, il fratello più giovane di Adriano, che nel dopoguerra aveva diretto la sezione nordamericana. Lui e la moglie Posy si erano trasferiti in Connecticut e lì avevano cresciuto figli perfettamente bilingui. Philip è diventato un ottimo agente di vendita e ora vive a New York, quindi nell'estate del 2015 l'ho contattato per la prima di una lunga serie di interviste. Le biografie richiedono, di norma, una lenta opera di accumulazione dei dettagli, e di conseguenza i momenti rivelatori sono pochi. In questo caso, però, ho appreso una rivelazione dopo l'altra già nel corso del nostro primo pomeriggio assieme. Non solo l'azienda aveva sviluppato e lanciato con successo il primo desktop computer della storia, il P101, ma quando l'avevano presentato alla Fiera mondiale di New York nel 1965, forze occulte erano già al lavoro per distruggere la divisione elettronica dell'azienda, assicurandosi che quella prima, brillante invenzione nel settore fosse anche l'ultima. Quanto alla morte di Adriano, avvenuta su un treno a soli cinquantotto anni e che è sempre stata raccontata come un infarto, Philip Olivetti ha dichiarato: «Mio padre era convinto fosse stato assassinato. Ho fatto un grande sforzo per restare fuori da questa storia». In ogni caso, c'erano buone ragioni per pensare che Dino avesse ragione. Poi c'era la strana morte di Mario Tchou, l'anno successivo, avvenuta a bordo di una vistosa macchina americana su un'autostrada dall'asfalto bagnato... Quella storia non era ancora stata raccontata, ed era arrivato il momento che qualcuno lo facesse. Nella primavera del 2016 sono dunque volata a Roma e ho passato diverse settimane a fare interviste tra la capitale, Ivrea, Firenze, Torino e Milano.

Il fratello di Philip, David, è stato un'altra fonte di vitale importanza sull'azienda e la famiglia di Adriano, compresi i suoi due fratelli e le tre sorelle. Assieme alla moglie Lynn e ai loro tre figli, David si è stabilito a Ivrea, dove suo nonno Camillo aveva fondato nel 1908 la fabbrica di macchine da scrivere. Come molti altri membri della dinastia Olivetti, David e i suoi figli sono bilingui perfetti (Lynn è americana), quindi hanno una prospettiva unica sugli aspetti politici, economici, sociali e culturali di entrambi i mondi. Lui si è rivelato una guida essenziale per la mia opera: mi ha mostrato il Convento, la prima bottega di Camillo, la chiesa, le scuole le abitazioni costruite da Camillo stesso e da Adriano per i loro dipendenti, e poi le fabbriche, gli uffici, le mense e le biblioteche... Tutto immerso tra prati ondulati e boschi rigogliosi. Raffinato fotografo, David ha raccolto un dettagliato album di famiglia che parte dal 1859, con i genitori del bisnonno, e arriva fino ai giorni nostri, disegnando un meticoloso albero genealogico dei discendenti di Camillo. David e suo figlio Matteo, architetto ed esperto della Olivetti, mi hanno presentato amici di famiglia ed ex dipendenti dell'azienda che sono stati altrettanto utili. Per anni, Matteo ha realizzato interviste filmate con dirigenti della compagnia ora scomparsi, che forniscono importanti indizi sui retroscena del periodo in cui la società fu acquisita e la sua divisione elettronica venne smantellata.

Tra i membri della famiglia abbastanza gentili da darmi una mano, sono in debito particolare con Alfonso Merlo, Magda Olivetti e sua figlia Tatiana Jaksic, Paolo Marselli, Mimmina Galardi, Alberto Galardi e Annalisa Galardi, Anna Olivetti, suo marito Antonello Nuzzo e la figlia Paola Nuzzo, Gregorio Cappa e Maurizio Galletti. Sono stata molto felice di incontrare Lidia – la sorella di Roberto – e il suo secondo marito, il pittore Bruno Caruso, che mi hanno invitata a pranzo nella loro pittoresca villa di campagna fuori Roma. Lidia, con il suo fascino discreto e l'ottima memoria, è stata di grande aiuto per quanto riguarda il periodo della sua infanzia trascorso a Fiesole, durante la guerra. Ero inoltre eccitata all'idea di incontrare i suoi figli: Albertina Soavi, restauratrice che mi ha offerto un aiuto inestimabile, e Michele Soavi, la mente dietro al programma RAI del 2013 sulla vita di Adriano. Lidia è morta nel maggio del 2018, all'età di ottantanove anni. Anche Anna Nogara – altra autorità in materia Olivetti, come ex moglie di Roberto nonché madre di Desire – è stata infinitamente utile e ospitale; inoltre mi ha fornito un peculiare punto di vista. Voglio poi ringraziare Elisa-Maria Bucci Casari, che ha invitato Desire e me a visitare l'appartamento romano che condivise con Roberto, e dove ho incontrato sua figlia, Letizia Maraini.

Non sarei riuscita a scrivere questo libro senza l'aiuto e l'assistenza della Fondazione Adriano Olivetti di Roma, il suo direttore Beniamino de' Liguori Carino e la responsabile della comunicazione Francesca Limana, di una competenza incredibile. La fondazione, creata da Roberto Olivetti negli anni Sessanta, ospita un importante archivio di libri, articoli e materiale inedito su Adriano, e sotto il marchio delle Edizioni di Comunità ha curato una splendida serie di volumi sul figlio di Camillo, compresa l'ottima biografia scritta da Valerio Ochetto (la prima a essere data alle stampe, uscita nel 1985 e ancora disponibile). Sotto la guida di Beniamino, la casa editrice ha pubblicato di recente una guida indispensabile sui tanti legami di Ivrea con la Olivetti, dal punto di vista storico, industriale e sociologico.

Quando la fondazione ha scoperto che sarei venuta a Roma, Francesca Limana ha passato intere settimane a organizzare interviste con ingegneri, accademici, artisti, autori e politici; in pratica, con chiunque avesse un ricordo da condividere su Adriano e Roberto, e potesse mettere in prospettiva le domande senza risposta. Sono in debito con tutti loro, ma in particolare proprio con Francesca, che mi ha accompagnata in macchina in giro per Roma con una destrezza e una solerzia che a volte mi spaventavano e a volte mi stupivano. Inoltre, la Fondazione mi ha reso più semplice l'accesso all'Associazione Archivio Storico Olivetti di Ivrea, dove sono conservati sia i documenti sull'azienda sia quelli della Fondazione sulla famiglia e in particolare su Adriano e le sue attività. Questo ente accoglie i ricercatori solo su appuntamento. Tra le persone che vi lavorano, mi sento in debito particolare con Lucia Alberton, che con pazienza e buonumore mi ha supportata nell'arduo processo di recuperare – e poi risistemare – l'enorme quantità di scatole contenenti le lettere di Adriano.

Nel novembre del 2015, quando da poco mi ero messa seriamente al lavoro su questo progetto, ho contattato Glen Miller, portavoce della Central Intelligence Agency, richiedendo un'intervista con lo storico dell'agenzia David Robarge. Ho poi scoperto che Adriano, durante la Seconda guerra mondiale, aveva incontrato in Svizzera l'ex direttore dell'Agenzia Allen Dulles, e in seguito aveva intrattenuto con lui una vivace corrispondenza che ruotava perlopiù attorno al movimento creato da Olivetti, per il quale sperava di ottenere l'appoggio degli americani se non proprio il loro finanziamento. Alcune di queste lettere sono state desecretate in base al Freedom Information Act. Speravo di poter gettare nuova luce sul rapporto tra i due uomini, e che mi fosse concesso di ricostruire alcuni passaggi mancanti della storia. Con mia sorpresa, ho dovuto constatare che la mia richiesta era stata respinta, perché si trattava ancora di un argomento «sensibile». Com'era possibile, ho chiesto, se ormai erano passati più di settant'anni?

In ogni caso, diversi ricercatori e scrittori costretti ad affrontare i miei stessi ostacoli non hanno lesinato buoni consigli. Sono in debito con Joff Goldberg, che ha fatto da caporicercatore per il libro *Cold warrior*, la biografia di James Jesus Angleton scritta da Tom Mangold e pubblicata nel 1991; mi è stato di grande aiuto per identificare le collezioni d'archivio in cui avrei potuto trovare qualche riferimento a Olivetti. Sono in debito anche con Bruno Amoroso, di cui avevo già letto il volume di saggi *Capitalismo predatore* e che ho intervistato a Roma. Ringrazio inoltre la dottoressa Lucia Wolf, della divisione europea della Library of Congress, la prima a suggerire che avrei potuto prendere in considerazione il ruolo delle imprese economiche italiane e il loro possibile interesse nel penalizzare l'Olivetti Company al culmine della Guerra fredda. John F. Fox Jr., storico del Federal Bureau of Investigation, mi ha aiutata molto guidandomi attraverso l'enorme quantità di testimonianze rese pubbliche durante le udienze del Church Senate Commitee sul ruolo della CIA nel corso della Guerra fredda e sulle tecniche usate nelle operazioni sotto copertura. William Blum, autore del rivoluzionario saggio *Killing hope* sugli assassinii eseguiti dalla CIA in quello stesso periodo, e in particolare sul ruolo che ebbe il governo statunitense nelle elezioni italiane del 1948, è stato un'altra guida essenziale.

A Roma ho avuto il piacere di pranzare con Philip Willan, l'autore di *Puppet masters. The political use of terrorism in Italy*. Philip e io condividevamo gli stessi sospetti sull'operazione Gladio e sulle milizie segrete disseminate in Italia e in altri Paesi europei dalla North American Treaty Organization nel 1947. Per quanto incredibile, l'esistenza di questi gruppi paramilitari è stata negata per molto tempo. Solo nel 1990 l'allora presidente del Consiglio italiano, Giulio Andreotti, ne ammise l'esistenza sin dal 1958. Poi venne fuori che Gladio, sotto il controllo degli Stati Uniti, aveva aiutato e favorito per anni il terrorismo di destra in Italia, e c'è il sospetto che la CIA si sia servita della struttura segreta per pilotare la cattura e l'omicidio di Aldo Moro nel 1978.

Come Philip, anche Jefferson Morley – mio ex collega del «Washington Post» che tiene di frequente conferenze sulla CIA – condivideva i miei stessi timori. Inoltre ha dedicato molti dei suoi scritti a questo argomento. La sua nuova biografia di Angleton – *The ghost*, pubblicata nel 2017 – ha ricevuto recensioni entusiastiche.

Seguendo il consiglio di Jeff Goldgerg sono andata all'Association of Former Intelligence Officers a Falls Church, in Virginia, che mi ha messa in contatto con S. Eugene Poteat, in precedenza presidente dell'associazione. Poteat è autore di uno studio sullo spionaggio dopo la Guerra fredda. Ho passato con lui e il suo amico psichiatra Bill Anderson un interessante pomeriggio. Abbiamo riflettuto sull'importanza del linguaggio del corpo, in particolare in riferimento alla spia inglese Kim Philby: i suoi interrogatori avrebbero dovuto concentrarsi non su ciò che diceva, ma sul modo in cui si torceva le mani. Philby è un soggetto di particolare interesse per Michael Holzman, altro esploratore che si è addentrato nel labirinto di disinformazione che è il mondo delle spie. La sua biografia *James Jesus Angleton, the* CIA *and the craft of counterintelligence* viene citata ampiamente nel testo, forse per la sua irresistibile eleganza stilistica e il talento, ugualmente irresistibile, dell'autore per la narrazione. Inoltre sono una grande ammiratrice di Darren Tromblay, che ha una formidabile capacità di sintesi. Tromblay è un consulente strategico dei servizi segreti, autore del recente saggio *Political influence operations. How foreign actors seek to shape U.S. policy making.*

Ci sono molti altri studi che hanno ispirato il mio lavoro. L'influente saggio *Nato's secret armies* di Daniel Ganser; la brillante analisi di Alan Friedman in *Agnelli and the network of italian power*; il libro di Paul William *Operation Gladio* e quello di John Hooper *The Italians.* Vorrei anche rendere merito al Foreign Affairs Oral History Project dell'Association for Diplomatic Studies and Training: una ricchissima e fondamentale raccolta di testimonianze orali di ex funzionari del dipartimento di Stato statunitense: mi ha permesso di scavare nelle storie di uomini e donne di stanza in Italia durante la Guerra fredda, fornendomi un gran numero di racconti non censurati che gettano luce sull'atteggiamento del personale diplomatico americano che all'epoca si trovava nella penisola. Ma cosa hanno rivelato, in effetti? Be', parecchio, a quanto pare.

Ho maturato le mie impressioni sul carattere di Adriano basandomi su più fonti, ma in particolare sulla lunga intervista che ho fatto nella primavera del 2016 a Franco Ferrarotti, scrittore, accademico, sociologo e politico. Ferrarotti, che incontrò Adriano alla fine della Seconda guerra mondiale, si è rivelato perfetto per inquadrare qualità e contraddizioni fuori dal comune di quella complessa personalità, e gli sono profondamente debitrice. Sono anche in debito con Nerio Nesi e sua moglie Patrizia Presbiterio, che hanno invitato a pranzo me e David Olivetti nella loro magnifica villa sulle colline torinesi. Nesi, banchiere che è stato a lungo anche dirigente del Partito socialista italiano, è stato spesso intervistato per trasmissioni televisive o documentari e ha da poco pubblicato un libro di ricordi sulla famiglia Olivetti. La sua testimonianza è preziosissima, perché è uno dei pochi ancora in vita a ricordare Camillo e Adriano. A lui e a sua moglie devo un caloroso ringraziamento.

Ma tante altre persone mi hanno aiutato con informazioni, documenti, fotografie e interviste, e sono in debito con ciascuna di loro: Dan Amory, Raymond V. Arnaudo, Roberto Battegazzorre, Mario Bellini ed Elena Marco, Franco Bernini, Ugo Bilardo, Lucio L. Borriello, Susannah Brooks, Gregorio Cappa, Giacomo de' Liguori Carino, Domenico de' Liguori Carino, Matilde Cartoni, Vinton Cerf, Paul Ceruzzi, Paul Colby, Sally Shelton Colby, Carl

Colby, Bruce Cole, Furio Colombo, Roberta Colombo, Pietro Contadini, Brenda Cronin, Mary Elizabeth Curry del National Archives, David Holbrook dei Dwight D. Eisenhower Presidential Archives, Carlo De Benedetti, Lorenzo Enriques, Mariangelo Michieletto dell'Archivio nazionale cinema d'impresa, Dan Esperman, Anna Foa, Gianluigi Gabetti, l'ambasciatore Richard N. Gardner, Giampieri Garelli, Gastone Garziera, Giuliana Gemelli, Milton Gendel, Paola Giovannozzi, Antonio Giusti, Regis D. Heitchue, Grazia Goseco e Renato Miracco dell'ambasciata italiana, David E. King del MEA Forensic Engineers and Scientists, Luci Koëchlin, Giorgio la Malfa, Mike Ledeen, Gabriella Lorenzotti, l'ambasciatore Frank Loy, Paolo Lupatelli, Paolo Marselli, Jeffrey Kozak della Marshall Plan Foundation, Alfonso Merlo, L.G. «Nick» Modigliani, il direttore emerito del Lemelson Center – Smithsonian Institution Arthur Molella, Cristina Monet Zilka, Elisa Montessori, Lorraine Motta, Silvia Napolitano, Jerry Nedilsky, Tim Nenninger dei National Archives, Marybeth Ihle della New York Historical Society, David Patrick Columbia e il suo libro *New York social diary*, Barbara Negri Opper, Antonio d'Orrico, Lorenza Pampaloni, John e Lynette Pearson, Pier Paolo Perotto, Giuseppe Petronzi dell'ambasciata italiana, Walter Pincus, Murray Pollinger, Meo Ponte, John Prados, Andrea Pyrothe degli Archives d'Aigle, Giuseppe Rao, Noreen Rainier, James Reston Jr., Carlo Ripa, Betty Sams, Clarice Smith, Luzia Furrer dell'ambasciata svizzera, M. Gilbert Coutaz dell'Association Vaudoise des Archivistes, Corinne Brelaz degli Archives Cantonales Vaudoises, Peter Fleer del Schweizerisches Bundesarchiv Bar – Abteilung Informationszugang, Alberto Vitale, Thayer Watkins, Tim Weiner, Kay Wilson, e Wim de Wit.

Mentre scrivevo questo libro, mi sono fatta sempre più consapevole della complessa natura del giallo che si dispiegava davanti ai miei occhi. Era chiaro che le spiegazioni fornite e accreditate dai più non riuscivano a giustificare quanto successo. Restano comunque aperte alcune questioni. Come fu possibile tutto ciò? Chi fu coinvolto nella vicenda? Fu la sezione romana della CIA a progettare la caduta della Olivetti? Che ruolo svolse Gladio? E che parte giocò in questa storia la politica, mascherata da pressioni finanziarie? Spero che, un giorno, si riescano a trovare le risposte.

Sul fronte delle fatiche della vita quotidiana, vorrei ringraziare mio marito Thomas Beveridge, il cui talento nel mettere lucidamente a fuoco i problemi è eguagliato solo dalla pazienza con cui riesce ad ascoltare e riascoltare mille volte gli stessi argomenti. Come sempre, sono infinitamente grata di aver incontrato – un giorno di ben venticinque anni fa – Victoria Wilson, la mia incomparabile editor. Inoltre mi sento in debito nei confronti dei miei fantastici agenti, Cullen Stanley e Lynn Nesbit, che non hanno mai smesso di fornirmi il loro sostegno emotivo.

C'è però qualcuno che, purtroppo, non posso ringraziare di persona. La silenziosa e disperata lotta di Roberto Olivetti, così come il suo spirito spensierato e indomito, mi hanno spronata ad andare avanti. Ed è lui che devo ringraziare, per aver dato avvio a tutto.

Meryle Secrest
Washington, D.C.

Note

1. Arance

1   Intervista a David Olivetti.
2   *Ibid.* p. 139.
3   Ivi.
4   *Ibid.* p. 101.
5   Milton Gendel all'autrice.
6   Cfr. il sito it.weatherspark.com.
7   Franco Ferrarotti all'autrice.
8   Posy Olivetti, intervista con Matteo Olivetti.
9   Fascetti, Luigi, *La morte di Adriano Olivetti sul direttissimo Milano-Losanna*, «Stampa Sera», 19 febbraio-1° marzo 1960.
10 Da un articolo apparso su «il Tempo» il 10 marzo 1960.

2. «La mente lucida e il piè veloce»

1   Il verso è preso dal sonetto del 1819 *Stella lucente, foss'io come te costante*. (La traduzione è quella del volume Keats, John, *Poesie*, a cura di Silvano Sabbadini, Mondadori, Milano 2002. [*N.d.T.*])
2   Olivetti, Camillo, *Lettere americane*, Fondazione Adriano Olivetti, Roma 1999, p. 254.
3   *Ibid.*, p. 197.

4 CAIZZI, BRUNO, *Gli Olivetti*, Utet, Torino 1962, pp. 10-11.
5 DAVIS, JOHN A. – GINSBORG, PAUL (a cura di), *Society and politics in the age of the Risorgimento*, Cambridge University Press, Cambridge 1991, p. 170.
6 CLARK, MARTIN, *Modern Italy: 1871-1995*, Longman, London-New York 1998, p. 112 (ed. it. *Storia dell'Italia contemporanea*, Bompiani, Milano 1999).
7 NASINI, CLAUDIA, *Adriano Olivetti: a «socialist» industrialist in postwar Italy*, in LUCAMANTE, STEFANIA (a cura di), *Italy and the bourgeoisie: the re-thinking of a class*, Fairleigh Dickinson University Press, Madison 2009, p. 77.
8 *Ibid.*, p. 85.
9 OLIVETTI, CAMILLO, *Lettere americane*, cit., Prefazione.
10 *Ibid.*, p. 21.
11 Ivi.
12 HOOPER, JOHN, *The Italians*, Penguin Books, London 2015, p. 124.
13 OLIVETTI, CAMILLO, *Lettere americane*, cit., senza data.
14 Lettera di A.A. Barlow, 25 aprile 1899.
15 PEROTTO, PIER GIORGIO, *P101. Quando l'Italia inventò il personal computer*, Edizioni di Comunità, Roma 2015, p. 16.
16 *Ing. C. Olivetti & C. SpA*, Harvard business school, Boston 1967, p. 224.
17 BONIFAZIO, PATRIZIA – SCRIVANO, PAOLO, *Olivetti costruisce*, Skira, Milano 2001, p. 12.

3. Il Convento

1 *Ing. C. Olivetti & C. SpA*, cit., p. 224.
2 GINZBURG, NATALIA, *Lessico famigliare*, Einaudi, Torino 2010, pp. 67-68.
3 *Ibid.*, p. 68.
4 Ivi.

5 Ivi.
6 OCHETTO, VALERIO, *Adriano Olivetti. La biografia*, Edizioni di Comunità, Roma 2015, pp. 32-33.
7 Dichiarazione del 18 novembre 1923.
8 GINZBURG, NATALIA, *Lessico famigliare*, cit., p. 79.
9 *Ibid.*, p. 68.
10 Da un'intervista con l'autrice.
11 Da un'intervista con l'autrice.
12 Da un'intervista con l'autrice.
13 HOOPER, JOHN, *The Italians*, cit., p. 160.
14 CAIZZI, BRUNO, *Gli Olivetti*, cit., p. 132.
15 CRAWFORD, ALAN, *C.R. Ashbee. Architect, designer & romantic socialist*, Yale University Press, New Haven 1985, p. 419.
16 OCHETTO, VALERIO, *Adriano Olivetti*, cit., pp. 28, 36-37.
17 CAIZZI, BRUNO, *Gli Olivetti*, cit., p. 129; la lettera risale indicativamente all'aprile 1918.
18 GINZBURG, NATALIA, *Lessico famigliare*, cit., p. 66.
19 Ivi.
20 *Ibid.*, p. 58.
21 *Ibid.*, p. 60.
22 L'armistizio di Compiègne fu ufficialmente firmato il 11 novembre 1918.
23 Dall'agosto del 1919 all'ottobre del 1920.
24 OCHETTO, VALERIO, *Adriano Olivetti*, cit., pp. 43-44.
25 GINZBURG, NATALIA, *Lessico famigliare*, cit., p. 61.
26 *Ibid.*, pp. 61-62.

4. Adriano entra in scena

1 GINZBURG, NATALIA, *Lessico famigliare*, cit., p. 75.
2 *Ibid.*, p. 76.
3 Ivi.
4 *Ibid.*, p. 78.

5 Cfr. *ibid.*, p. 79.

6 WHITE, ELWYN BROOKS, *Here is New York*, Harper & Row, New York 1949, p. 31 (ed. it. *Volete sapere cos'è New York?*, Arcana libri, Roma 2001).

7 Questo e i successivi commenti di Adriano sono presi dalle lettere che inviò durante la sua prima permanenza a New York, tra l'agosto del 1925 e il gennaio del 1926. Cfr. OLIVETTI, ADRIANO, *Dall'America. Lettere ai familiari (1925-1926)*, Edizioni di Comunità, Roma 2016.

8 Così avrebbe scritto lui stesso alla futura seconda moglie, Grazia Galletti, in una lettera che risale all'incirca al 1949.

9 Lettera del 31 gennaio 1927.

10 Lettere del 16 febbraio e 10 marzo 1927.

11 GINZBURG, NATALIA, *Lessico famigliare*, cit., p. 80.

12 Ivi.

13 *Ibid.*, p. 81.

14 *Ibid.*, p. 80.

15 Ivi.

16 CLARK, MARTIN, *Modern Italy*, cit., p. 252.

17 KARGON, ROBERT K. – MOLELLA, ARTHUR P., *Invented Edens. Techno-cities of the Twentieth Century*, MIT Press, Cambridge (MA) 2008, p. 92.

18 Ivi.

19 Cfr. la cronologia dedicata ad Adriano Olivetti sul sito www. cinquantamila.it, alla data 30 maggio 1931.

20 *Ibid.*

21 *Ibid.*

5. Giustizia e libertà

1 FRIEDMAN, ALAN, *Agnelli and the network of Italian power*, Mandarin, London 1988, pp. 13-14 (ed. it. *Tutto in famiglia*, Longanesi, Milano 1988).

2   BARZINI, LUIGI, *Gli italiani*, Bur, Milano 2008, p. 181.
3   *Ibid.*, p. 223.
4   FRIEDMAN, ALAN, *Agnelli and the network of Italian power*, cit., pp. 13-14.
5   BARZINI, LUIGI, *Gli italiani*, cit., p. 117.
6   HOOPER, JOHN, *The Italians*, cit., pp. 176-177.
7   *Ibid.*, p. 182.
8   Lettera a Donald Bachi, 3 aprile 1935.
9   FLEMING, JOHN – HONOUR, HUGH, *The visual arts. A history*, Prentice-Hall, Englewood Cliffs 1982, p. 602.
10 SECREST, MERYLE, *Frank Lloyd Wright. A biography*, Alfred A. Knopf, New York 1992, p. 285.
11 *Ibid.*, pp. 285-286.
12 BONIFAZIO, PATRIZIA – SCRIVANO, PAOLO, *Olivetti costruisce*, cit., pp. 49-50.
13 GINZBURG, NATALIA, *Lessico famigliare*, cit., p. 88.
14 *Ibid.*, p. 138.
15 *Ibid.*, p. 96.
16 KARGON, ROBERT K. – MOLELLA, ARTHUR P., *Invented Edens*, cit., p. 92.
17 BONIFAZIO, PATRIZIA – SCRIVANO, PAOLO, *Olivetti costruisce*, cit., p. 105.
18 Ivi. Cfr. anche la cronologia dedicata ad Adriano Olivetti sul sito www.cinquantamila.it.
19 CLARK, MARTIN, *Modern Italy*, cit., p. 252.
20 Ivi.
21 BLACK, EDWIN, *IBM and the Holocaust. The strategic alliance between Nazi Germany and America's most powerful corporation*, Crown Publishers, New York 2001, pp. 44-45 (ed. it. *L'IBM e l'olocausto*, Rizzoli, Milano 2001).
22 GINZBURG, NATALIA, *Lessico famigliare*, cit., p. 99.
23 *Ibid.*, p. 103.
24 LEVI, CARLO, *Cristo si è fermato a Eboli*, Einaudi, Torino 1994, p. 3.

25 *Ibid.*, p. 61.
26 D'AMARO, SERGIO – DE DONATO, GIGLIOLA, *Un torinese del Sud: Carlo Levi*, Baldini & Castoldi, Milano 2001, p. 90.
27 Ivi.
28 CLARK, MARTIN, *Modern Italy*, cit., p. 238.
29 In una lettera all'autrice datata 28 marzo 2017, Anna ha specificato di essere stata «riconosciuta», e non adottata, da Adriano. In ogni caso prese il suo cognome. Secondo lei, ciò che lo spinse a quella decisione «non fu il desiderio di mettere al riparo dalle leggi razziali una povera bimba ebrea, ma qualcosa di più sottile e profondo: la volontà di proteggere Paola, senza riserve». Stando a quanto scritto da Anna, Adriano «riconosceva così la bontà di fondo di Paola, nonostante il "peccato" di aver messo al mondo la figlia di un rapporto adulterino».
30 Intervista con l'autrice.
31 D'AMARO, SERGIO – DE DONATO, GIGLIOLA, *Un torinese del Sud: Carlo Levi*, cit., pp. 136-137.
32 Ivi.
33 Ivi.

6. *Paura e tenacia*

1 Lettera a M. Muntades, datata 17 ottobre 1939.
2 BERENSON, BERNARD, *Rumor and Reflection*, Simon & Schuster, New York 1952, p. 208 (ed. it. *Echi e riflessioni*, Mondadori, Milano 1950).
3 *Ing. C. Olivetti & C. SpA*, cit., p. 224.
4 Ivi.
5 Ivi.
6 Letteralmente *pussy* significa "gattino" o "gattina", ma è anche usato come termine gergale per riferirsi ai genitali femminili, o nel senso spregiativo di «femminuccia». (*N.d.T.*)

7 Intervista con Matteo Olivetti.
8 CLARK, MARTIN, *Modern Italy*, cit., p. 289.
9 GINZBURG, NATALIA, *Lessico famigliare*, cit., pp. 156-157.
10 *Ibid.*, p. 147.
11 Lettera del 14 luglio 1941.
12 MACINTYRE, BEN, *A spy among friends. Kim Philby and the Great Betrayal*, Broadway Books, New York 2014, pp. 69-70.
13 MORGAN, TED, *A covert life. Jay Lovestone: communist, anti-communist, and spymaster*, Random House, New York 1999, p. 149.
14 *Ibid.*, p. 250.
15 WINKS, ROBIN W., *Cloak & gown. Scholars in the secret war, 1939-1961*, Yale University Press, New Haven 1987, p. 170.
16 Ivi.
17 Ivi.
18 HOLZMAN, MICHAEL, *James Jesus Angleton, the CIA & the craft of counterintelligence*, University of Massachusetts Press, Amherst 2008, p. 44.
19 MORGAN, TED, *A covert life*, cit., p. 249.
20 HOLZMAN, MICHAEL, *James Jesus Angleton*, cit., pp. 44-45.
21 *Ibid.*, p. 45.
22 WINKS, ROBIN W., *Cloak & gown*, cit., p. 545.
23 WALLER, DOUGLAS, *Disciples. The World War II missions of the CIA directors who fought for Wild Bill Donovan*, Simon & Schuster, New York 2015, p. 58.
24 BOWEN, ELIZABETH, *The Heat of the Day*, Alfred A. Knopf, New York 1949, pp. 98-100 (ed. it. *Nel cuore del giorno*, La tartaruga, Milano 1993).
25 MACINTYRE, BEN, *A spy among friends*, cit., p. 71.
26 HOLZMAN, MICHAEL, *James Jesus Angleton*, cit., p. 49.
27 MANGOLD, TOM, *Cold warrior. James Jesus Angleton: the CIA's master spy hunter*, Simon & Schuster, New York 1991, p. 40.
28 Ivi.

29 Ivi.
30 WINKS, ROBIN W., *Cloak & gown*, cit., p. 352.
31 MACINTYRE, BEN, *A spy among friends*, cit., p. 71.
32 WINKS, ROBIN W., *Cloak & gown*, cit., p. 372.
33 Ivi.
34 *Ibid.*, p. 329.
35 *Ibid.*, p. 33.
36 *Ibid.*, p. 329.
37 BLACK, EDWIN, IBM *and the Holocaust*, cit., p. 25.
38 *Ibid.*, p. 111.
39 *Ibid.*, pp. 132-133.
40 *Ibid.*, p. 70.

7. *L'affaire Brown*

1 GINZBURG, NATALIA, *Lessico famigliare*, cit., pp. 168.
2 Ivi.
3 CLARK, MARTIN, *Modern Italy*, cit., pp. 286 e ss.
4 *Ibid.*, pp. 295-296.
5 TALBOT, DAVID, *The devil's chessboard. Allen Dulles, the* CIA, *and the rise of America's secret government*, HarperCollins, New York 2015, p. 16.
6 Ivi.
7 *Ibid.*, p. 9.
8 Il volo verso il Portogallo e il seguente viaggio in treno fino in Svizzera sono raccontati nel libro: DULLES, ALLEN, *The secret surrender*, Harper & Row, New York 1966, pp. 13-15 (ed. it. *La resa segreta*, Garzanti, Milano 1967).
9 TALBOT, DAVID, *The devil's chessboard*, cit., p. 15.
10 *Ibid.*, pp. 17-18.
11 Ivi.
12 Articolo apparso su «The Telegraph» il 29 gennaio 2001.
13 CLARK, MARTIN, *Modern Italy*, cit., pp. 296.

14 SECREST, MERYLE, *Elsa Schiaparelli. A biography*, Alfred A. Knopf, New York 2014, p. 29.

15 OCHETTO, VALERIO, *Adriano Olivetti*, cit., pp. 117-118.

16 Telegramma del 15 maggio 1943.

17 Telegramma del 19 giugno 1943.

18 Lettera del 17 giugno 1943, indirizzata a V/CD.

19 WALLACE, ROBERT, *The Italian campaign*, Time Life Books, New York 1978, pp. 18-19.

20 LAMB, RICHARD, *War in Italy. 1943-1945*, J. Murray, London 1993, p. 12 (ed. it. *La guerra in Italia. 1943-1945*, Tea, Milano 2000).

21 GINSBORG, PAUL, *A history of contemporary Italy. Society and politics, 1943-1988*, Penguin Books, London 1990, p. 41 (ed. it. *Storia d'Italia dal dopoguerra a oggi. Società e politica, 1943-1988*, CDE, Milano 1998).

22 ZUCCOTTI, SUSAN, *The Italians and the holocaust. Persecution, rescue and survival*, Basiks Books, New York 1987 (ed. it. *L'olocausto in Italia*, Tea, Milano 1995).

23 GINZBURG, NATALIA, *Inverno in Abruzzo*, in *Un'assenza*, Einaudi, Torino 2016, pp. 116-121.

24 LASKIN, DAVID, *Echoes from the roman ghetto*, «The New York Times», 12 luglio 2013, consultabile all'indirizzo www.nytimes.com/2013/07/14/travel/echoes-from-the-roman-ghetto.html.

25 GINZBURG, NATALIA, *Inverno in Abruzzo*, cit., pp. 120-121.

26 Cfr. la cronologia dedicata ad Adriano Olivetti sul sito www.cinquantamila.it.

27 STAFFORD, DAVID, *Mission accomplished. SOE and Italy, 1943-1945*, The Bodley Head, London 2011, p. 99 (ed. it. *La resistenza segreta. Le missioni del SOE in Italia, 1943-1945*, Mursia, Milano 2013).

28 Lettera della questura di Roma al ministero dell'Interno datata 28 febbraio 1944; cfr. anche la cronologia dedicata ad Adriano Olivetti sul sito www.cinquantamila.it.

8. Attraversamento alla cieca

1 Lettera datata 18 ottobre 1943, conservata negli archivi del Regno Unito.

2 CLARK, MARTIN, *Modern Italy*, cit., p. 304.

3 FOWLER, WILLIAM, *The secret war in Italy*, Ian Allan Publishing, Shepperton 2010, p. 59.

4 Come confermato da alcuni documenti svizzeri datati 9 febbraio 1944.

5 BARZINI, LUIGI, *Gli italiani*, cit., p. 209.

6 Lettera alla sorella del 10 febbraio 1943.

7 Lettera alla famiglia del 18 gennaio 1942.

8 Lettera a Wlady del 30 marzo 1943.

9 Lettera del 18 marzo 1943.

10 Lettera del 30 marzo 1943.

11 GARINO, DINO ALESSIO, *Camillo Olivetti e il Canavese tra Ottocento e Novecento*, Le Chateau Edizioni, Aosta 2004, pp. 110-111.

12 Vico Canavese, a una ventina di chilometri da Ivrea, fa ora parte del comune sparso di Valchiusa, nel territorio della città metropolitana di Torino. (*N.d.T.*)

13 Cfr. la cronologia dedicata ad Adriano Olivetti sul sito www.cinquantamila.it.

14 GHIRINGHELLI, PETER, *A British boy in fascist Italy*, The History Press, Cheltenham 2010, p. 109.

15 *Ibid.*, p. 110.

16 *Ibid.*, p. 109.

17 SAMUELS, ERNEST, *Bernard Berenson. The making of a connoisseur*, The Belknap Press, Cambridge 1979, p. 477.

18 SECREST, MERYLE, *Being Bernard Berenson. A biography*, Holt, Rinehart & Winston, New York 1979, p. 364 (ed. it. *Bernard Berenson. Una biografia critica*, Mondadori, Milano 1981).

19 NICHOLAS, LYNN H., *The rape of Europa. The fate of Europe's*

treasures in the third reich and the second world war, Alfred A. Knopf, New York 1994, p. 266.

20 ORIGO, IRIS, *War in Val d'Orcia. An Italian war diary, 1943-1944*, David R. Godine, Boston 2000, p. 234 (ed. it. *Guerra in Val D'Orcia*, Vallecchi, Firenze 1968).

21 LEWIS, NORMAN, *Naples '44*, Carroll & Graf, New York 2005, p. 43 (ed. it. *Napoli '44*, Adelphi, Milano 2003).

22 ORIGO, IRIS, *War in Val d'Orcia*, cit., p. 57.

23 WALLACE, ROBERT, *The Italian campaign*, cit., p. 120.

24 BERENSON, BERNARD, *Rumor and Reflection*, cit., p. 375.

25 *Ibid.*, p. 374.

26 *Ibid.*, p. 376.

27 *Ibid.*, p. 411.

28 La ricostruzione si basa sul racconto, fornito all'autrice in diverse interviste, di Lidia Olivetti e Albertina Soavi.

29 Racconto, fornito all'autrice in diverse interviste, di Lidia Olivetti e Albertina Soavi.

30 LEWIS, NORMAN, *Naples '44*, cit., pp. 37-38.

31 Ivi.

9. Una foresta di specchi

1 CLARK, MARTIN, *Modern Italy*, cit., pp. 314-315.

2 Cfr. la biografia di Gino Levi Martinoli presente sul sito Storiaolivetti.it, e consultabile all'indirizzo www.storiaolivetti.it/articolo/116-gino-levi-martinoli/.

3 I commenti di Ferrarotti su Adriano Olivetti, la sua personalità, i suoi obiettivi e i suoi successi sono stati raccolti durante un'intervista con l'autrice, a Roma, il 17 aprile 2016.

4 SULZBERGER, CYRUS L., *Six vignettes that tell Italy's story*, «The New York Times», 16 maggio 1954.

5 CLARK, MARTIN, *Modern Italy*, cit., p. 317.

6 Ivi.

7 LEWIS, NORMAN, *Naples '44*, cit., p. 29.

8 GINSBORG, PAUL, *A history of contemporary Italy*, cit., p. 81.

9 Ivi.

10 Cfr. la cronologia dedicata ad Adriano Olivetti sul sito www. cinquantamila.it.

11 LEWIS, NORMAN, *Naples '44*, cit., pp. 30-31.

12 CALOGERO, GIUSEPPE, *Ricordi e aneddoti dei laboratori di ricerche elettroniche Olivetti*, 2011, pp. 40-41, disponibile sul sito Olivettiani.org all'indirizzo www.olivettiani.org/wp-content/uploads/Ricordi_di_Beppe_17x24.pdf.

13 La ricostruzione cronologica delle vicissitudini dell'Acciaio proviene dal resoconto: BROWNE, JOHN, *Regia marina italiana – Submarine Acciaio (HMS Unruly attack)*, Submarinesworld. blogspot.com, 13 febbraio 2012, consultabile all'indirizzo submarinersworld.blogspot.com/2012/02/regia-marina-italiana-submarine-acciaio.html. Oltre alle diverse versioni della biografia di Beltrami reperibili on line, si cita qui il volume: BELTRAMI, OTTORINO, *Sul ponte di comando. Dalla marina militare alla Olivetti*, a cura di Alberto De Macchi e Giovanni Maggia, Mursia, Milano 2004. Ottorino Beltrami è mancato nel 2013.

14 HOLZMAN, MICHAEL, *The ideological origins of American studies at Yale*, «American Studies», 40, 2, estate 1999, pp. 71-99.

15 DOUGLAS, ALLEN, *Italy's black prince. Terror war against the nation-state*, «Executive intelligence review», 32, 5, 2005, p. 8.

16 Ivi. Con il termine *ratline* si intende una via di fuga segreta, e in particolare quelle sfruttate da criminali di guerra e collaborazionisti per lasciare l'Europa – perlopiù alla volta del Sud America – alla fine del secondo conflitto mondiale. (*N.d.T.*)

17 CHALOU, GEORGE C. (a cura di), *The secrets war. The office of strategic services in World War II*, National archives and records administration, Washington D.C. 1992, p. 224.

18 GANSER, DANIELE, NATO's secret armies. Operation Gladio and terrorism in Western Europe, Frank Cass, London-New York 2005, p. 64 (ed. it. Gli eserciti segreti della NATO. Operazione Gladio e terrorismo in Europa occidentale, Fazi, Roma 2005).

19 Ivi.

20 DUGGAN, CHRISTOPHER – WAGSTAFF, CHRISTOPHER (a cura di), Italy in the Cold War. Politics, culture and society, Berg, Oxford 1995, p. 37.

21 WEINER, TIM, Legacy of ashes. The history of the CIA, Doubleday, New York 2007, pp. 29-30 (ed. it. CIA. Ascesa e caduta dei servizi segreti più potenti del mondo, Rizzoli, Milano 2008).

22 Ibid., p. 37.

23 GANSER, DANIELE, NATO's secret armies, cit., p. XII.

24 Ivi.

25 DOUGLAS, ALLEN, Italy's black prince, cit., p. 4.

26 CLARK, MARTIN, Modern Italy, cit., pp. 319-320.

27 WEINER, TIM, Legacy of ashes, cit., p. 31.

28 Ibid., pp. 31-32.

29 Ibid., pp. 32-33.

30 LEWIS, NORMAN, Naples '44, cit., p. 132.

31 Ricostruzione basata su interviste.

10. Variazioni enigma

1 GINZBURG, NATALIA, Lessico famigliare, cit., p. 169.

2 Cfr. il profilo di Giorgio Soavi presente sul sito della ADC, organizzazione che premia i migliori esponenti nell'ambito della comunicazione creativa: adcglobal.org/hall-of-fame/giorgio-soavi/.

3 Le dichiarazioni di Furio Colombo sono state raccolte durante un'intervista con l'autrice, il 4 aprile 2016.

4 Questa dichiarazione è presa dal documentario su Adriano Olivetti girato nel 2009 da Emanuele Piccardo, Lettera 22.

5 «The Museum of Modern Art bulletin», XX, 1, autunno 1952, numero monografico intitolato *Olivetti: design in industry*.

6 Le dichiarazioni di Vitale sono tratte da un'intervista con l'autrice, datata 13 settembre 2016.

7 *Ing. C. Olivetti & C. SpA*, cit., pp. 228-232.

8 Le due frasi significano, rispettivamente: «Ora è tempo che tutti gli uomini accorrano in aiuto al partito» e «La lesta volpe marrone salta oltre il pigro cane». La seconda è preferibile, per testare le caratteristiche di una macchina da scrivere, perché si tratta di un celebre pangramma (nello specifico, dell'inglese): una frase di senso compiuto, e il più breve possibile, che contiene tutte le lettere di un dato alfabeto. (*N.d.T.*)

9 L'articolo, originariamente apparso sulla rivista «Life» l'11 marzo 1958, è stato ripreso da un articolo del «New York Times» del 18 marzo 2001.

10 Testimonianza tratta da un'intervista.

11 Testimonianza tratta da un'intervista.

12 HOOPER, JOHN, *The Italians*, cit., p. 165.

13 Da un'intervista con l'autrice.

14 Lettera senza data, ma collocabile nel 1949.

15 BONIFAZIO, PATRIZIA – SCRIVANO, PAOLO, *Olivetti costruisce*, cit., p. 18.

16 *Ing. C. Olivetti & C. SpA*, cit., p. 224.

17 BONIFAZIO, PATRIZIA – SCRIVANO, PAOLO, *Olivetti costruisce*, cit., p. 35.

18 *Ibid.*, p. 80.

19 LEVI, CARLO, *Cristo si è fermato a Eboli*, cit., p. 75.

20 PERROTTET, TONY, *How Matera went from ancient civilization to slum to a hidden gem*, «Smithsonian Magazine», febbraio 2014, consultabile all'indirizzo www.smithsonianmag.com/travel/mater-went-from-ancient-civilization-slum-hidden-gem-180949445/.

21 Cfr. la cronologia dedicata ad Adriano Olivetti sul sito www. cinquantamila.it.
22 «Fortune», 1959, p. XI.
23 Da un discorso di Adriano tenuto il 23 aprile 1955.
24 «Fortune», 1959, p. XI.

11. Un'esperienza incredibile

1 GANSER, DANIELE, *NATO's secret armies*, cit., p. 63.
2 Da un articolo apparso su «The Observer» il 10 gennaio 1993.
3 GANSER, DANIELE, *NATO's secret armies*, cit., p. 67.
4 COLBY, WILLIAM – FORBATH, PETER, *Honorable men. My life in the CIA*, Simon & Schuster, New York 1978, p. 109 (ed. it. *La mia vita nella CIA*, Mursia, Milano 1981).
5 BLUM, WILLIAM, *Killing hope. U.S. military and CIA interventions since World War II*, Common Courage Press, Monroe 1995 (ed. it. *Il libro nero degli Stati Uniti*, Fazi, Roma 2003).
6 Intervista a Wells Stabler per il Foreign Affairs Oral History Project dell'Association for Diplomatic Studies and Training, p. 47.
7 Intervista a Clare Boothe Luce per il Foreign Affairs Oral History Project dell'Association for Diplomatic Studies and Training, p. 11.
8 *Ibid.*, pp. 13-14.
9 Intervista a Thomas W. Fina per il Foreign Affairs Oral History Project dell'Association for Diplomatic Studies and Training, p. 15.
10 *Ibid.*, p. 16.
11 Cfr. il necrologio di Cuccia pubblicato dal «New York Times» il 24 giugno 2000.
12 FRIEDMAN, ALAN, *Agnelli and the network of Italian power*, cit., p. 92.

13 Ivi.
14 *Ibid.*, p. 93.
15 Ivi.
16 Ivi.
17 *Ibid.*, p. 95.
18 Ivi.
19 *Ibid.*, p. 96.
20 Questa e le successive citazioni vengono da: PEROTTO, PIER GIORGIO, *P101*, cit.
21 CALOGERO, GIUSEPPE, *Ricordi e aneddoti dei laboratori di ricerche elettroniche Olivetti*, cit., p. 7.
22 *Ibid.*, p. 9.
23 BROWN, JERRY, *A stark nuclear warning*, «The New York review of books», 14 luglio 2016.
24 Ivi.
25 Da un'intervista.
26 Questa dichiarazione è presa dal documentario *Olivetti Elea 9003. La sfida al futuro di Adriano Olivetti, Roberto Olivetti e Mario Tchou*, girato da Pietro Contadini su progetto scientifico di Giuseppe Rao; il documentario è visionabile all'indirizzo www.youtube.com/watch?v=ZuJJgeUUXZw.
27 RADICE, BARBARA, *Ettore Sottsass*, Electa, Milano 1993, p. 57.
28 *Olivetti Elea 9003*, cit.
29 Ivi.
30 Ivi.
31 RADICE, BARBARA, *Ettore Sottsass*, cit., p. 58.
32 Ivi.
33 *Ibid.*, p. 62.
34 Ivi.
35 Da un articolo apparso su «Paese Sera» il 18 novembre 1959.
36 Da una lettera di Allen Dulles a Harold E. Stassen, del 14 luglio 1954.

37 *A look back… Allen Dulles becomes* DCI, consultabile all'indirizzo www.cia.gov/news-information/featured-story-archive/allen-dulles-becomes-dci.html.

38 GINSBORG, PAUL, *A history of contemporary Italy*, cit., p. 255.

39 Cfr. la cronologia dedicata ad Adriano Olivetti sul sito www.cinquantamila.it.

40 NASINI, CLAUDIA, *Adriano Olivetti: a «socialist» industrialist in postwar Italy*, cit., pp. 96-97.

41 Cfr. la lettera di Allen Dulles a Harold E. Stassen del 14 luglio 1954.

42 Questi e i successivi commenti di Domenico de' Liguori Carino provengono da un'intervista con l'autrice, a Roma.

43 Questi e i successivi commenti di Milton Gendel provengono da un'intervista con l'autrice, realizzata a Roma il 4 aprile 2016.

44 Da un articolo apparso su «Vanity Fair» nel novembre del 2011.

12. Puntare in alto

1 OLIVETTI, ADRIANO, *Dall'America*, cit., senza data.

2 «Fortune», settembre 1960, p. 241.

3 Dall'intervista dell'autrice a Milton Gendel.

4 HOTCHKISS, GORD, *The story of the Underwood typewriter company*, MediaPost.com, 19 giugno 2013, consultabile all'indirizzo www.mediapost.com/publications/article/202883/.

5 «Fortune», settembre 1960, p. 242.

6 Ivi.

7 Ivi.

8 *Ing. C. Olivetti & C. SpA*, Harvard business school, Boston 1967, pp. 225-226.

9 «Fortune», settembre 1960, p. 242.

10 *Ibid.*, p. 245.

11 RAO, GIUSEPPE, *La sfida al futuro di Adriano e Roberto Olivetti. Il laboratorio di ricerche elettroniche, Mario Tchou e l'Elea 9003*, «Mélanges de l'école française de Rome», 115, 2, 2003, pp. 643-678, consultabile all'indirizzo www. persee.fr/doc/mefr_1123-9891_2003_num_115_2_10059.

12 Dall'intervista con l'autrice.

13 PEROTTO, PIER GIORGIO, *P101*, cit.

14 Ricostruzione basata su interviste.

15 PERRY, WILLIAM J., *My journey to the nuclear brink*, Stanford University Press, Redwood City 2005.

16 *The Berlin Crisis, 1958–1961*, Office of the Historian, consultabile all'indirizzo history.state.gov/milestones/1953-1960/berlin-crises.

17 S.R., *Morti un dirigente dell'Olivetti e l'autista nello scontro con un camion sull'autostrada*, «La Stampa», 10 novembre 1961.

18 CALOGERO, GIUSEPPE, *Ricordi e aneddoti dei laboratori di ricerche elettroniche Olivetti*, cit., p. 13.

19 L'aneddoto è stato raccontato da David Olivetti.

20 Questa e le successive citazioni provengono da: PEROTTO, PIER GIORGIO, *P101*, cit.

21 D. L., *Errori e speculazioni nell'«affare Olivetti»*, «L'Unità», 22 febbraio 1964.

22 Da un articolo apparso sul «Financial Times» il 29 maggio 1964.

23 Da un discorso tenuto da Valletta il 30 aprile 1964.

24 *Olivetti Elea 9003*, cit.

25 L'aneddoto è stato raccontato da Roberto Battegazzorre, il 26 settembre 2016.

26 LASAR, MATTHEW, *Who invented the personal computer? (hint: not IBM)*, Arstechnica.com, 21 giugno 2011, consultabile all'indirizzo arstechnica.com/tech-policy/2011/06/did-ibm-invent-the-personal-computer-answer-no/.

13. Lo strano caso della seconda morte

1 PEROTTO, PIER GIORGIO, *P101*, cit.
2 MUNRO, ALICE, *To reach Japan*, in *Dear Life*, McClelland & Stewart, Toronto 2012 (ed. it. *Che arrivi in Giappone*, in *Uscirne vivi*, Einaudi, Torino 2012).
3 BARZINI, LUIGI, *Gli italiani*, cit., p. 157.
4 HOOPER, JOHN, *The Italians*, cit., p. 54.
5 Un articolo apparso sul «New York Times» il 17 settembre 1975.
6 PLOKHY, SERHII, *The man with the poison gun*, Basic Books, New York 2016.
7 EPSTEIN, EDWARD J., *The annals of unsolved crime*, Melville House, New York 2012, p. 12.
8 LOWE, KEITH, *Savage continent. Europe in the aftermath of World War 2*, St. Martin's Press, New York 2012, p. 285 (ed. it. *Il continente selvaggio. L'Europa alla fine della seconda guerra mondiale*, Laterza, Roma-Bari 2013).
9 EPSTEIN, EDWARD J., *The annals of unsolved crime*, cit., p. 12.
10 *Ibid.*, p. 15.
11 BROWN, JERRY, *A stark nuclear warning*, cit.
12 BUCK, DOUGLAS – DEY, IAIN, *The cryotron files. The untold story of Dudley Buck, Cold War computer scientist and microchip pioneer*, Abrams Books, New York 2018.
13 *The battle for digital supremacy*, «The Economist», 15 maggio 2018.
14 *History of computers in the military*, Unc.edu.
15 SHIPMAN, TIM, *General George S. Patton was assassinated to silence his criticism of allied war leaders claims new book*, «The Telegraph», 20 dicembre 2008.
16 Ivi.
17 Il dettaglio è stato raccontato da Matteo Olivetti.
18 Da un'intervista.

19 AMOROSO, BRUNO – PERRONE, NICO, *Capitalismo predato-re. Come gli* USA *fermarono i progetti di Mattei e Olivetti e normalizzarono l'Italia*, Castelvecchi, Roma 2014.

20 PEROTTO, PIER GIORGIO, *P101*, cit.

21 Nel frattempo Caglieris e Cuccia sono venuti a mancare.

22 Da un'intervista a Carlo De Benedetti.

23 HOOPER, JOHN, *The Italians*, cit., pp. 223-224.

24 FRIEDMAN, ALAN, *Agnelli and the network of Italian power*, cit., p. 113.

25 Da un'intervista a David Olivetti.

26 GINSBORG, PAUL, *A history of contemporary Italy*, cit., pp. 264-256.

27 TALBOT, DAVID, *The devil's chessboard*, cit., p. 465.

28 GINSBORG, PAUL, *A history of contemporary Italy*, cit., p. 259.

29 FRIEDMAN, ALAN, *Agnelli and the network of Italian power*, cit.

30 *Ing. C. Olivetti & C. SpA*, cit., p. 225.

31 *Olivetti Elea 9003*, cit.

32 Ivi.

33 *Ing. C. Olivetti & C. SpA*, cit., p. 233.

34 Ivi.

35 Da un'intervista con l'autrice, realizzata a Roma il 7 aprile 2016.

36 La vicenda è riscostruita da una serie di articoli pubblicati su «la Repubblica» tra il 14 e il 18 luglio 1990.

37 Da un'intervista all'autrice.

38 Da un articolo apparso su «Science» il 14 agosto 1964.

39 EPSTEIN, EDWARD J., *The annals of unsolved crime*, cit., p. 109.

40 *Ibid.*, p. 112.

41 PIVATO, MARCO, *Il miracolo scippato*, Donzelli, Roma 2011.

42 PEROTTO, PIER GIORGIO, *P101*, cit.

43 Da un'intervista a David Olivetti.

44 TAGLIABUE, JOHN, *Crafting a high-tech renaissance at Olivetti*, «The New York Times», 19 febbraio 1984.

45 Da un'intervista a David Olivetti.
46 Ivi.
47 CARBONI, MILCO – MENEGUZZO, MARCO – MORTEO, ENRICO
    – SAIBENE, ALBERTO (a cura di), *Sottsass Olivetti Synthesis.
    Sistema 45*, Edizioni di Comunità, Roma 2016, p. 119.
48 Ivi.
49 SECREST, MERYLE, *Frank Lloyd Wright*, cit., p. 444.
50 *Olivetti Elea 9003*, cit.
51 Ivi.
52 Da un'e-mail all'autrice, 24 luglio 2018.
53 CLARK, KENNETH, *Ruskin today*, John Murray, London
    1964, pp. 264-265.
54 Ivi.
55 Le citazioni di Morris e quelle che ne descrivono caratte-
    ristiche e pensiero provengono tutte dalla biografia: MAC-
    CARTHY, FIONA, *William Morris. A life for our time*, Faber
    & Faber, London 1994.